OP ZOEK NAAR DE STILTE

De Boekerij 'Oost en West' is het resultaat van een samenwerkingsverband van het tijdschrift 'Indische Letteren', Stichting Het Indisch Huis, 'Moesson', Stichting Tong Tong en de KITLV Uitgeverij.

Omslag: Creja ontwerpen, Leiderdorp

KONINKLIJK INSTITUUT
VOOR TAAL-, LAND- EN VOLKENKUNDE

Boekerij 'Oost en West'

ALEX VAN STIPRIAAN, WALDO HEILBRON,
ASPHA BIJNAAR, VALIKA SMEULDERS

OP ZOEK NAAR DE STILTE

Sporen van het slavernijverleden
in Nederland

KITLV Uitgeverij
Leiden
2007

Uitgegeven door:
KITLV Uitgeverij
Koninklijk Instituut voor Taal-, Land- en Volkenkunde
Postbus 9515
2300 RA Leiden
Nederland
website: www.kitlv.nl
e-mail: kitlvpress@kitlv.nl

Nationaal instituut Nederlands slavernijverleden en erfenis (NiNsee)
Linnaeusstraat 35 F
1093 EE Amsterdam
tel.: +31(0)20 568 8 568
fax: +31(0)20 568 8 567
website: www.ninsee.nl
email: info@ninsee.nl

Het KITLV is een instituut van de Koninklijke
Nederlandse Akademie van Wetenschappen (KNAW)

ISBN 978 90 6718 295 9

© 2007 Koninklijk Instituut voor Taal-, Land- en Volkenkunde

Niets uit deze uitgave mag worden verveelvoudigd en/of openbaar gemaakt, door middel van druk, fotokopie, microfilm of op welke andere wijze dan ook, zonder voorafgaande schriftelijke toestemming van de copyrighthouders.

Inhoud

Lijst van afkortingen		ix
Woord vooraf		xi
I	Inleiding	1
II	Wat is Nederlands cultureel erfgoed slavernijverleden?	13
	Literatuurverkenning	13
	Een indeling in zwart en wit	16
	Manieren van kijken	26
	Een werkdefinitie	33
III	Een inventarisatie in bibliotheken, archieven en musea	35
	Amsterdam	37
	Bibliotheken	37
	Universiteitsbibliotheek Amsterdam	37
	Centrum voor Studie en Documentatie van Latijns Amerika	40
	De Nederlandsche Bank	41
	Genootschap der Vrienden (Quakerbibliotheek)	43
	KIT Bibliotheek	45
	Overige Amsterdamse bibliotheken	46
	Archieven	47
	Gemeentearchief Amsterdam	47
	Nederlands Economisch-Historisch Archief	53
	Reveil-Archief	53
	Internationaal Informatiecentrum Archief voor de Vrouwenbeweging	57
	Musea	57
	Nederlands Scheepvaartmuseum Amsterdam	57
	Rijksmuseum	61
	KIT Tropenmuseum	66

	Museum Suriname	70
	Theatermuseum	72
	Overige Amsterdamse musea	74
Leeuwarden		75
	Historisch Centrum Leeuwarden	76
	Fries Museum en Keramiekmuseum Princessehof	81
Cruciale collecties buiten de selectie		82
Een tussenbalans		90
Zeeuws intermezzo: Middelburg		96
	Zeeuws Museum	97
	Zeeuws Archief	101

IV Individuen en Afro-Caïribische organisaties 105
    Slavernijerfgoed Nederlandse Antillen en Aruba 106
        Materieel erfgoed 106
            Kunst van de Nederlandse Antillen en Aruba 106
            Antilliaanse klederdracht 107
            Documenten en objecten 109
            Antilliaanse verzamelaars 110
            Antilliaans culinair erfgoed 111
        Immaterieel erfgoed 111
            Taal 111
            Zang, dans en muziek 113
            Boeken en andere informatiebronnen 114
            Antilliaanse verhalen 115
            Religie 117
        Mentaal erfgoed 117
    Slavernijerfgoed Suriname 124
        Materieel erfgoed 124
            Surinaamse kunst 124
            Surinaamse klederdracht 124
            Documenten en objecten 125
            Een bijzondere Surinaamse verzamelaar 126
            Surinaams culinair erfgoed 126
        Immaterieel erfgoed 127
            Taal 127
            Zang, dans en muziek 128
            Begrafenisrituelen 129
            Boeken en films 129
            Surinaamse verhalen, liedjes en zegswijzen 130
            Religie 135
        Mentaal erfgoed 135

Erfgoed in zwart-wit: een tussenbalans	141
Slachtofferschap of eigen kracht?	151
Nationaal Monument en Nationaal instituut	
Nederlands slavernijverleden en erfenis	155
V Op zoek naar de stilte	157
Stiltes in materieel erfgoed	157
Bibliotheken en archieven	158
Musea	159
Stiltes in mentaal erfgoed	162
Waarom toch die stilte?	164
Aanbevelingen	168
Literatuurlijst	171
Bronnenlijst afbeeldingen	185
Adressenlijst	193

Lijst van afkortingen

AWAD	The Atlantic World and the Dutch
CEDLA	Centrum voor Studie en Documentatie van Latijns Amerika
DNB	De Nederlandsche Bank
EBG	Evangelische Broeder Gemeente
GAA	Gemeentearchief Amsterdam
GOO	Gemeenschappelijke Onderwerp Ontsluiting
HDS	Historische Database Suriname
IBL	Interbibliothecair Leenverkeer
IIAV	Internationaal Informatiecentrum en Archief voor de Vrouwenbeweging
IISG	Internationaal Instituut voor Sociale Geschiedenis
KB	Koninklijke Bibliotheek
KIT	Koninklijk Instituut voor de Tropen
KITLV	Koninklijk Instituut voor Taal-, Land- en Volkenkunde
LPS	Landelijk Platform Slavernijverleden
MCC	Middelburgse Commercie Compagnie
MS	Museum Suriname
NA	Nationaal Archief
NCC	Nederlandse Centrale Catalogus
NEHA	Nederlands Economisch-Historisch Archief
NiNsee	Nationaal instituut Nederlands slavernijverleden en erfenis
NSMA	Nederlands Scheepvaart Museum Amsterdam
OB	Openbare Bibliotheek
OBN	Open Bibliotheek Netwerk
OC&W	Ministerie van Onderwijs, Cultuur en Wetenschappen
UBA	Universiteitsbibliotheek van Amsterdam (UvA)
UvA	Universiteit van Amsterdam
UNESCO	United Nations Educational, Scientific and Cultural Organization
VN	Verenigde Naties
WIC	West-Indische Compagnie
ZKW	afdeling Zeldzame en Kostbare Werken, Universiteit van Amsterdam

Woord vooraf

In het verlengde van discussies over de multiculturele samenleving ontstond vanaf het einde van de twintigste eeuw in Nederland ook een maatschappelijk debat over het Nederlands slavernijverleden. Daarin is vaak gesteld dat in de gangbare beeldvorming en geschiedbeeld een 'verzwegen verleden' verborgen zit. Dit boek is de weerslag van een speurtocht waarin vier onderzoekers op zoek zijn gegaan naar deze stilte, met soms verrassende bevindingen als resultaat.

Op dit moment is die stilte nog lang niet verdwenen, maar misschien wel definitief doorbroken, getuige de totstandkoming in 2002 van het Nationaal Monument Nederlands Slavernijverleden in het Amsterdamse Oosterpark en het Nationaal Instituut Nederlands Slavernijverleden en Erfenis (NiNsee) daar vlakbij. Initiatieven van diverse groepen, veelal verzameld in het Landelijk Platform Slavernijverleden (LPS), hebben hiervoor gezorgd en tevens bijgedragen aan vele activiteiten om het verhaal van de slavernij bij een breder publiek bekend te maken, zoals tentoonstellingen, theatervoorstellingen, televisieproducties, websites en de herijking van onderwijsmethodes. NiNsee heeft nu de taak gekregen zorg te dragen voor de continuïteit en meerstemmigheid van dit verhaal en het deel te laten uitmaken van het nationaal historisch besef. Daarom heeft het bijgedragen aan de uitgave van dit boek.

Op initiatief van het Ministerie van Onderwijs, Cultuur en Wetenschappen startte de Nederlandse Museum Vereniging in 2001 een onderzoek naar de aanwezigheid en toegankelijkheid van cultureel erfgoed van etnische minderheden in Nederland. Dat dit ook het erfgoed van het Nederlandse slavernijverleden omvatte, lag voor de hand, omdat uit het slavernijverleden cultureel erfgoed is voortgekomen dat is verbonden met een deel van de in Nederland levende etnische minderheden. Ondanks hun aanwezigheid blijkt dit erfgoed in Nederland nog nauwelijks zichtbaar te zijn geworden.

De opdracht tot onderzoek behelsde enerzijds het nader specificeren van wat onder cultureel erfgoed met betrekking tot slavernij(verleden) moet worden verstaan (begripsbepaling) en anderzijds het ontwikkelen van werkwijzen om dit type erfgoed op te sporen. Tegelijkertijd moest geïnventariseerd worden wat al aanwezig en/of toegankelijk is, om verder onderzoek naar dit erfgoed te stimuleren.

Dit boek moet dan ook worden gezien als een aanvulling op bestaande publicaties over het Nederlandse slavernijverleden en zijn erfenis. Resultaten van wetenschappelijk onderzoek worden zo overzichtelijk en toegankelijk mogelijk voor een breed publiek gepresenteerd en het slavernijdebat wordt in een breder kader geplaatst, met name in hoofdstuk II. Het grootste deel van het boek is echter een eerste aanzet tot inventarisatie van plaatsen waar cultureel erfgoed van het slavernijverleden in Nederland te vinden is. Nieuw hierin zijn de minder bekende vindplaatsen, zoals particuliere verzamelingen, het werk van organisaties van nazaten en het in kaart brengen van mentaal erfgoed aan de hand van interviews met informanten. Mentaal en overig (materieel en immaterieel) erfgoed blijken onlosmakelijk met elkaar verbonden en vormen gezamenlijk de basis van dit onderzoek (Heilbron 2001:1-4, 2006:20-2, 37).

In een samenwerkingsverband van de Erasmus Universiteit Rotterdam en het Amsterdamse Museum Suriname werd het onderzoek uitgevoerd. Deze werden vertegenwoordigd door prof.dr. Alex van Stipriaan Luïscius, hoogleraar geschiedenis van Latijns Amerika en het Caraïbisch gebied aan de Erasmus Universiteit en sinds 2005 ook conservator bij het KIT Tropenmuseum in Amsterdam, en dr. Waldo Heilbron, voorzitter van de Stichting Museum Suriname, sociaal-psycholoog en oud-wetenschappelijk medewerker van het Antropologisch-Sociologisch Centrum van de Universiteit van Amsterdam. Het veldonderzoek werd verricht door dr. Aspha Bijnaar, wetenschappelijk onderzoeker, toenmaals bij de Erasmus Universiteit, tegenwoordig verbonden aan het NiNsee, en drs. Valika Smeulders, toen freelance onderzoeker, nu promovenda aan de Erasmus Universiteit. Dit boek is, evenals het gelijknamige rapport dat eraan voorafging, resultaat van een intensieve samenwerking tussen deze vier auteurs.

Het laatste neemt niet weg dat er bij de totstandkoming van dit boek onderling vaak stevig is gediscussieerd, waar niet altijd een uitgebalanceerde consensus op volgde. Daarmee is dit boek onderdeel en uiting van het proces van bewustwording van een gedeeld, maar bepaald niet harmonieus verleden. Voor sommigen geldt dat dit proces al generaties speelt, anderen hebben het net ontdekt, maar in ieder geval verloopt het in een vaak weerbarstige interactie tussen álle nazaten van deze geschiedenis.

Met dit boek wordt dan ook zowel beoogd een bijdrage te geven aan het debat over de erfenis van de slavernij in Nederland als een concrete handreiking te bieden voor het opsporen van die erfenis. Dat betekent dat het zowel van belang is voor degenen die op een meer theoretisch niveau willen nadenken over de gevolgen van de slavernij voor deze samenleving, als voor degenen die daar concreet naar op zoek willen gaan. Het is dus zowel op de denkers als op de doeners in dit maatschappelijk debat gericht. De eersten zullen waarschijnlijk het langst stil blijven staan bij de eerste en de laatste twee hoofdstukken, die een duidelijk essayistischer stijl hebben gekregen. De doeners komen waarschijnlijk wat meer in de hoofdstukken 3 en 4 aan hun trekken, die meer beschrijvend-inventariserend van karakter zijn.

De auteurs zijn iedereen erkentelijk die op enigerlei wijze een bijdrage aan het onderzoek en de totstandkoming van dit boek hebben geleverd, in het bijzonder natuurlijk alle informanten. Verder zijn zij dank verschuldigd aan het Ministerie van OC&W dat het onderzoek financierde, en de Erasmus Universiteit en de Stichting Museum Suriname, waar het werd ondergebracht namens de Nederlandse Museum Vereniging. Veel dank ook aan NiNsee dat, behalve financieel, nog op vele manieren de totstandkoming van dit boek ruimhartig heeft gesteund. Ten slotte zijn wij dank verschuldigd aan degenen die met hun suggesties de inhoud hebben verrijkt, en voor de redactionele bijdragen aan Irene Geerts, Ab Massier en Patricia Gomes.

De verantwoordelijkheid voor de inhoud berust natuurlijk geheel bij de schrijvers.

HOOFDSTUK I

Inleiding

Begin twintigste eeuw schreef de Nederlandse historicus Kesler:

> Trotsch mag men zijn – behoudens de ieder geboden menschelijke bescheidenheid – op wat men zelf gedaan heeft, op wat men tot stand bracht, om de gemeenschap vooruit te brengen, eigen geluk en dat der mede-menschen te bevorderen. En dit aanvaardende, zal de Afro-Amerikaan, die nadenkt en de hand in eigen boezem steekt, moeten zeggen: Voor mijn land en volk heb ik zoo goed als niets gedaan; wat daar is, is, hoe gebrekkig dan ook, gewrocht door blanken. (Kesler 1926-27:67.)

Dit citaat is in een aantal opzichten veelzeggend voor het erfgoed van het Nederlands slavernijverleden. Het suggereert dat er van zwarte zijde nauwelijks of geen erfgoed bestaat, dat er in feite louter wit erfgoed is. Tegelijk laat het zien hoezeer de kwestie van het erfgoed ook een ideologische, of liever mentale dimensie heeft. Zo wordt er in dit verband in het geheel niet naar het slavernijverleden verwezen, laat staan dat er van witte zijde verantwoordelijkheid voor wordt genomen. Dit zou kunnen duiden op een taboe, of minstens op een stilte in de geschiedenis, en het getuigt in ieder geval van een grote mate van paternalisme, zo niet racisme.

Inmiddels zijn we ruim driekwart eeuw verder. Er is in die tussentijd nogal wat onderzoek naar het slavernijverleden verricht. Ook is een substantieel deel van de nazaten van degenen die ooit tot slaaf werden gemaakt, in Nederland komen wonen. Uit hun midden zijn pressiegroepen voortgekomen die actie hebben gevoerd om het onderwerp voor het voetlicht te brengen. Mede door deze ontwikkelingen is het Nederlandse slavernijverleden een thema geworden dat regelmatig terugkeert in het publieke debat[1] en zo nu en dan zelfs de politieke agenda weet te halen. Zo sprak minister R. van Boxtel op de antiracismeconferentie van de Verenigde Naties in 2001 in Durban namens de Nederlandse regering zijn gevoelens van 'deep remorse' uit over het Nederlands slavernijverleden en werd er in 2002 met gemeenschapsgeld een nationaal slavernijmonument opgericht. Een jaar later volgde de oprichting van het Nationaal instituut

---

[1] Daniël Metz (2002:85-9) telde in zijn onderzoek naar de totstandkoming van het slavernijmonument alleen al in *NRC Handelsblad* tussen 1-1-1997 en 1-8-2002 133 artikelen waarin de slavernij en/of het slavernijmonument ter sprake werden gebracht.

Nederlands slavernijverleden en erfenis (NiNsee). Niet langer wordt ontkend dat slavernij deel is van de Nederlandse geschiedenis, dat er onvermijdelijk door alle betrokkenen bij die geschiedenis in Afrika, Zuid- en Noord-Amerika en in Nederland sporen zijn nagelaten en dat die sporen door de lange stilte vaak niet direct herkenbaar zijn.

In feite zou vrijwel alles wat vanaf de zeventiende tot en met de negentiende eeuw is ontstaan in, of samenhangt met Suriname, de Antillen en Aruba kunnen worden omschreven als cultureel erfgoed van de slavernij, aangezien deze samenlevingen zijn gecreëerd als onderdeel van het transatlantisch slavernijsysteem.[2] Dit vormde een driehoek van betrekkingen tussen Europa, Afrika en de Nieuwe Wereld en leverde op die manier een substantiële bijdrage aan de bloei van enkele Europese grootmachten, waaronder Nederland.

In dit systeem werden koloniën als Suriname en Curaçao compleet herbevolkt en opnieuw ingericht met behulp van enige honderdduizenden tot slaaf gemaakte Afrikanen. Ook alle Europeanen die zich er in de loop der tijd definitief of tijdelijk vestigden, deden dat in het kader van het slavernijsysteem, omdat slavenhandel en slavenproductie de bestaansgrond en de enige motor van deze samenlevingen vormden. Zelfs de immigratie van Aziaten die, met name in Suriname, na 1873 in grote aantallen als contractarbeiders werden aangevoerd, was een erfenis van de slavernij. Zij moesten na de afschaffing van de slavernij de plaats van de slaven innemen en de productie veiligstellen. Kortom, de slavernij heeft de Surinaamse en Antilliaanse samenlevingen tot in hun diepste wezen gevormd en dat geldt ook voor hun relatie met Nederland.

Maar niet alleen alles uit die tijd wat met Suriname, de Antillen en Aruba te maken heeft, behoort tot het erfgoed van het Nederlandse slavernijverleden. Ook tientallen samenlevingen in met name West-Afrika, waar Nederlanders slavenhandel bedreven (fig.1) en nog tot het eind van de negentiende eeuw forten in bezit hadden, dragen daar sporen van. En dat geldt ook voor alles wat samenhangt met de Nederlandse aanwezigheid in Brazilië gedurende het tweede kwart van de zeventiende eeuw, in het huidige Guyana gedurende de zeventiende en achttiende eeuw en in het zeventiende-eeuwse Noord-Amerika.[3]

Het zou ver buiten het bestek van dit boek vallen om alle sporen in Nederland van deze in tijd en ruimte omvangrijke geschiedenis in kaart te brengen. Daarom hebben we ons in de tijd beperkt tot de erfenis in Nederland van wat is 'geproduceerd' tussen circa 1600 toen de Nederlandse slavenhandel op gang kwam en

---

[2] Met als belangrijkste uitzondering de Inheemse samenlevingen die er al voor de komst van de Europeanen waren. Deze werden echter vernietigd, gemarginaliseerd of ook onderdeel van het slavernijsysteem gemaakt.

[3] Ook in het VOC-gebied, van het huidige Zuid-Afrika tot en met Indonesië, hebben Nederlanders op grote schaal slavenhandel bedreven. Deze geschiedenis en het erfgoed daarvan blijven hier omwille van de duidelijkheid en het eigen karakter van de transatlantische slavernij buiten beschouwing. Zie hierover Van Stipriaan en Bal 2002.

I Inleiding

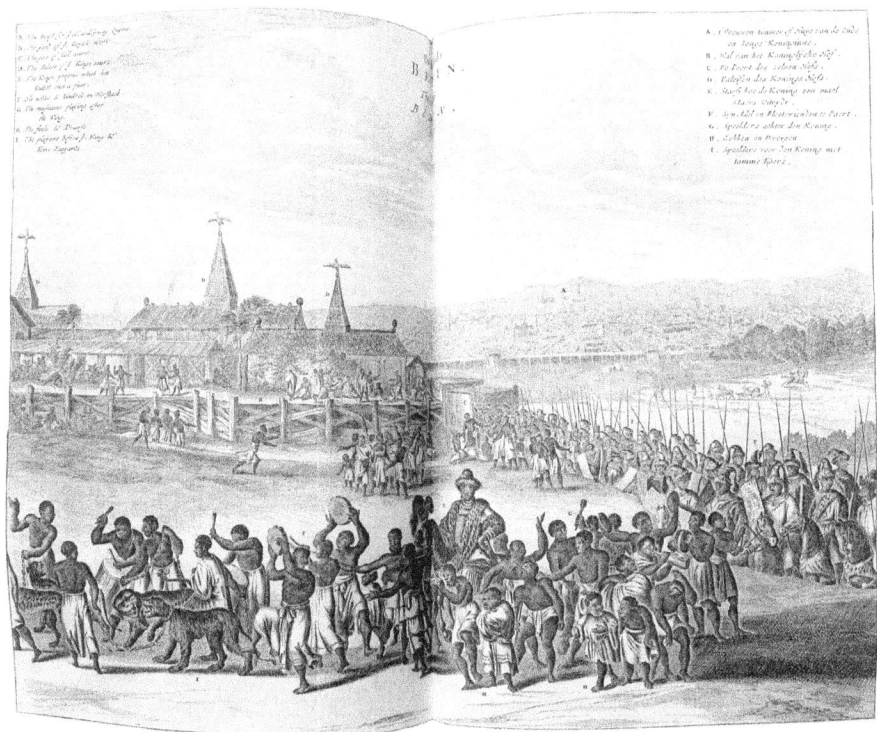

Fig. 1. Benin op de West Afrikaanse slavenkust. Niet zichtbaar wordt dat van hieruit vele Afrikanen zijn verscheept (Bron: Dapper 1676)

1863 toen de slavernij in de Nederlandse koloniën werd afgeschaft en gevolgd door een tienjarige periode van verplichte arbeid onder staatstoezicht. Verder hebben wij ons geografisch vooral gericht op dat wat te maken heeft met name Suriname, de Antillen en Aruba en in mindere mate op West-Afrika.

Het onderzoek waarop dit boek gebaseerd is, was deels gericht op concrete resultaten en deels explorerend, zoals al uit de titel blijkt. De belangrijkste doelstellingen ervan waren:
- het traceren en beschrijven van bronnen van het erfgoed van het slavernijverleden, met inbegrip van hun toegankelijkheid;
- nagaan op welke wijze het niet of minder zichtbare cultureel erfgoed kan worden opgespoord.

Een ander doel was op basis van onze ervaringen handvatten aan te reiken voor verder onderzoek, vooral naar wat tot dusver 'onzichtbaar' of 'versluierd' is gebleven. De gang naar erfgoedinstellingen leverde resultaten op die voor de onderzoekers, maar ook voor functionarissen van de instellingen,

Fig. 2a en b. WIC-pakhuis, 's Gravenhekje/Prins Hendrikkade, Amsterdam.
Op de gevel het embleem van de Geoctroyeerde West-Indische Compagnie
(Foto's: Elsbeth Tijssen, 2005)

I Inleiding

verrassend bleken. Daarbij bleek hoezeer nadere kennismaking met de kwalitatieve kanten van het onderzoeksgebied van belang is.

In het algemeen wordt cultureel erfgoed onderscheiden in materieel (fysiek) erfgoed, van monumenten tot beeldende kunst, en immaterieel erfgoed, van muziek tot aan orale verhalen. In dit boek wordt dit onderscheid eveneens gehanteerd, maar er wordt nog een dimensie aan toegevoegd. Meestal wordt als erfgoed datgene uit de geschiedenis beschouwd waarvan een samenleving vindt dat het bewaard moet blijven. Een bewuste selectie dus. Maar in het geval van een traumatische geschiedenis zoals de slavernij is er onderscheid tussen erfgoed dat op de een of andere wijze al bekend is, en erfgoed dat weliswaar bewaard is gebleven, maar niettemin nog moet worden opgespoord en/of herbenoemd als erfgoed verbonden aan het slavernijverleden. Het feit dat lang niet iedereen zich van deze erfenis bewust is, is deel van wat in dit boek wordt verstaan onder mentaal erfgoed van het slavernijverleden. Het niet onder ogen willen zien dan wel het voor zichzelf willen houden van een traumatisch verleden is evengoed een historische keuze die als erfgoed kan worden aangemerkt. Dit onontsloten cultureel erfgoed heeft dus niet alleen als basis de geschiedenis, nalatenschap en belevingswereld van de slavenhouders, die tot nu toe in overwegende mate het beeld bepaalden. Het is vooral ook de nalatenschap van degenen die in slavernij werden gehouden. Ook dit heeft een materiële en een niet-materiële dimensie. Het wereldbeeld en de mede door slavernij bepaalde opvattingen en zienswijzen van tot slaaf gemaakte Afrikanen en hun nazaten worden in dit boek daarom eveneens tot het mentaal cultureel erfgoed gerekend. Mentaal cultureel erfgoed van het slavernijverleden, dat in de gehele Nederlandse samenleving kan worden aangetroffen, blijkt op cruciale wijze verbonden te zijn met het materiële erfgoed. Daarom maakt het in deze studie integraal deel uit van de definiëring, inventarisatie en analyse van het cultureel erfgoed van het slavernijverleden en de slavernijerfenis.

Dit onderzoek kent zodoende drie erfgoeddimensies, die door hun samenhang lang niet altijd apart onderscheiden zullen worden: een materiële, van schilderijen, documenten en artefacten tot en met de materiële kant van eetcultuur; een immateriële, van zang en dans tot en met taal en rituelen; en een mentale, van religieus bepaald wereldbeeld en representaties van 'de Ander' tot en met historische taboes en trauma's. Deze drie dimensies zijn in de praktijk, zoals gezegd, onlosmakelijk met elkaar verbonden. Het onderscheid wordt dan ook vooral gehanteerd om de complexe (door)werking van de slavernijerfenis helder te kunnen maken (Heilbron 2001:5-8)

In het voorjaar van 2002 werd, na literatuurstudie en een eerste oriëntatie bij instellingen en personen, begonnen met het in kaart brengen van het slavernijerfgoed in Nederland. Dit is gezocht in musea, archieven en bibliotheken, bij Afro-Caraïbische organisaties en bij willekeurige zwarte en witte nazaten van het slavernijverleden. Gekozen werd voor een beredeneerde selectie van instellingen die een indruk geeft van de aanwezigheid in Nederland van erfgoed op het gebied van het slavernijverleden en de wijze waarop ermee omgegaan wordt. Geen representatieve steekproef dus, maar wel een selectie die de vele kanten, de veelvormigheid en de diversiteit aan plaatsen en de verspreiding van het verschijnsel zichtbaar maakt. Daarom is er gezocht naar een combinatie van, enerzijds, plaatsen die een voor de hand liggende relatie hebben met slavernij en slavenhandel en waar dus als vanzelfsprekend cultureel erfgoed van het slavernijverleden te vinden zou zijn, en anderzijds plaatsen die zo'n duidelijke connectie ontberen en waar erfgoed dus niet als vanzelfsprekend kon worden verwacht.

Dat de kans groot is dat een stad, als administratief en commercieel centrum, hetzij op lokaal of nationaal niveau, meer zal opleveren aan slavernijerfgoed dan een dorp of een provincie, ligt voor de hand. Daarbij werden de commerciële activiteiten met betrekking tot de transatlantische slavernij in Nederland vooral in enkele steden geconcentreerd. Zo kende de West-Indische Compagnie (WIC), net als de Verenigde Oost-Indische Compagnie (VOC), een structuur van lokale 'kamers' (in feite een soort aandeelhouders of vennoten) die in de belangrijkste steden waren gevestigd. Prominente kooplieden/regenten, de zogenaamde bewindhebbers, maakten in die kamers de dienst uit en vaardigden uit hun midden degenen af die als de 'Heren Tien' leiding gaven aan de WIC.[4] In de steden die bij de WIC betrokken waren, zal dan ook meer erfgoed aangetroffen kunnen worden dan in andere. Dit betreft Amsterdam, Middelburg en Vlissingen (Kamer Zeeland); Rotterdam, Dordrecht en Delft (Kamer Maze); Hoorn en Enkhuizen (Kamer Noorderkwartier); en Groningen (Kamer Stad en Lande).[5]

De ervaring leert dat wie zich vanuit dit lokale niveau gaat verdiepen in het Nederlandse aandeel in de slavernijgeschiedenis, er langzamaan achter komt hoezeer die lokale geschiedenis vervlochten is met de geschiedenis van de slavernij. Als je maar goed kijkt, zijn er in al die steden tot op de dag van vandaag allerlei verwijzingen te vinden naar het slavernijverleden. Niet alleen zijn in meerdere plaatsen 'Westindische' of 'Afrikaanse' pakhuizen uit die tijd overeind gebleven, er zijn ook gevelstenen, panden, zogenaamde 'morenkoppen' en soms ook straatnamen te bewonderen die direct of indirect naar de slavernij verwijzen. Zelfs kerkhoven kunnen sporen van dit verleden dragen, zoals de begraafplaats van Portugees-Joodse Amsterdammers in Ouderkerk aan de Amstel, waar onlangs een aantal graven van slaven (her)ontdekt werd.

---

[4] Dit gold met name de zogenaamde Tweede WIC (1674-1795); haar voorganger werd zelfs bestuurd door een Heren Negentien.
[5] Amsterdam had 60% aandeel in het kapitaal en was 4/9e vennoot, Kamer Zeeland 2/9e, Kamer Maze 1/9e, Kamer Noorderkwartier 1/9e en Kamer Stad en Lande 1/9e.

I Inleiding 7

Fig. 3. 'Graf van de goede slaaf Elieser', Beth Haim, Ouderkerk aan de Amstel
(Foto: Brechtje van Asperen, 2003)

Ook het verhaal dat individuele huizen te vertellen hebben (Dors 2002) duidt op microniveau op de nauwe banden van de Nederlandse samenleving met de slavernij en de wijze waarop dat in het geheugen beklijft.[6]

Voor het onderzoek viel de keus uiteindelijk op Amsterdam en Leeuwarden.[7] De hoofdstad Amsterdam had als grote koopvaardijstad sterke banden met de slavenhandel en de slavernij in de overzeese koloniën. Tegenwoordig is deze stad een centrum waar nazaten van slaven, slavenhandelaren en abolitionisten zij aan zij wonen. Leeuwarden daarentegen is een middelgrote stad die oorspronkelijk vooral agrarisch was georiënteerd. Ze was dus geen internationale havenstad met wereldwijde connecties, zodat sporen van het slavernijverleden hier niet vanzelfsprekend te vinden zouden

---

[6] Zie o.a. Kesler 1930-31:113-8, Blakely 1993, De Jong en Zondervan 2002 en Tillema 2002:3-4.
[7] Aanvankelijk viel de keus op Helmond in plaats van Leeuwarden, maar al snel bleek dat daar zoveel cultureel erfgoed slavernijverleden te vinden was dat het niet representatief leek voor een typische provinciestad. Zie Brommer 1993.

zijn. Leeuwarden leek daarom een geschikte keus om na te gaan in hoeverre ook minder voor de hand liggende delen van Nederland zijn 'aangeraakt' door het slavernijverleden.

Het onderzoek zou echter wel heel erg beperkt zijn als we het bij erfgoedinstellingen in deze twee steden zouden laten. Zo hebben wij ook enkele andere cruciale erfgoedinstellingen belang in de speurtocht betrokken, waaronder het Nationaal Archief in Den Haag en het Koninklijk Instituut voor Taal-, Land- en Volkenkunde in Leiden, vanwege hun nationale belang en/of unieke collecties. Bovendien hebben we een wandeling door Middelburg opgenomen, die de overgang in het boek markeert naar het meer persoonlijke deel van het slavernijerfgoed van individuen en organisaties. De publieke ruimte van deze Zeeuwse stad, ver buiten de multiculturele Randstad, ademt nog steeds de erfenis van het slavernijverleden. En dat die herinnering levend wordt gehouden vertelt het monument dat daar op 1 juli 2005 werd onthuld. Die wandeling geeft daarmee aan dat slavernijerfgoed niet alleen gezocht moet worden bij formele instellingen, maar ook door gewoon goed rond te kijken in de openbare ruimte.

Steeds hebben we gezocht naar de combinatie van het voor de hand liggende en het minder voor de hand liggende, naar datgene wat op een of andere wijze al bekend was als aan het slavernijverleden gerelateerd, en al datgene dat nog moest worden opgespoord en/of herbenoemd. Het niet voor de hand liggende en nog onbekende heeft daarom in dit boek relatief veel aandacht gekregen. Dat er in het Gemeente Archief van Amsterdam veel slavernijgerelateerd erfgoed kan worden gevonden, zal niet zoveel verbazing wekken. Het materiaal is er substantieel en divers en de toegankelijkheid is in principe vrij groot. In dit boek krijgt het dan ook, verhoudingsgewijs, een minder grote plaats dan de omvang van het daar bewaarde erfgoed zou rechtvaardigen. Dat bijvoorbeeld ook het Theater Instituut in die stad erfenissen van het slavernijverleden herbergt is veel verrassender en daarom, relatief, meer voor het voetlicht gehaald. Daarnaast zijn wij heel bewust op zoek gegaan naar erfgoed dat zich totaal buiten de bewaarinstellingen bevindt, bij individuele personen en zelforganisaties, met soms eveneens verrassende vondsten als resultaat.

Om erachter te komen hoe het cultureel erfgoed van het slavernijverleden in Nederland nu in de praktijk wordt gezien, zijn uiteenlopende personen geïnterviewd. Enerzijds waren dat mensen die actief betrokken zijn bij het bewaren van het cultureel erfgoed van het slavernijverleden, zoals conservatoren, archivarissen en bibliothecarissen. Deze groep bestond alleen uit witten omdat er geen zwarte beroepsgenoten in de geselecteerde instellingen werkzaam waren. Anderzijds was er de groep over wiens erfgoed het in eerste instantie gaat. Deze bestond uit overwegend zwarte en enkele witte sleutelfiguren met een Surinaamse, Antilliaanse of Nederlandse achtergrond, allen actief met betrekking tot het slavernijverleden. Tot slot waren er tientallen meer informele gesprekken met mensen die als nazaten van slaven en slavenhouders kunnen worden beschouwd. Op die manier hoopten we vooral ook het immaterieel en mentaal erfgoed in beeld te krijgen.

Naast de indeling in materieel, immaterieel en mentaal erfgoed is in dit onderzoek dus ook onderscheid gemaakt tussen erfgoed dat op een of andere wijze al bekend is als aan het slavernijverleden gerelateerd, en al datgene wat nog moet worden opgespoord en/of herbenoemd of zelfs ge(re)construeerd. Hierbij valt te denken aan overgeleverde verhalen of al hetgeen juist niet op een schilderij is te zien, maar er wel bij gedacht kan worden, zoals het ruim van een slavenschip.

Daarnaast kan het erfgoed nog worden onderscheiden in primair erfgoed, dat rechtstreeks voortgekomen is uit het slavernijverleden (bijvoorbeeld in de orale overlevering), en secundair erfgoed, dat een verwerking van dit slavernijverleden kan zijn (zoals een twintigste-eeuwse kunstuiting, als hedendaagse expressie van een mentale erfenis). Ook van deze indeling werd verwacht dat ze een dimensie kon toevoegen aan de blik op het niet-ontsloten erfgoed.

Uitgangspunt van deze studie is dat als je maar goed, of liever gezegd anders gaat kijken, je overal in Nederland erfgoed van het slavernijverleden zou kunnen aantreffen. Het is daarbij de kunst om het dominerende beeld dat de slavenhouders als dominante groep hebben overgeleverd, te doorbreken. Vandaar het grote belang dat wij hechten aan een ruimere en dynamischere omschrijving van cultureel erfgoed, gebaseerd ook op het perspectief van de nazaten van de slaven, en niet – zoals gebruikelijk – uit te gaan van een omschrijving die het perspectief van de koloniale verhoudingen van overheersing en onderwerping weerspiegelt. Het opsporen van het nieuwe materiaal dat met deze definiëringen samenhangt, vertoont in die zin enige gelijkenis met het zoeken naar de geschiedenis van vrouwen en arbeiders. Door de gangbare geschiedschrijving leek het lange tijd alsof deze groepen ook geen cultureel erfgoed hadden. Pas met het formuleren van nieuwe vraagstellingen, het aanboren van 'verborgen' bronnen en het herinterpreteren van feiten kwam ook hun geschiedenis boven water.

Gelimiteerde financiën en tijd dwongen ons de inventarisatie te beperken tot de boven beschreven selectie. Bovendien dient te worden bedacht dat het om een momentopname gaat uit 2002. De technologie staat niet stil en ook de erfgoedbeheerders stellen hun inzichten bij. Er zijn in de tussentijd al weer verbeterde ontsluitingstechnieken geïntroduceerd, fijnmaziger toegangsthema's geformuleerd en een toenemend aantal tentoonstellingen, toneelstukken en audiovisuele producties aan (de erfenissen van) het slavernijverleden gewijd. Ook de wijdere samenleving is voortdurend in beweging. De aanduiding 'negerzoen' voor een bepaald chocoladegebakje is bijvoorbeeld verdwenen. En de komst van een beeld voor de Surinaamse historische held Anton de Kom in Amsterdam-Zuidoost leidde tot stevige discussies onder

Afro-Nederlanders hoe dit hedendaags stuk erfgoed moest worden gezien. Een poging in dit boek volledigheid na te streven zou dus bij voorbaat tot mislukken gedoemd zijn. Gelukkig maar, want het geeft aan dat het slavernijverleden niet meer weggestopt kan worden. Onze selectie van praktijkvoorbeelden geeft dus vooral aan hoe die stilte verder doorbroken kan worden, door te tonen waar en hoe slavernijerfgoed gevonden kan worden, wat er over de toegankelijkheid kan worden gezegd en wat er bij de interpretatie komt kijken.

Ook de informatie over het orale erfgoed is beperkt gebleven tot wat onze 22 informanten in eenmalige interviews daarover inbrachten. Voor een meer substantiële en tegelijk meer respectvolle inventarisatie van (soorten) oraal erfgoed zijn veel grotere investeringen in tijd, menskracht en infrastructuur nodig. Ook hier geldt dus dat het om een handreiking gaat.

De actualiteit en gevoeligheid van het thema slavernijverleden zijn terug te vinden in bepaalde keuzen in dit boek. Het specifiek benoemen van 'mentaal erfgoed' is zo'n keus. Dat geldt ook voor de gehanteerde terminologie, die voor sommigen vanzelfsprekend zal zijn, voor anderen echter even wennen. Zo gebruiken wij, vanwege de negatieve connotaties, niet termen als 'neger' en het daaraan gekoppelde 'blanke' – tenzij in citaten –, maar kiezen we voor het meer politieke 'witte' en 'zwarte'. Hetzelfde geldt voor het begrip 'slaaf', dat we liever omschrijven met 'tot slaaf gemaakte Afrikaan', wat we overigens toch niet consequent hebben volgehouden. Ook dat is een bewuste keuze geweest die duidelijk maakt hoezeer het debat hierover ook een stuk van het erfgoed is. Een andere, meer praktische reden daarvoor is dat de term 'slaaf' soms de leesbaarheid vergroot.

Verder geven we aan waar er sprake is van 'common ground' tussen alle erfgenamen van dit verleden, waar er verschillende onderzoekswegen moeten worden gevolgd en wat dit betekent voor de omgang met dit verleden. We besluiten met aanbevelingen voor de omgang met het cultureel erfgoed van het slavernijverleden in Nederland. Een voorbeeld hiervan is het 'nieuw te produceren' cultureel erfgoed op het gebied van orale en muzikale tradities en geschiedenis. Niet alleen is aandacht geschonken aan het mentale erfgoed en de materialisering daarvan, maar ook aan de mate van historisch besef –individueel en collectief, zwart en wit – en aan beelden van en de omgang met 'de Ander' – door zwart en wit. De hierbij gehanteerde methodieken zijn ook beschreven en kunnen dienen als voorbeeld voor verder onderzoek op dit terrein.

De thematiek is verder inzichtelijk gemaakt door een ruim gebruik van illustraties. Soms worden daarbij suggesties gedaan hoe er vanuit een ander perspectief naar kan worden gekeken. Tegelijk vormen zij deel van het levende bewijs van de 'stilte' waarnaar wij op zoek waren. Vaak tonen zij juist niet waarom het in de slavernij ging. Maar nog navranter is dat zelfs nu nog

I *Inleiding* 11

enkele instellingen weigerden toestemming tot publicatie van hun afbeeldingen te geven, omdat zij op geen enkele wijze in verband wensten te worden gebracht met slavernij.[8] Gedurende dit onderzoek kwam ons bovendien ter ore dat er al multinationaal werkende Nederlandse bedrijven zijn die met name vanwege mogelijke claims in de Verenigde Staten de eigen slavernijbetrokkenheid laten onderzoeken. In absolute stilte, dat wel.[9]

[8] Daarnaast waren er instellingen die zoveel geld voor hun afbeeldingen vroegen dat we deze niet hebben kunnen opnemen.
[9] Een zo'n bedrijf is daar inmiddels mee naar buiten getreden, namelijk de ABN-Amro Bank. Zie hiervoor het commentaar van slavernijhistoricus Gert Oostindie in *Historisch Nieuwsblad*, juli/augustus 2006, p. 8.

Fig. 4 Gecensureerd erfgoed!

HOOFDSTUK II

Wat is Nederlands cultureel erfgoed slavernijverleden?

Literatuurverkenning

Er is grote belangstelling voor cultureel erfgoed. Behalve als attractie komt het tegenwoordig ter sprake tijdens symposia, studiedagen, in het nieuws, op websites en dergelijke. De term wordt door een breed publiek gebruikt en in uiteenlopende situaties: van discussies over de vaste boekenprijs tot en met de hit 'Kut-Marokkanen' van de Marokkaans-Nederlandse rapper Raymtzer. Het begrip lijkt dan ook oneindig rekbaar. Volgens de Amerikaanse filosoof en historicus David Lowenthal (1996) wordt alles wat maar enigszins bewaard kan worden voor later, van archeologische vondsten tot Hollywoodfilms, beschouwd als cultureel erfgoed. Een bevredigende en eenduidige uitleg van wat nu precies als cultureel erfgoed dient te worden beschouwd, is dan ook in de literatuur niet te vinden.

Tot voor kort werd cultureel erfgoed voornamelijk opgevat als de materiële dimensie van de cultuur en geschiedenis van een samenleving waar zij graag op terugkijkt. Zo heeft Duparc (1975:xv-xvi) het in zijn beschrijving van Nederlands cultureel erfgoed over 'het geheel van goederen dat het verleden van onze eigen samenleving maar tegelijk ook daardoor onze samenleving zelf doet leren kennen en begrijpen'. Sinds enige tijd is er echter ook in toenemende mate aandacht voor het niet direct tastbare ofwel immateriële erfgoed. De UNESCO, de VN-organisatie die zich vooral met cultuur bezighoudt, richt zich bijvoorbeeld sinds het eind van de jaren negentig ook op immaterieel cultureel erfgoed *(intangible cultural heritage)* en definieert dit als

> the practices, representations, expressions, knowledge, skills – as well as the instruments, objects, artefacts and cultural spaces associated therewith – that communities, groups and, in some cases, individuals recognize as part of their cultural heritage. This intangible cultural heritage, transmitted from generation to generation, is constantly recreated by communities and groups in response to their environment, their interaction with nature and their history, and provides them with a sense of identity and continuity, thus promoting respect for cultural diversity and human creativity. For the purposes of this Convention, consideration will be given solely to

such intangible cultural heritage as is compatible with existing international human rights instruments, as well as with the requirements of mutual respect among communities, groups and individuals, and of sustainable development.[1]

Oftewel, immaterieel erfgoed is alles wat aan de culturele identiteit van een groep bijdraagt en als zodanig ook aan zijn instandhouding. Het bezwaar van deze definitie is echter dat zij nog steeds heel breed is geformuleerd en tegelijk gekoppeld aan VN-sleutelwoorden als mensenrechten, wederzijds respect en duurzame ontwikkeling. Het gevolg is dat het nog steeds zo algemeen is dat niet duidelijk wordt wat er al of niet onder valt, of juist door specificiteit veel buitensluit.

Op de website van het Ministerie van Onderwijs, Cultuur en Wetenschappen (www.minocw.nl) wordt cultureel erfgoed gedefinieerd als 'de historische dragers van onze nationale identiteit'. Ook deze definitie roept vragen op. Is er wel sprake van een nationale identiteit en zo ja, wiens nationale identiteit is dat dan in onze huidige multiculturele samenleving? En wordt daar door mannen en vrouwen, ouderen en jongeren, rijken en armen wel hetzelfde onder verstaan? Dat licht het ministerie op de website niet toe. Wel is de verwijzing naar identiteit interessant, zoals in het vervolg zal blijken.

Andere omschrijvingen in de literatuur zijn zodanig geformuleerd dat ze slechts nuttig blijken voor een specifieke onderzoeksopdracht, bijvoorbeeld een concept van cultureel erfgoed dat alleen geldt voor een bepaalde provincie (Gerding 2001:25). Bij weer andere onderzoekers treft men in hun definities daarentegen juist ruimte voor het gegeven van een globaliserende wereld, waarbij cultureel erfgoed slaat op de goederen van de mensheid in haar geheel (Duparc 1975:xv). Maar dat doet afbreuk aan de culturele en religieuze diversiteit en identiteit van groepen en laat de invloed van de geografische specificiteit buiten beschouwing.

Een volgende vraag is hoe de abstracte definiëringen in de praktijk gestalte krijgen. Dorsman, Jonkers en Ribbens (2000) bijvoorbeeld wijzen erop dat erfgoed, net als geschiedenis zelf, twee gezichten heeft: een positief en een negatief. Het positieve kenmerkt zich door een positieve grondhouding over het eigen verleden. Zo'n houding vinden we bijvoorbeeld terug in de manier waarop historische stadjes gepresenteerd worden, maar ook in de manier waarop de geschiedenis wordt voorgesteld in bijvoorbeeld musea, koffietafelboeken, reisgidsen, officiële redevoeringen en gedenkboeken. In die voorstelling is Nederland vaak het toonbeeld van vrijheidsliefde, verdraagzaamheid, welvaart, rechtvaardige verhoudingen, religieuze tolerantie, multiculturaliteit enzovoorts. De negatieve kant van cultureel erfgoed kenmerkt zich volgens

---

[1] Art. 2 lid 1 van de UNESCO Convention for the Safeguarding of Intangible Cultural Heritage, vastgesteld op 17-10-2003.

II Wat is Nederlands cultureel erfgoed slavernijverleden?

Jonkers echter als kritiek op deze zelfgenoegzaamheid. Critici verwerpen de romantische kijk op het eigen verleden en stellen daar historische wandaden van Nederlanders tegenover, zoals intolerantie, slavenhandel of aanslagen op het milieu (Dorsman, Jonkers en Ribbens 2000:191-8).

Lowenthal en anderen wijzen erop dat de presentatie van cultureel erfgoed in de praktijk vooral een uiting is van trots op het eigene. Maar daarin schuilt volgens hem ook een gevaar. Er ontstaat namelijk een vertekend beeld, omdat we kiezen voor het imago waarin men zich wil herkennen. Lowenthal zoekt de verklaring hiervoor in de snel veranderende wereld die tot grote onzekerheid leidt over de toekomst. Hierdoor gaat men zich bijna obsessief bezighouden met de eigen geschiedenis, met het eigen cultureel erfgoed. Die preoccupatie leidt volgens hem tot talloze misvattingen over het verleden (Lowenthal 1996).

Het problematische aan wat als cultureel erfgoed wordt beschouwd, is de vrijwel onlosmakelijke koppeling ervan aan de natie en haar negentiende-eeuwse ideologie van het Europese nationalisme, die, zoals Lowenthal terecht benadrukt, door internationalisering en globalisering eerder wordt versterkt dan verzwakt. In zijn beroemde werk over natievorming en nationalisme stelt Benedict Anderson (1992) dan ook dat in de constructie van een nationaal zelfbeeld per definitie geen plaats is voor de negatieve kanten van het eigen verleden (zie bijvoorbeeld ook Schulte Nordholt 2000). Met name die elementen worden benadrukt die de kracht, beschaving en vooruitgang tonen van de eigen natie. Dat levert erfgoed op waarop iedereen trots kan zijn.

Dat betekent niet dat er geen erfgoed van andere culturen wordt getoond. Integendeel. Juist met de groei van het nationalisme in het negentiende-eeuwse Europa ontstonden naast de nationale musea ook volkenkundige musea. Terwijl echter in de nationale musea aan de hand van nationaal erfgoed de grootsheid van de eigen natie werd en wordt getoond, diende het in de volkenkundige musea gepresenteerde exotisch erfgoed juist weer om de eigen culturele geavanceerdheid te benadrukken.

Het probleem is dus dat erfgoed is gekoppeld aan de natie en die is per definitie exclusief: tegenover een collectief 'wij' is er een expliciet of impliciet inferieur 'zij' dat van het 'wij' wordt buitengesloten. Wie dus een meer inclusieve geschiedenis wil schrijven en daarbij op zoek gaat naar erfgoed, zal vanuit nieuwe perspectieven moeten kijken; dat wil zeggen vanuit 'zij' naar 'wij', om vervolgens te onderzoeken welke erfenissen die geschiedenis vanuit het andere perspectief geproduceerd heeft.

Fig. 5. West-Indische collectie van het Koloniaal Museum in Haarlem, voorloper van het Tropenmuseum, circa 1900 (collectie Tropenmuseum, nr. 0004-0403)

Een indeling in zwart en wit

Nog niet zo lang geleden werd bij het gebruik van de term erfgoed in de eerste plaats gedacht aan de materiële nalatenschap van vorige generaties, met name uit de elite. Tegenwoordig strekt deze zich uit tot alle lagen van de bevolking, en ook naar de (voormalige) koloniën. Bovendien komt er meer en meer een immateriële component bij. Dit alles gaat samen met een toenemende belangstelling voor volkscultuur, verhalen, muziek, dans en orale tradities.[2]

Bij het ontwikkelen van deze ruimere omschrijving van erfgoed is de nauwe samenhang met identiteit van betekenis. Deze ligt aan de basis van de problemen rond de zoektocht naar het verzwegen verleden. Identiteit is een veelomvattend begrip dat deels is gebaseerd op het gevoel en de ervaring van wie men is en waar men bij behoort. Het 'behoren bij' is afhankelijk van

[2] Zie voor literatuur over mondelinge geschiedschrijving en volkscultuur onder andere Baker en Baker 1997, Brinkman en Fleisch 1999 en Steijlen 2002.

bepaalde contexten; men is bijvoorbeeld vrouw onder vrouwen en tegenover mannen, kind tegenover volwassenen, ambtenaar tegenover publiek. Het is ook een dynamisch begrip omdat in wisselwerking met de steeds veranderende maatschappelijke verbanden de identiteit ook kan veranderen. Men kan als vrouw ook volwassene zijn en ambtenaar, afhankelijk van wat in de betreffende situatie van belang is.

Een belangrijk facet van de identiteit is dat die van binnen uit kan worden ontwikkeld als een persoonlijke constructie, maar ook (tegelijk) van buitenaf worden opgelegd vanuit de samenleving. In beide gevallen is er sprake van keuzen, waarbij identiteit (bewust) gebruikt kan worden als instrument in het contact met anderen, om het 'erbij behoren' te benadrukken, of om juist onderscheid te maken; dat wil zeggen om anderen in of uit te sluiten.

Een ander bestanddeel van identiteit is het gevoel wortels en een oorsprong te hebben (Woodward 2002: ix,16-24). Deze liggen in het verleden. Een individu, groep of volksgemeenschap kan zich in meerdere of mindere mate met dit verleden identificeren. Hierdoor hebben geschiedenis en geschiedbeeld invloed op de identiteitsvorming en kunnen ze mensen binden of juist uiteendrijven. Zo is de identiteit van witte Nederlanders over het algemeen gekoppeld aan een scala van voorstellingen over een roemrijk verleden. Daarin hebben zwarte mensen meestal hooguit een decorfunctie. De identiteit van niet-witte erfgenamen van de Nederlandse (koloniale) geschiedenis is daarentegen veel meer gekoppeld aan een mengeling van beelden van onderdrukking (door witten), verzet en onafhankelijkheidsstrijd, prekoloniale glorie en eventuele postkoloniale renaissance.

Verschillende identiteiten dus, in de constructie waarvan stereotypie en (ver)zwijgen per definitie niet voorbij zijn gegaan, aangezien individuen en groepen zichzelf graag zo voordelig mogelijk positioneren in relatie tot de ander (zie Heilbron 1998). Dat hoeft geen probleem te zijn in situaties waarin men min of meer gelijkwaardig is aan elkaar en door interactie eventueel de beelden over elkaar kan bijstellen. Anders is het wanneer de identiteitsvorming plaatsvindt in situaties van machtsongelijkheid, in het geval van de slavernij een langdurige en extreme. Dan kunnen structureel vertekende beelden tot universele of nationale 'waarheid' worden verheven, wat over het algemeen ten koste gaat van anderen.

Eeuwen van kolonialisme en slavernij hebben geleid tot dergelijke structureel vertekende beelden in min of meer versteende identiteiten. Pas sinds het einde van de twintigste eeuw wordt dit onder andere in Nederland ter discussie gesteld. Het verzwegen verleden, de valse voorstelling van zaken en het eenzijdige perspectief zijn enkele van de thema's die de discussies over het gedeeld verleden en de erfenis daarvan zijn gaan beheersen. Vragen over betekenis en 'waarheid' hebben zich hierbij opgedrongen, en daarmee werd ook de definiëring van erfgoed onderwerp van discussie.

Dat deze discussies ontstonden, hing samen met de wereldwijde veranderingen die in de tweede helft van de twintigste eeuw op gang kwamen en ook Nederland niet onberoerd hebben gelaten. De koloniale imperia vielen in snel tempo uiteen en massale migratiestromen brachten de voormalige gekoloniseerde wereld tot in het hart van het territorium van de voormalige kolonisator. Globalisering heeft de wereld kleiner gemaakt en oude zekerheden ondermijnd. Zo werd ook het zelfbeeld van de Nederlandse natie als tolerant en gekenmerkt door andere eigenschappen 'waarin een klein land groot kan zijn', ter discussie gesteld en begon het gekoesterde zelfbeeld barsten te vertonen. Nederland was niet langer vooral het land van Rembrandt en 'schipper naast God', maar ook van slavenhandel en moordpartijen in Indonesië. Kortom, fundamentele veranderingen in het heden deden ook (de kijk op) het verleden veranderen.

Tegen deze achtergrond kunnen ook de veranderende opvattingen worden gezien van wat als erfgoed van het slavernijverleden moet worden beschouwd. Dat blijkt overigens verre van eenvoudig, want het gaat om het historisch erfgoed van een aantal sterk ongelijke 'partijen' in diverse samenlevingen op drie continenten – Europa, Afrika, de Amerika's – ieder met een eigen perspectief op een gedeeld, maar ook deels onbekend verleden. Wat is in dat geval dan een gedeelde geschiedenis, hoe maak je die inclusief en welk erfgoed hoort daarbij? Gaat het alleen om zwart of wit erfgoed, of om allebei? Wat houden deze categorieën precies in? Hoe hebben individuen en instituties naar dit verleden gekeken en hoe kijken ze er nu naar?

De instellingen die het Nederlandse erfgoed herbergen, bevatten niet alleen zichtbare bronnen, maar ook bronnen die weinig of geen algemene bekendheid genieten. Dit heeft te maken met de aard van deze instellingen. Bibliotheken, archieven en musea zijn in de negentiende eeuw opgekomen als symbolen en steunpilaren van een verondersteld homogeen witte, geavanceerde (lees: beschaafde) natiestaat. Niet alleen zijn de opgeslagen documenten, artefacten en verbeeldingen geproduceerd en/of verzameld door witten, maar ook in het beheer en de presentatie ervan hebben zij tot op de dag van vandaag grote invloed. Het verzamelen, documenteren en bewaren van het materiaal is niet op neutrale manier gebeurd, maar door middel van selectieve procedures gebaseerd op de voorkeuren en visies van het management en de archivarissen. Alleen wat zij relevant vonden en vinden, werd en wordt verzameld en, voorzien van hun interpretaties, tentoongesteld. Terwijl het materiaal dus zelf al selectief is in wat het vertelt en wat niet, zijn ook de samenstelling en achtergrond van de professionals die dit materiaal moeten beheren, toegankelijk maken, aanvullen en interpreteren, veelal eenzijdig. Deze dubbele eenzijdigheid en selectie kan gemakkelijk leiden tot een spiraal van zichzelf bevestigende en versterkende vooringenomenheden. Dit zal daarom structureel doorbroken moeten worden (zie Kreps 2002 en Heilbron 2006:36, 58).

II Wat is Nederlands cultureel erfgoed slavernijverleden?

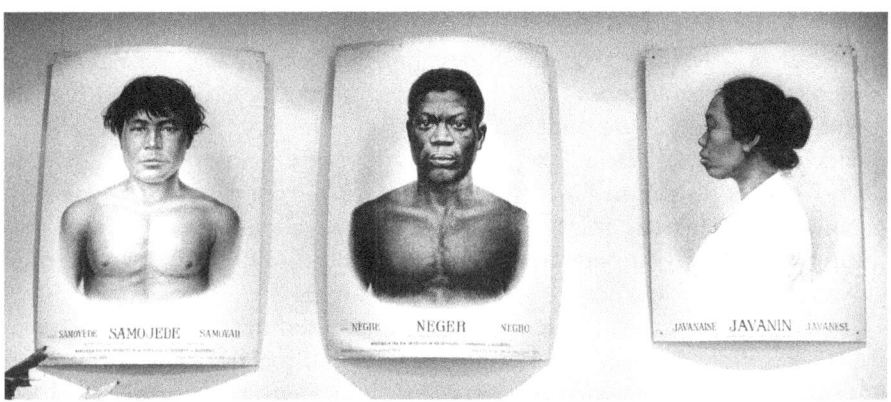

Fig. 6. Achterhaalde rassenindeling aan de kaak gesteld in het Antropologisch-Sociologisch Centrum, Universiteit van Amsterdam (Collectie Vakgroep Culturele Antropologie, Universiteit van Amsterdam; foto: Elsbeth Tijssen, 2005)

Van de vooringenomenheden bij bewaarinstellingen met betrekking tot erfgoed, hangt veel samen met westerse raciale ideeën die al voor de invoering van de moderne slavernij opkwamen en die daardoor werden versterkt. Deze ideeën werden in pseudo-wetenschappelijke theorieën omgezet en versterkt door de toenemende heerschappij van het Westen over de rest van de wereld en het daaraan gekoppelde vooruitgangsdenken. Vanwege de (vanuit het eigen perspectief waargenomen) vooruitgang en voorsprong op onder andere wetenschappelijk, technologisch, economisch en militair gebied, achtte het Westen zichzelf superieur en de rest van de wereld achterlijk en inferieur.

Daar de rest van de wereld een gekleurde huid had, was het verband tussen inferioriteit en huidskleur snel gelegd. De opvatting van 'de gekleurde mens' als ongelijk aan de witte werd al spoedig in het Westen gemeengoed. En aangezien het beeld geschapen werd dat Afrikanen geen enkele grote beschaving hadden voortgebracht[3] en zich al eeuwen als slaven lieten gebruiken, werden zij geheel onderaan de raciale hiërarchie geplaatst. Deze zienswijze zou kunnen worden beschouwd als een kwaadaardig stuk erfgoed. Het hield generaties lang de samenleving in haar ban en was van beslissende invloed op de machtsuitoefening over en bejegening van Afrikanen (in slavernij) en hun nazaten. Dit superioriteitsidee en de daarmee gepaard gaande houding hebben invloed gehad op de wijze waarop de bewaarinstellingen andere volken hebben gedocumenteerd.

[3] Zo werd de Egyptische beschaving niet als Afrikaans, maar als een voorloper van de westerse beschaving beschouwd.

Het beeld van gekleurde volken is niet altijd zo negatief geweest. Archeologische vondsten van zo'n 45 eeuwen geleden tonen dat in de Egyptische samenleving een donkere huidskleur positief werd gewaardeerd (Nederveen Pieterse 1990:23-4). In de oudste afbeeldingen komen Afrikanen in egalitaire posities voor. Aan dit beeld kwam een einde in de Griekse oudheid, maar in de tijd van het Romeinse rijk veranderde dat weer. Iconografische voorstellingen uit die laatste periode laten zien dat Afrikanen als soldaat in de Romeinse (hulp)troepen waren opgenomen en dat zij om hun kracht en inzet werden gewaardeerd. Ook werden ze als individuen afgebeeld.

Met de consolidatie van het christendom tijdens de Europese Middeleeuwen werd het beeld weer negatief en soms zelfs karikaturaal. De kleur zwart werd voor de duivel en de zonde gereserveerd. In hun strijd tegen de islam (de kruistochten) gebruikten de christenen deze kleur vervolgens om de vijand aan te duiden. Met de opkomst van het transatlantisch slavernijsysteem in de zestiende eeuw koppelden belanghebbenden de zwarte huidskleur aan 'raciale' en culturele inferioriteit en gebruikten ze deze koppeling als legitimatie voor het in slavernij brengen van Afrikanen. De bijbel, met het verhaal over Cham en zijn nazaten die tot slavernij waren gedoemd, diende daarbij als extra steun in de rug.

Sindsdien werden in de loop der tijd, en in toenemende mate, zwarten in diverse vormen van het witte erfgoed – van schilderkunst en prenten tot aan verzen en zegswijzen – op basis van kleur gehiërarchiseerd, gekarikaturiseerd, geridiculiseerd en gestereotypeerd. Opmerkelijk genoeg lijkt de denigrerende witte beeldvorming juist in verhevigde mate toe te nemen ná de afschaffing van de slavernij. Tot aan de negentiende eeuw werden nog respectvolle afbeeldingen van zwarten geschilderd, variërend van de beroemde portretten door Rubens en Rembrandt of de Braziliaanse en Surinaamse schilderijen van Albert Eckhout en Dirk Valkenburg tot en met de onmiskenbaar hiërarchiserende, maar niet ridiculiserende regentenstukken met zwarte dienaren erop (zie Blakely 1993 en Kolfin 1997). Die tamelijk natuurgetrouwe verbeelding van Afrikanen en Afro-Amerikanen lijkt in de loop van de negentiende eeuw totaal te verdwijnen[4] terwijl steeds stereotieper en denigrerender afbeeldingen de overhand lijken te krijgen. Waarschijnlijk was dit een gevolg van het feit dat de 'natuurlijke' en van God 'voorbeschikte' scheiding tussen

[4] Die min of meer natuurgetrouwe weergave van zwarten betekent natuurlijk niet dat zwarten als gelijkwaardig of beschaafd werden gezien, noch dat het verhaal of de boodschap van het betreffende schilderij natuurgetrouw was. Meestal was juist het omgekeerde het geval en kwam de kijker niets te weten over de harde werkelijkheid van de afgebeelde zwarte mens. Kolfin ziet de afbeeldingen van slaven vooral als etnografisch getint, waarbij hij een verschuiving constateert van de verbeelding van de slaaf voornamelijk als productiefactor naar het sociale leven van de slaaf als exotisch persoon (Kolfin 1997:105-23).

zwart en wit nu niet meer juridisch werd gelegitimeerd. In de vermeende beschavingshiërarchie was namelijk niets veranderd. Nieuwe, wetenschappelijk onderbouwde rassentheorieën en populaire racistische beeldvorming, gesteund door de opkomst van massamedia, hielpen die 'natuurlijke' scheiding op een nieuwe manier in stand houden en zelfs expanderen. Een 'normaal' plaatje van een zwarte lijkt sinds die tijd steeds minder voor te komen; in plaats daarvan werd hij steeds karikaturaler afgebeeld. De stilte die daar lijkt te zijn ontstaan, vraagt om verder onderzoek.

Fig. 7. Afro-Surinaamse man geportretteerd door een Nederlandse officier in Suriname vlak voor de Emancipatie (Bron: Tang 1998)

De associatie van de zwarte huidskleur met duisternis, het primitieve en het kwaad en de verwijzing van de bezitter ervan naar de laagste regionen van een natuurlijk verondersteld hiërarchie liggen diep in het witte bewustzijn verankerd. De tentoonstelling 'Wit over Zwart', gebaseerd op de collectie negrophilia van de kunstenaar Felix de Rooy, liet in de jaren negentig duidelijk zien hoezeer tot ver in de twintigste eeuw de meest primitieve vooroordelen en stereotypen over zwarten zonder enige gêne in de witte media werden ge-

Fig. 8a en b. Spotprenten uit een negentiende-eeuws 'Humoristisch album' (Bron: De Vries 1973)

hanteerd en acceptabel werden gevonden: van domme Afrikanen met overgeproportioneerde lippen in populaire stripverhalen als *Kuifje* en *Suske en Wiske* tot en met reclames van wasmiddelen die vanwege hun kracht zelfs op zwarten zouden kunnen worden uitgeprobeerd, om nog maar te zwijgen van de vele populaire verwijzingen naar zwarten als dienaar, dandy en danser, of de vereenzelviging van zwarten met een immens en onverzadigbaar libido. Meer recent werden de beelden wat subtieler en werd in de populaire media zwart vooral gebruikt om door contrastwerking het witte schoonheidsideaal te benadrukken (fig. 9a en b), of werd zwart in verband gebracht met een hedonistische levenswijze – sex en drugs en rock & roll – die overigens niet als negatief werd ervaren, maar wel een specifieke beeldvorming bevestigde (zie Arogundade 2000:34).

 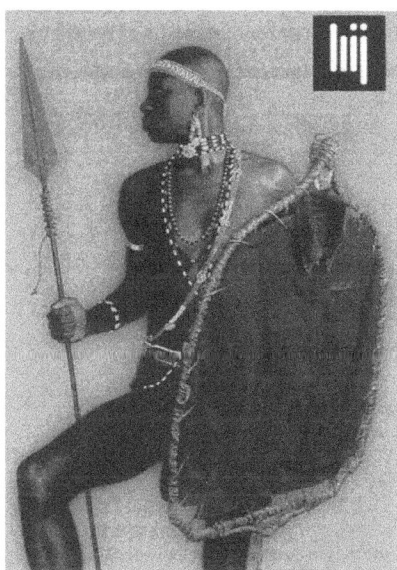

Fig. 9a en b. In beide krantenadvertenties trekt de zwarte man aandacht: positief als voorbeeld van intellect en betrouwbaarheid, negatief als primitief contrast met moderniteit (Collecties Fidelity International en WE Nederland)

De meest extreme uitingen van dit soort beelden zijn inmiddels grotendeels verdwenen, tenzij als populaire satire gebruikt. Er worden nu zelfs allerlei beelden in de populaire media gepresenteerd op manieren waarop dat ook met witten gebeurt: van betrouwbare politie-inspecteur en zorgzame huismoeder tot aan hoog opgeleide IT-expert. Een 'black look', inclusief Afrikaans gevlochten haar, is ook deel geworden van het witte modebeeld. En menige

Fig. 10. Hollandse jongen met zijn idool (Foto: Alex van Stipriaan Luïscius, 2005)

tienerkamer is tegenwoordig versierd met posters van zwarte idolen uit de wereld van entertainment en sport – een nieuwe identificatie van witte jongeren met zwarte helden, ondanks de chronisch racistische spreekkoren en geluiden op en rond de sportvelden.

Tegelijkertijd bevestigen de sectoren waarin deze zwarte helden figureren deels de associatie van zwarte mensen met vooral spieren en niet direct hersenen. Ook in de rest van de populaire media lijkt de koppeling van zwart aan libido, 'swing' en (dierlijke) kracht bijna onuitroeibaar. Het zijn alleen niet meer de enige beelden en ze worden ook niet meer alleen door witten geproduceerd. De populaire muziekzenders zijn vergeven van clips van zwarte rappers die het imago van vlees, hedonisme en primitiviteit juist gigantisch uitvergroten. Het heeft er alle schijn van dat zij daar zelf voor gekozen hebben, want de labels waar zij voor werken, zijn ook vaak zwart. Hoezeer dit ook als een soort protest bedoeld is en hoezeer het ook door witten wordt nageaapt, het werkt voornamelijk stereotype-bevestigend.

Ook de Noraly Beyers, Ruud Gullits en zwarte modellen in reclamecampagnes lijken de diepgewortelde stereotypen uit alle bevolkingslagen – met name in situaties van witten-onder-elkaar – nog nauwelijks te hebben aangetast. Daarvan getuigen stoere verhalen of grappen over 'die grote zwarte neger' die nog steeds op witte feestjes en in wit kroeggezelschap kunnen worden beluisterd. Niet alleen is deze beeldvorming deel van het – witte – mentale erfgoed, ze kan ook invloed uitoefenen op houding en gedrag tegenover zwarten en het erfgoed dat met hen in verband gebracht kan worden. Als deel van het bewustzijn en de voorstellingswereld die is ingebed in de Nederlandse cultuur, het geschiedbeeld en het historisch bewustzijn, kan ze aanleiding zijn tot een bepaalde vooringenomen houding tegenover de zwarte nazaten van tot slaaf gemaakte Afrikanen en bepaalde opvattingen over hun erfgoed (Heilbron 2006:28).

Wanneer we nu in de analyse even vasthouden aan een indeling in zwart en wit erfgoed als leidraad bij de speurtocht door Nederland, dan betekent dit dat zwart erfgoed al datgene is wat door of specifiek voor tot slaaf gemaakte Afrikanen en hun nazaten is ge(re)produceerd; wit erfgoed is dan al wat specifiek voor (en meestal ook door) Europeanen en hun nazaten in de context van de transatlantische slavernij is ge(re)produceerd. Beide soorten kennen materiële, immateriële en mentale dimensies:

- materieel (wat tastbaar is): een breed scala van gebruiksvoorwerpen, kleding, lichaamsversieringen, muziekinstrumenten en kunst(nijverheid) tot aan slavenboeien en martelwerktuigen, boeken en archieven tot stand gekomen als onderdeel van het slavernijsysteem of in reactie daarop (overheidsrapporten, reisverslagen, scheepsjournalen, plantershandboeken, plantageadministraties, petities voor afschaffing, etcetera), alle vormen

van materiële cultuur die tot het leven van de slavenmakers behoorden of dit hebben verbeeld (portretten, grachtenpanden, pakhuizen, egodocumenten, enzovoort), verbeeldingen van de slavernij (schilderijen, prenten, gevelstenen, 'moorse gapers', etcetera).
- immaterieel (bijna tastbaar, want met duidelijk zichtbare toepassing): (orale) literatuur, dicht- en vertelkunst, taal, muziek, dans, religieuze systemen, wetenschappelijke kennis, vewantschapssystemen, familieverhalen, zegswijzen.
- mentaal: wereldbeeld, spiritualiteit, normen en waarden, kleurgevoeligheid en hiërarchiedenken, genderrelaties, verzets-, bestaans- en overlevingsstrategieën. Voor wit erfgoed kan gezocht worden naar: racisme, stereotiepe beeldvorming over zwarten, historische taboes (stilte), protest tegen de slavernij.

Hoewel de indeling zwart-wit in de analyse het inzicht bevordert, zitten er ook haken en ogen aan. Zo kan deze indeling niet meer zijn dan een eerste aanzet tot een beter begrip. Ze kan ook niet dwingend worden opgelegd aan het materiaal, zonder het risico dat een dynamische werkelijkheid wordt gefragmenteerd en in vooraf geformuleerde modellen wordt gewrongen. Ook is een deel van het erfgoed niet als zodanig in te delen omdat er sprake is van vermenging, zoals in het geval van (onderdrukkings)relaties in het gemeenschappelijk verleden, of in het geval van bepaalde muziekvormen die zijn voortgekomen uit een vermenging van Afrikaanse en Europese tradities en die in hun huidige creatieve vorm niet meer uiteen te halen zijn (bijvoorbeeld ritme en maat en de typisch Caraïbische toonzetting en harmonie).

Moeilijk te scheiden is ook de informatie over het leven van tot slaaf gemaakte Afrikanen die tussen de regels door uit de witte bronnen is te halen of uit op schrift gestelde gerechtelijke verhoren die letterlijk weergeven wat de slaven zeiden (Eersel 2002). Ten slotte mogen deze constructies van zwart en wit erfgoed, die dienen om een gemeenschappelijk verleden meer doorzichtig te maken, niet verward worden met de veel complexere verhoudingen in de werkelijkheid, toen en nu. Eén blik buiten de deur of in de media toont hoezeer er ook sprake is van interetnische vermenging en interactie. De erfenis van het slavernijverleden zal, indien ontsluierd, blijken net zo veelvormig en dynamisch te zijn als dit verleden zelf.

Manieren van kijken

In Europa was de beeldvorming over de bevolking van de koloniën al vroeg met voorstellingen van eigen superioriteit verweven. Ook de beeldvorming in de koloniën zelf werd op deze manier bewerkt. In het koloniaal onderwijs werd ernaar gestreefd de bevolking deze hiërarchische voorstelling van de verhoudingen, waarin de gekoloniseerde als mindere werd gekarakteriseerd, te laten internaliseren. Dit werd door de bevolking deels aanvaard, deels met de mond beleden en deels verworpen.

De komst van de migranten uit de (ex-)koloniën naar Nederland heeft deze beeldvorming bij witte en zwarte mensen in de laatste decennia flink aangetast. Wereldwijd en ook in Nederland werden mensen zich steeds meer bewust van een andere werkelijkheid en ook een andere geschiedenis. Eurocentrische concepties over het erfgoed kwamen op de helling te staan. Tegelijkertijd verschoven visies en perspectieven. Deze veranderingen worden zichtbaar in de wereldwijde trend tot reconstructie van het slavernijverleden in de geschiedenis en bij het reconstrueren van het zwarte erfgoed in de Caraïbische regio. Een passage uit het UNESCO-rapport *Breaking the silence* (2000) illustreert hoe economische en sociale verhoudingen uit het verleden op een nieuwe manier werden getypeerd:

> Millions of Africans were captured, shipped across the Atlantic Ocean, sold to plantation owners and enslaved for generations. The African diaspora was the biggest forced transfer of people the world has ever known, with considerable consequences on the course of history, the interaction of civilizations and the construction of the Atlantic world. [...] African men, women and children were obliged to leave their homelands, family ties and culture, to live in bondage and in fear and to till the soil of unknown lands. Stripped of their dignity, their identity and their roots, they strived to survive in a hostile environment.

Dat er ondanks een indrukwekkende rijkdom aan literatuur, documenten, artefacten en andere bouwstenen voor het historische verhaal over de Nederlandse slavernij toch sprake is van een 'verzwegen verleden', zal tegen de achtergrond van het voorgaande niet vreemd klinken. Deze schijnbare tegenstelling is een gevolg van de selectiviteit in het aanwezige materiaal en de selectiviteit van het geschiedverhaal dat op basis daarvan wordt geproduceerd.

De vraag is nu hoe stiltes in de geschiedenis ontstaan en worden gecreëerd. Soms zal het verzwijgen een bewuste handeling zijn geweest om het eigen straatje schoon te vegen en toch met enige trots te kunnen omzien. Illustratief in dit opzicht is bijvoorbeeld het artikel dat Henriëtte Conradi publiceerde in 1913, bij gelegenheid van de vijftigste verjaardag van de afschaffing van de slavernij. Hierin begint zij weliswaar met te constateren dat de slavernij een zwarte bladzijde vormde in de Nederlandse geschiedenis, waarbij zij zelfs termen als 'gruwelijk' en 'onmenselijk' niet schuwt, maar al snel vervolgt ze:

Dit alles is overbekend en daarom wil ik liever het oog richten op bladzijden die minder bekend zijn en waaruit blijken zal, dat alle slaven-eigenaars geen beulen waren en alle slaven het niet slecht hadden voor de emancipatie van 1863. Hoe vreemd het ook moge klinken, wáár is het, dat de humaniteit groot was in den slaventijd. De trouw en toewijding der slavinnen voor hare meesters en meesteressen; de liefde en zorg die hunne kinderen in ruime mate van deze vrouwen genoten, zij al te maal bewijzen, dat de ouders menschlievend omgingen met de slaven en dit bleef zoo, ook toen zij geen slaven meer waren. Schoone bladzijden hierover kan men in ditzelfde boek over de slavernij lezen. (Conradi 1913:208.)

Fig. 11. Baby W.H. de Gaay Fortman met de 'huismeiden' Mimi en Bimbi, Curaçao, 1912 (Collectie Tropenmuseum, nr. 0005 0739)

En dan volgt een aantal bladzijden met tranentrekkende voorbeelden van de warme verhoudingen tussen slaven en meesters. Hier wordt dus door een vermeende, incidentele stilte te doorbreken, namelijk die van de liefdevolle relatie tussen slaven en slavenhouders, de structurele stilte over de rauwe werkelijkheid van de slavernij bewust in stand gehouden.

Tegenwoordig wordt deze vorm van verzwijgen niet veel meer aangetroffen en is het meer de structurele relativering van de slavernij, zoals bij de Leidse historicus P.C. Emmer, die tot nieuwe stiltes leidt. Toch komt hij dicht in de buurt van Conradi's benadering wanneer hij formuleringen gebruikt als: 'Helaas kon een planter niet altijd voorkomen dat zijn slaven op een houtje moesten bijten' (Emmer 2000:147), of waar hij de stelling aandurft dat Afrikaanse vrouwen aan boord van slavenhalers nauwelijks aan verkrachtingen blootstonden, omdat de Europese bemanningsleden daarvoor te zwak en ziekelijk waren (Emmer 2000:91).

Veel vaker dan door deze expliciete vormen van verzwijgen ontstaan echter stiltes in de geschiedenis door het beperkte perspectief van waaruit het geschiedverhaal wordt geconstrueerd. Met iedere stap in het 'productieproces' wordt de werking daarvan versterkt. Die beperktheid hangt samen met verhoudingen van machtsongelijkheid. Geschiedenis wordt meestal verteld door de 'winnaars', niet de 'verliezers'. Macht is dus bepalend voor de productie van geschiedenis en daarmee ook voor de productie van stiltes in die geschiedenis. Die stiltes ontstaan volgens de bekende Haïtiaans-Amerikaanse historicus M.-R. Trouillot op vier cruciale momenten:
1. het moment waarop feiten worden gecreëerd (*the making of sources*);
2. het moment waarop feiten bijeen worden gebracht (*the making of archives*);
3. het moment waarop feiten toegankelijk worden gemaakt (*the making of narratives*);
4. het moment waarop met terugwerkende kracht betekenis wordt gegeven aan de feiten (*the making of history in the final instance*).

Aangezien reconstructie van het verleden volgens Trouillot *altijd* selectie is, welk perspectief ook wordt gehanteerd, is het absoluut noodzakelijk ook de stiltes op te sporen en deze, per geval, op eigen wijze bloot te leggen. Zelf doet hij dat bijvoorbeeld op saillante wijze met betrekking tot het Haïtiaans (slavernij)verleden (Trouillot 1995:27).

Ook de gehanteerde terminologie kan een rol spelen bij het verzwijgen van het verleden (Heilbron 2006:70-1). Termen zijn niet neutraal; ze zijn dragers van connotaties en hebben stilzwijgende betekenissen die impliciet een bepaalde optiek verwoorden. Het is niet alleen voor het onderzoek van belang daar aandacht aan te besteden, maar ook om inzicht te krijgen in de aard en diepgang van de controverse die voortkomt uit verschillende optieken.

Een goed voorbeeld hiervan vormt de term 'slaaf'. De term roept associaties op van slaafsheid, onderworpenheid, afhankelijkheid. Spreekt men echter van 'mensen in slavernij gebracht', 'tot slaaf gemaakte mensen' of 'in slavernij gehouden', dan roept dat eerder associaties op met ontvoerd zijn, ooit vrij geweest zijn en mogelijkerwijs proberen die vrijheid te herwinnen. Zo wordt niet gesuggereerd dat slavernij hun natuurlijke staat zou zijn.

Een ander voorbeeld is de veel gebezigde term 'weglopers' voor hen die aan het plantageregime ontsnapten. Aan deze term kleeft de associatie van spijbelaars, misschien zelfs van deserteurs en lafaards. Vanuit de optiek van de slavenhouder lopen slaven weg uit zijn bezit of boekhouding. Vanuit het perspectief van de Marron echter loopt hij niet weg maar ergens naartoe, namelijk naar zijn vrijheid. Hij keert het slavernijsysteem de rug toe.

In de terminologie zit dus een standpunt verpakt van waaruit een bepaalde betekenis wordt toegekend aan een verschijnsel of een complex van verschijnselen. Met andere woorden, door een bepaalde woordkeus kunnen verschillende etiketten worden gedrukt op een en hetzelfde verschijnsel. Woorden zijn vaak de talige uitdrukking van noties en beelden. Dit brengt de onderzoeker op de problematiek van de gekozen denk- en interpretatiekaders en optieken van waaruit het geschiedverhaal geschreven wordt (Heilbron 2006:70-1).

Het onderzoek naar het verzwegen verleden wordt verder bemoeilijkt door het feit dat de omstandigheden en ontwikkeling van de tot slaaf gemaakten niet of gebrekkig werden gedocumenteerd en ook nog eens verloren gingen. Dit vindt zijn verklaring gedeeltelijk in de wijze waarop de slaven werden beschouwd. Zij moesten, ontdaan van hun wortels en identiteit(en), zien te overleven in een rigide, gecreëerde samenleving. Zij werden niet in de eerste plaats gezien als mensen, maar als productiemiddelen, een soort verlengstuk van de werktuigen en machines. Wetgeving en sociale mores waren erop gericht hen te 'ver-ding-lijken' met de bedoeling maximale productie uit ze te persen. Daarom werden meestal alleen die zaken gedocumenteerd die hun arbeidsproductiviteit betroffen of daarop van invloed waren, zoals hun mortaliteit, reproductiviteit, seksualiteit en later hun zedelijkheid en religiositeit (Heilbron 1992).

Een andere reden voor het gebrek aan documentatie heeft te maken met de lage status van slaven. In die tijd en tot aan het begin van de twintigste eeuw was voor hen geen plaats in de geschiedenis, net zomin als dat voor arbeiders en vrouwen het geval was. Geschiedenis handelde toen hoofdzakelijk over staatslieden, kerkvorsten en generaals. Deze geschiedbenadering bleef nog tot in de twintigste eeuw gangbaar.

De mensen in slavernij hebben zelf ook weinig eigen documentatie nagelaten, daar ze bewust ongeletterd werden gehouden. Hun (historische) kennis droegen zij mondeling over, zoals de meeste van hen dat ook in Afrika al hadden gedaan. Kennis krijgen van het slavernijverleden betekent daarom ook kennis nemen van de orale geschiedenis. Een probleem kan zijn dat ook deze geschiedenis vertekend is, want getuigenissen die nu opgetekend worden, komen van nazaten van wie de voorouders uit de slaventijd al lang niet meer leven. Toch is deze geschiedenis belangrijk, want het gaat niet alleen om 'tastbare' feiten, maar ook om kwalitatieve zaken. Die leveren andere relevante gegevens op, andere percepties, andere wijzen van beschrijven en andere interpretaties.

Geschiedschrijving is lang een instrument geweest van, voor en over machtigen. Ervaringen op het gebied van *gender history*, *labour history* of *subaltern studies* hebben geleerd dat dit te veranderen is door andere perspectieven te kiezen, andere bronnen aan te boren (zoals *oral history*), stevige bronnenkritiek te leveren en te streven naar meerstemmigheid in het verhaal. En bovenal moeten de nazaten van degenen wier geschiedenis het betreft, betrokken zijn bij het verzamelen en interpreteren ervan. Ook moet de onderzoeker vragen stellen over het verzwijgen als handeling, omdat hiermee niet alleen het verzwegene wordt geopenbaard maar ook het structurele karakter van het verzwijgen en de daarmee samenhangende maatschappijstructuur en sociale relaties. Van belang zijn discussies over wat 'feiten' eigenlijk zijn, wat de relatie tussen feiten en documentatie is, wat het doel van geschiedschrijving is in de zin van betekenisgeving en bewustzijn, en wat inherent is aan cultuur (Trouillot 1995; Heilbron 2006:23-7, 69-70).

Om het verzwegen slavernijverleden zichtbaar te maken, moet verder worden uitgezocht of het materiaal in de bewaarinstellingen informatie bevat van de zwarte voorouders (zie bijvoorbeeld Eersel 2002). Hoewel veel van de hier aanwezige bronnen vanuit een bepaald perspectief zijn geproduceerd en geselecteerd, kunnen ze vanuit een nieuwe vraagstelling toch iets zeggen over de sociale en historische ruimte van de in slavernij gehouden mensen

Musea hebben altijd aanzienlijke invloed gehad op wat als representatie van het erfgoed gold en wat als zodanig werd verspreid. Zij kwamen in Europa in de negentiende eeuw tot ontwikkeling toen het begrip 'nationaal erfgoed' in samenhang met het toenemend nationalisme in zwang raakte. Daarbij vervulden ze een functie in het creëren van een gemeenschappelijk 'wij' en herbergden dus dat waar een natie trots op kon zijn. Tegelijkertijd werden volkenkundige musea opgericht, die bij uitstek de instellingen werden die artefacten toonden die duidelijk maakten hoe 'de Ander' leefde. Het benadrukken van het anders zijn van deze 'Ander' werd getoond aan de hand van groeiende verzamelingen van exotische 'etnografica', waarmee het idee van de witte superioriteit steeds weer werd onderschreven.

Wereldtentoonstellingen – zoals die van 1883 in Amsterdam – waar miljoenen mensen op af kwamen en waar tot ver in de twintigste eeuw zelfs 'exotische mensen' op werden tentoongesteld, bevestigden keer op keer deze voorstellingen en maakten ze tot algemeen aanvaard.

Zoals in de musea voor beeldende kunst betekenis werd gegeven aan de artistieke exponenten van wat de eigen natie had voortgebracht als deel van de eigen identiteit, zo werd in de volkenkundige musea aan de hand van de visuele informatie 'de Ander' van een identiteit voorzien. Ook in het wetenschapsbedrijf werd ondersteuning gevonden door het benadrukken van de tegenstelling primitief-modern. Er ontstond een versteend beeld van 'de niet-westerse mens', de 'primitieve zwarte' onder aan de beschavingsladder, met aan de andere kant de rationele, dynamische westerling, voortdurend bezig met inventie en menselijke vooruitgang.

Deze functie van musea krijgt, onder invloed van de grote veranderingen in de wereld zoals de dekolonisatie en emancipatiebewegingen vanaf het midden van de twintigste eeuw, de laatste decennia steeds meer kritiek van zowel wetenschappers als leken (zie Kreps 2002, Simpson 1996). De stereotiepe presentatie van 'de Ander' is onder toenemende kritiek komen te staan.

Fig. 12. Surinamers tentoongesteld op de wereldtentoonstelling van 1883, Amsterdam (Voorblad in Bonaparte 1884)

Zwarten herkennen zich niet in de presentaties en witten kunnen de onvolledige en/of incorrecte voorstellingen steeds minder waarderen, daar deze inmiddels te verifiëren zijn. Door migratie, internationaal toerisme en de massamedia is de wereld van 'de Ander' steeds dichterbij gekomen. Als gevolg van deze kritiek heeft een aantal musea haar beleid aangepast, waaronder het KIT Tropenmuseum in Amsterdam en het vroegere Volkenkundig Museum in Rotterdam dat haar naam veranderde in Wereldmuseum. De trend is nu om musea meer als een plaats van confrontatie en debat te zien, met verantwoordelijkheden tegenover het publiek en de samenleving in haar geheel. Participatie van het publiek, specifieke doelgroepen en zelfs maatschappijkritiek worden daarbij niet geschuwd. Een dergelijke verandering van opstelling kan nieuwe en voorheen verzwegen informatie en kennis over het erfgoed opleveren.

Fig. 13. 'De West' in het Tropenmuseum rond 1960, met vooraan een maquette van een slavenplantage (Collectie Tropenmuseum, nr. 1000-0079)

Een werkdefinitie

Het cultureel erfgoed Nederlands slavernijverleden is op basis van het voorgaande te definiëren als datgene wat door Afrikanen, Europeanen, Zuid-Amerikaanse Inheemsen en hun nazaten in de context van de transatlantische slavernij is ge(re)produceerd en nu nog te traceren is. Dit erfgoed is te onderscheiden in materieel, immaterieel en mentaal erfgoed. Dit erfgoed is te onderscheiden in materieel, immaterieel en mentaal erfgoed. Het omvat historische, maar ook hedendaagse elementen die later historische waarde kunnen hebben. Het slavernijerfgoed omvat datgene wat is geproduceerd door (nazaten van) slavenhouders, abolitionisten, tot slaaf gemaakten en diegenen die aan de slavernij wisten te ontkomen. Het omvat bovendien de overgeleverde mentale cultuur van deze groepen voor zover deze door het slavernijverleden tot stand is gekomen of beïnvloed. Dit erfgoed, in het onderzoek dus beperkt tot Nederland, omvat materiële en immateriële producten uit zowel de elite- als de volkscultuur en het alledaagse leven. Het bestaat onder meer uit boeken, allerlei archieven, beeldmateriaal, muziek, dans, verhalen, levensgeschiedenissen. Tevens rekenen wij mentale erfenissen daartoe, zoals specifieke beeldvorming en ideologieën. Dit cultureel erfgoed is dynamisch van aard. Het verandert, of de betekenis ervan verandert, al naar gelang ook de context waarin het zich bevindt, verandert. Bovendien is het afhankelijk van de houding die de betrokken cultuurdrager of onderzoeker aanneemt ten aanzien van dit specifieke verleden. Dit laatste vindt zijn weerslag in de presentatie en ontsluiting van het betreffende cultureel erfgoed.

HOOFDSTUK III

Een inventarisatie in bibliotheken, archieven en musea

Waar en hoe is het culturele erfgoed van het Nederlandse slavernijverleden te vinden? Om deze vraag te beantwoorden, start dit onderzoek op de meest logische vindplaatsen: de Nederlandse bewaarinstellingen. In bibliotheken, archieven en musea zochten wij naar Nederlands cultureel erfgoed van het slavernijverleden, en erfgoed van dat verleden in relatie tot Suriname en de Nederlandse Antillen en Aruba. Omdat de transatlantische slavernij geen geïsoleerd gegeven is, zijn een enkele keer verwijzingen naar de Verenigde Staten van Amerika of naar West-Afrika onoverkomelijk.

Dit hoofdstuk verkent de twee steden die we hebben geselecteerd. We beginnen op de meest logische vindplaats van het erfgoed: Amsterdam, vanwege haar banden met 'de West'. Daarna gaan we op zoek naar de verrassing: wat zou er in een willekeurig gekozen stad als Leeuwarden te vinden zijn over het slavernijverleden? Daar voegen wij, vanwege hun overduidelijke relevantie, enkele erkende vindplaatsen van cultureel erfgoed aan toe: nationale instituten zoals de Koninklijke Bibliotheek, het Nationaal Archief en het Koninklijk Instituut voor Taal-, Land- en Volkenkunde. Aan het eind van het hoofdstuk kijken we terug op wat de aanwezigheid van het gevonden culturele erfgoed zegt over de aanwezigheid hiervan in heel Nederland. Tot slot en ter illustratie van onze conclusies volgt dan een kort intermezzo: een wandeling door Middelburg. Een stad die historisch evenzeer vervlochten is met het slavernijverleden als Amsterdam, zij het op kleinere schaal. In de volgende bladzijden wordt besproken wat we aan cultureel erfgoed hebben gevonden, welke omvang en aard het heeft en op welke manier het toegankelijk is. Drieëndertig instellingen passeren de revue.[1] Daarbij komen vooral de bijzondere vondsten

---

[1] De bibliotheek van de Universiteit van Amsterdam; daarbinnen bovendien de afdeling Zeldzame en Kostbare Werken en de Natuurwetenschappelijke Studiekring van het Caraïbisch Gebied; Centrum voor Studie en Documentatie van Latijns Amerika; de bibliotheek van de Nederlandsche Bank; de Quakerbibliotheek; de bibliotheek van de Vrije Universiteit van Amsterdam; de bibliotheek van het Internationaal Instituut voor Sociale Geschiedenis; de bibliotheek van het Koninklijk Instituut voor de Tropen;

uit die instellingen aan bod. Verder zijn interviews met vertegenwoordigers van achttien van de bezochte instituten in deze inventarisatie verwerkt.

De zoektocht was in elk type bewaarinstelling anders van aard. Van de drie soorten bewaarders van cultureel erfgoed zijn bibliotheken veruit het meest toegankelijk. Elke uitgave heeft immers een titel, waardoor elk object een 'omschrijving' heeft. Die omschrijving, vaak voorzien van aanvullende gegevens en categorisering, is veelal digitaal toegankelijk. Bibliotheken zijn het verst gevorderd in de digitalisering én in onderlinge samenwerking.

De belangrijkste toegang tot de bibliotheken in Nederland vormt de Nederlandse Centrale Catalogus (NCC), die overal via internet te raadplegen is (picarta.pica.nl). De NCC bevat de bibliografische gegevens en vindplaatsen van circa veertien miljoen boeken en bijna vijfhonderdduizend tijdschriften in meer dan vierhonderd bibliotheken. De database wordt voortdurend bijgewerkt. Gekoppeld aan de NCC is het PiCarta-zoeksysteem van het Open Bibliotheek Netwerk (OBN). Zoeken via dit systeem levert vaak nog meer treffers op, omdat het ook artikelen en webpublicaties registreert. Er kan onder meer worden gezocht via auteursnaam, (woorden uit de) titel, alle woorden uit de totale omschrijving en trefwoorden uit het GOO-systeem, de Gemeenschappelijke Onderwerpsontsluiting van de bibliotheken. Door te zoeken via trefwoord en titel leveren de woorden 'slavernij' of 'slavery' duizenden treffers op, waaronder publicaties die teruggaan tot de zeventiende eeuw.[2]

Bovendien is de NCC verbonden met het systeem voor Interbibliothecair Leenverkeer, IBL. Hierdoor kunnen aanvragen voor kopieën van tijdschriftartikelen of leenaanvragen voor boeken automatisch worden doorgezonden naar bibliotheken die de gevraagde documenten kunnen leveren. In dit hoofdstuk bespreken we van diverse bibliotheken enkele representatieve stukken. Recente, goedverspreide publicaties komen hier, omwille van de ruimte, niet aan de orde. Deze zijn niet minder belangrijk, maar veel gemakkelijker boven water te krijgen via genoemde NCC of OBN-PiCarta.

---

de Koninklijke Bibliotheek; de Openbare Bibliotheek Den Haag; het Koninklijk Instituut voor Taal- Land- en Volkenkunde; de Stedelijke Bibliotheek te Leeuwarden; het Gemeentearchief Amsterdam; het Nederlands Economisch-Historisch Archief; het Réveil-Archief; het Internationaal Informatiecentrum Archief voor de Vrouwenbeweging; het Nationaal Archief; het Zeeuws Archief; het Provinciaal Archief Utrecht; het Archiv der Brüder Unität; het archief van de Fraters van Tilburg; het Gemeentearchief Leeuwarden; het Nederlands Scheepvaart Museum Amsterdam; het Rijksmuseum; het KIT Tropenmuseum; het Theatermuseum; het Amsterdams Historisch Museum; het Joods Historisch Museum; Museum Van Loon; het Zeeuws Museum; het Fries Museum en Keramiekmuseum Princessehof.

[2] Daar zitten ook titels tussen die niet verwijzen naar het Nederlandse slavernijverleden, maar bijvoorbeeld naar hedendaagse uitbuiting van vrouwen of arbeiders. Die titels laten we hier buiten beschouwing.

De digitalisering van de archieven is nog niet zo ver als die van de bibliotheken. Van de onderzochte archieven is alleen de collectie van het Réveil-Archief, die is ondergebracht bij de bibliotheek van de Universiteit van Amsterdam, in ruime mate gedigitaliseerd. Om zicht te krijgen op de collectie moet men bij de meeste archieven dus persoonlijk langsgaan om lijsten en catalogi door te kijken. Daarnaast is het aan te raden de archivarissen zelf te raadplegen. Hoezeer archieven ook toegankelijk zijn gemaakt, zij weten altijd nog beter (of sneller) de weg. Bovendien kunnen zij wijzen op onbekende of onontsloten archieven bij hun eigen of andere instellingen. Verder is het raadzaam goed te kijken welke archieven bekende historici op dit gebied hebben gebruikt. Zij nemen in hun publicaties meestal een overzicht op van de door hen geraadpleegde archieven.[3]

Musea zijn over het algemeen meer gericht op het bewaren en tentoonstellen van hun collecties en minder op het ontsluiten van de verzameling voor het publiek, zoals zeker bibliotheken en, in mindere mate, ook archieven dat doen. Toch kennen diverse musea wel enige mate van digitale ontsluiting, getuige enkele websites en zoeksystemen. Het achterhalen van het cultureel erfgoed aangaande het Nederlandse slavernijverleden is in musea echter, meer nog dan in bibliotheken en archieven, mensenwerk. Catalogi en museummedewerkers bieden daarbij een aanknopingspunt.

Amsterdam

Bibliotheken

Universiteitsbibliotheek Amsterdam
De Bibliotheek van de Universiteit van Amsterdam (UBA) omvat alle bibliotheken van de Universiteit van Amsterdam (UvA) en enkele aanverwante instituten. Deze bibliotheek heeft een aanzienlijke collectie met betrekking tot het slavernijverleden, dankzij schenkingen en legaten van Amsterdammers die banden hadden met Suriname.

De Suriname-collectie van de universiteitsbibliotheek bevat ongeveer negenduizend titels. Het zijn publicaties die vanaf de zeventiende eeuw over Suriname zijn verschenen: reisverslagen, plantershandboeken, woordenlijsten en beschrijvingen van land en volk, kaarten, economische en juridische verhandelingen, verslagen van missie en zending, plaatwerken, pamfletten en unica.[4]

[3] Zie bijvoorbeeld achterin Renkema 1981, Van Stipriaan 1993 of Den Heijer 1997.
[4] De Suriname-collectie legt ook getuigenis af van het debat over de onmenselijke onderdrukking door de planters, de afschaffing van de slavernij in 1863 en over de periode erna.

Fig. 14. Slavenverblijven en plantershuis op St. Eustatius anno 1792
(Nationaal Archief, collectie Van der Spiegel, 3.01.26 nr. 161)

III Een inventarisatie in bibliotheken, archieven en musea

Een belangrijk bibliografisch handvat is de *Suriname-catalogus van de Universiteitsbibliotheek van Amsterdam* van Michiel van Kempen en Kees van Doorne (1995), waarin het merendeel van de negenduizend titels zijn te vinden. In die catalogus zijn boeken, kaarten, handschriften en plattegronden opgenomen. De lezer vindt er echter geen verwijzing naar artikelen of beeldmateriaal.

Hoe groot de Antillen-collectie precies is, is onbekend. Het sterk gedateerde *Literatuuroverzicht van de Nederlandse Antillen* van S.R. Criens (1985) biedt een beeld van de publicaties over de Nederlandse Antillen. In dat overzicht zijn een paar duizend titels te vinden, waarvan slechts een kleine honderd naar de slavernij verwijzen. De gehele collectie uit dit overzicht is te vinden in de Openbare Bibliotheek te Den Haag, zie verderop in dit hoofdstuk.

De UBA kent ook een aantal min of meer gelieerde instituten die eveneens boeken en documenten bezitten met betrekking tot de slavernij. Een daarvan is het Réveil-Archief dat later in dit hoofdstuk uitgebreid besproken wordt. Verder beschikt ook de Bibliotheca Rosenthaliana, eveneens ondergebracht in de UBA, met name in de collectie Bruijning over een verzameling Surinamica die deels ook betrekking heeft op de slavernij. En ten slotte is er nog het universitair Centrum voor Studie en Documentatie van Latijns Amerika (CEDLA).

De UBA heeft daarnaast een aparte afdeling Zeldzame en Kostbare Werken (ZKW) die ook oude boeken met betrekking tot de slavernij bevat. Volgens de beheerder is 'alles' wat over Aruba, Suriname en de Nederlandse Antillen gaat, verzameld; echter zonder daarbij op het thema slavernij te ontsluiten. De beheerder van de collectie kon ons helaas niet duidelijk maken hoeveel van de vierduizend werken over het Nederlandse slavernijverleden gaan.[5] Een sprekend voorbeeld van de stilte rondom het Nederlandse slavernijverleden.

Bij de afdeling ZKW verwachtten we bij uitstek collecties over de slavernij aan te treffen. De afdeling verzamelt gedrukte documenten van honderd jaar en ouder en unieke publicaties onder meer over de Nederlandse literatuur, papiergeschiedenis en geneeskunst. Een paar honderd boeken hebben betrekking op de slavernij. De vertegenwoordiger van deze collectie heeft persoonlijk belangstelling voor Suriname en haar slavernijverleden, wat de toegankelijkheid vergemakkelijkt. Regelmatig brengt zij ons bijzondere vondsten onder de aandacht, zoals een kinderboekje uit 1827 van M.H. Helmig over de innige vriendschap tussen een wit en een zwart meisje (Helmig 1827) (zie fig. F middenkatern). Als Roos erachter komt dat haar boezemvriendin Marton eigenlijk als slavin geboren is, verbreekt ze de vriendschap. Dit stemt Marton zeer verdrietig:

---

[5] Aangezien verzameld is aan de hand van de *Bibliografie van Suriname* (Gordijn 1972) en het *Literatuuroverzicht van de Nederlandse Antillen* (Criens 1985) verwachten wij geen unica in deze collectie. Naast de boeken is er een uitgebreide collectie tijdschriften die wellicht nummers zou kunnen bevatten die elders niet (meer) aanwezig zijn.

> Ach wilt mij toch niet haten,
> Al is mijn huid ook zwart;
> Gij zult geen vlekken vinden;
> In 't u beminnend hart ...

Maar gelukkig is daar de vader van Roos die zijn dochter belerend tot de orde roept:

> Zij is door den goeden God zoo wel als
> gij geschapen, maar wij blanken, om den lust tot
> woekerwinst om het goud, dat de landstreek de
> negers oplevert, voor nietswaardige beuze'lingen in
> te ruilen, maar kochten ook daarom de inwoners
> zelven, rukten den man van de vrouw, de
> ouders van hunnen kinderen, de zuster van den
> broeder, ja, wij scheidden gehele gezinnen, en om
> hen dit gemis te vergoeden, klonken wij hen in
> kluisters, en schonken ze voor het overige van
> hunnen leeftijd, de slavernij; ...

Diep geroerd door het lot van Marton betuigt Roos haar spijt:

> Nee, Marton, 'k haat u niet
> Wijl mij dit pligt gebiedt
> Ach, neen, wil dit niet vragen,
> Mijn vriendin zult gij wezen,
> Ja meer nog dan voor dezen,
> 'k omhels u als vriendin ...

Dit is een gevoelig tête-à-tête tussen een zwart meisje, een wit meisje en haar vader waaruit men de indruk zou kunnen krijgen dat begin negentiende eeuw veel witten in Nederland de slavernij verwerpelijk vonden. Dat was niet zo. Slavenhandel en slavernij in de overzeese koloniën stonden ver van de meeste Nederlanders af.

Overigens beschikt de Universiteitsbibliotheek Amsterdam ook over een kleine expositieruimte, waar bijzondere werken thematisch worden tentoongesteld. In 2005-2006 was daar bijvoorbeeld Verhalen van de Wilde Kust; Topstukken uit de Surinamecollectie te zien, met veel verwijzingen naar het slavernijverleden.

Centrum voor Studie en Documentatie van Latijns Amerika
Het Centrum voor Studie en Documentatie van Latijns Amerika (CEDLA) is sinds 1971 een interuniversitair onderzoeks- en documentatiecentrum gehuisvest bij de Universiteit van Amsterdam. Over de Nederlandse slavernijgeschiedenis is er niet zoveel te vinden, maar degene die geïnteresseerd is in

een (historische) vergelijking met slavernij in andere Caraïbische en Latijns-Amerikaanse landen, kan hier tientallen boeken over dit thema aantreffen. Dat is ook niet zo vreemd, aangezien eind jaren zeventig de directeur van dit instituut de recent overleden professor Harry Hoetink was, de godfather van de Caribistiek in Nederland en schrijver van internationale klassiekers als *The two variants in Caribbean race relations* (1967) en *Slavery and race relations in the Americas* (1973). In feite is hij degene geweest die met zijn analyse van de oude Curaçaose samenleving en de vergelijking van de slavernij daar met die in Suriname, het Nederlandse slavernijverleden voor het eerst op hoog wetenschappelijk niveau voor het internationale voetlicht bracht.

De Nederlandsche Bank
Buiten onze verwachting bleek zelfs de bibliotheek van De Nederlandsche Bank (DNB) en haar Centrale Archief een paar stukken te hebben die over slavernij gaan. De totale collectie omvat duizenden banden die in een niet-publieke database zijn opgenomen.

Het merendeel van de boeken betreft onderwerpen op het gebied van economie, rechtspraak, automatisering of management. Toch is het niet zo vreemd dat deze instelling documenten over de slavernij bezit. Samen met particuliere handelshuizen als Van Eeghen, Hope & Co, de Insinger Bank en de Wed. Willem Borski had zij alle buitenlandse handel, met inbegrip van de slavenhandel, in handen. De voormalige directeur Gideon Maria Boissevain (1837-1925) schonk documenten uit zijn persoonlijke collectie aan de bibliotheek van De Nederlandsche Bank toen hij daar als directeur vertrok.[6]

Een paar documenten in deze collectie trokken onze aandacht:
- een working paper van het National Department for Economic Research getiteld *Estimating bionatal mortality rates from the heights of children; The case of American slaves* door R.H. Steckel (1985);
- *Up from slavery; An autobiography* van Booker T. Washington (1902);
- *American Commonwealths: Indiana; A redemption from slavery* door J.P. Dunn (1899).

In de Collectie Audiovisuele Materialen van DNB vonden we bovendien een afbeelding van de weduwe van het handelshuis Wed. Willem Borski, een on-

[6] Gideon Maria Boissevain (1837-1925), bankier en econoom. Vanaf 1873 was Boissevain alleen nog commissaris van diverse bankinstellingen en wijdde hij zich voor het overige aan studies en publicaties op het terrein van de monetaire economie, het bankwezen en de openbare financiën. Ook sociale vraagstukken trokken zijn aandacht, getuige enkele geschriften, de organisatie van een cursus voor arbeiders over economische onderwerpen en het ondervoorzitterschap van de in 1899 opgerichte Vereeniging Bureau voor Sociale Adviezen. Bron: *Biografisch Woordenboek van Nederland 2* (Den Haag 1985). Uit deze levensbeschrijving blijkt geen betrokkenheid of belangstelling voor het onderwerp slavernij. Mogelijk heeft hij memoires nagelaten waarin meer staat.

Fig. 15. Een portret van Johanna J. Borski-van de Velde (1764-1846), financier van slavenplantages, siert thans de directievergaderzaal van De Nederlandsche Bank (Collectie De Nederlandsche Bank)

derneming die ook betrokken was bij de slavenhandel. Deze J.J. Borski-Van de Velde (1764-1846) leidde het handelshuis na het overlijden van haar man Willem Borski met groot succes.

Dat ook een instelling als DNB slavernijdocumenten in haar collectie heeft, maakt duidelijk dat het thema ook te vinden is waar men haar in eerste instantie niet zou zoeken. Opmerkelijk is de aanwezigheid van *Up from slavery* van Booker T. Washington, wat mogelijk aangeeft hoezeer De Nederlandsche Bank geïnteresseerd was in het economische potentieel van voormalige slavenbevolkingen. Washington (1856-1915), een belangrijke criticus van de slavernij en de apartheid die erop volgde, riep zwarten immers op economische zelfstandigheid na te streven in plaats van hulp te eisen. Daartoe richtte hij in 1881 het Tuskegee Institute te Alabama op. Het belangrijkste doel daarvan was zwarte studenten de kennis en vaardigheden bij te brengen die nodig zijn om succes te boeken in handel en landbouw. Overigens moet niet alleen De Nederlandsche Bank belangstelling hebben gehad voor het werk van Washington, want nog in hetzelfde jaar waarin *Up from slavery* in de VS werd gepubliceerd, kwam het ook al in Nederlandse vertaling uit.

Genootschap der Vrienden (Quaker-bibliotheek)
De Quaker-beweging (ook wel aangeduid als het Genootschap der Vrienden) ontstond in 1650 in Engeland en vond met de Engelsen ook de weg naar Noord-Amerika. Dit religieuze gezelschap zette zich van meet af aan in voor de vrijheid van het individu. Door wat zijn aanhangers in Noord-Amerika zagen, gecombineerd met hun geloof in individuele vrijheid, brak het Genootschap der Vrienden al snel een lans voor de afschaffing van de slavernij.[7]

In de abolitionistische stromingen in Engeland en de Verenigde Staten hebben de Quakers dan ook een prominente rol gespeeld. Zo was Quaker William Wilberforce in Engeland in 1823 een van de drijvende krachten achter de oprichting van de Anti-Slavery Society. Deze organisatie, nu de langst functionerende mensenrechtenorganisatie ter wereld, richt zich nog altijd tegen vormen van hedendaagse slavernij en onvrije arbeid, zoals kinderarbeid.[8] Vanuit Engeland stimuleerden de Quakers in de negentiende eeuw ook het abolitionisme in Nederland, met name in Réveil-kringen (zie verderop in dit hoofdstuk).[9]

Amsterdam heeft een Quaker-bibliotheek van bescheiden afmetingen. De kamer bevat een paar duizend documenten over theologie, mystiek, filosofie en de Quaker-geschiedenis. Om te zoeken kun je terecht in de kaartenbak op

---

[7] Zie bijvoorbeeld: www.quaker.org/be-lux/nl en www.nd.nl/htm/dossier/kerkusa/repro1.
[8] Bron: www.amnesty.nl/overamnesty_encyclopedie_s.shtml#slavernij, geschiedenis van.
[9] Zie onder andere Reinsma 1963 en Kuitenbrouwer 1978.

auteursnaam. De bibliothecaris is daarom de belangrijkste ingang tot de daar opgeslagen kennis.

Deze bibliotheek herbergt een klein aantal werken over slavernij. Opvallend genoeg zijn daar geen uitgaven bij die specifiek Nederland en de Nederlandse koloniën behandelen. Noch zijn er documenten die iets zeggen over de relatie tussen de Quakers en abolitionisten in Nederland. Een van de wel aanwezige werken, getiteld *William Penn and the Dutch Quaker migration to Pennsylvania* (Hull 1935), vertelt wel over Nederlandse migranten in Pennsylvania die reeds in 1688 (!) een petitie opstelden tegen slavernij. De petitie (waarvan een afbeelding in het boek) is getekend door vier mensen, onder wie drie Nederlanders: Gerrit Hendricks en Derick en Abraham op den Graeff. Degenen die dit stuk opstelden, zouden daartoe aangezet zijn door Benjamin Furly uit Rotterdam (Hull 1935:294-8). De protestverklaring vergelijkt het lot van de ontvoerde Afrikanen met dat van door Turken ontvoerde of in eigen land onderdrukte Europeanen, en wijst op ieders recht op vrijheid:

> How fearfull & fainthearted are many on sea when they see a strange vessel, being afraid it should be a Turck, and they should be tacken and sold for slaves into Turckey. Now what is better done as Turcks doe? Yea rather is it worse for them, wch they say they are Christians; for we hear that ye most part of such Negers are brought heither against their will and consent; and that many of them are stolen. Now, tho'they are black, we cannot conceive there is more liberty to have them slaves, as it is to have other white ones.
>
> […] In Europe there are many oppressed for Conscience sacke; and here are those oppressed wch are of a black Colour. And we, who know that men must not comitt adultery, some doe comitt adultery in others, seperating wifes from their housbands and giving them to others; and some sell the children of those Creatures to other men.
>
> […] If once these slaves, (:wch they say are so wicked and stubborn men:) should joint themselves, fight for their freedom and handle their masters & mastrisses as they handle them before; will these Masters and mastrisses tacke the sword at hand & warr against these poor slaves, licke we are able to belive, some will not refuse to doe? Or have these Negers not as much right to fight for their freedom, as you have to keep them slaves?

Dit boek is overigens ook in andere bibliotheken te leen, zoals de Koninklijke Bibliotheek in Den Haag. Datzelfde geldt voor werken van en over John Woolman, die eind achttiende eeuw naam maakte in de VS wegens zijn abolitionistische inzet. En voor Lucretia Mott, die zich in de negentiende eeuw in Amerika en Engeland hard maakte voor het beëindigen van de slavernij. Beide Quakers echter hadden geen band met Nederland. Kortom, ondanks de belangrijke rol die de Quakers in de Nederlandse abolitionistische beweging hebben gespeeld, is daarvan in deze bibliotheek niets terug te vinden.

KIT Bibliotheek
Een logische plaats om op zoek te gaan naar literatuur over het slavernijverleden is de bibliotheek van het Koninklijk Instituut voor de Tropen, dat ooit begonnen is als Koloniaal Instituut (zie ook verderop onder musea). Deze bibliotheek omvat meer dan een kwart miljoen boeken en enige tienduizenden tijdschriften. Tot 1950 richtte deze bibliotheek zich uitsluitend op de Nederlandse koloniën, de laatste halve eeuw is dat verbreed tot de gehele niet-westerse wereld. De basis voor deze bibliotheek werd al gelegd ten tijde van de slavernij in de negentiende eeuw. Vandaar dat deze bibliotheek een heel bijzondere collectie achttiende- en negentiende-eeuwse boeken in huis heeft over Suriname en de Nederlandse Antillen tijdens de slavernij, waaronder zeer zeldzame exemplaren.

Via de website van het KIT (www.kit.nl/library) is de hele bibliotheekcollectie te raadplegen. De KIT Bibliotheek behoort tot de topinstituten op het gebied van informatie met betrekking tot het Nederlands slavernijverleden.

Als onderdeel van de service aan het museumpubliek is er een apart Kenniscentrum in het museum waar iedereen met vragen terecht kan. Dit Kenniscentrum presenteert ook zelf gekozen thema's aan het publiek. 'Suriname en slavernij' was in die reeks het eerste. Het KIT is dan ook de enige bibliotheek die op haar website een specifieke literatuurlijst over het thema Nederland-Suriname-slavernij aanbiedt, gerangschikt naar subthema's, inclusief romans, tips voor werkstukken en links naar relevante websites: www.kit.nl/information_services/assets/images/slavernij.doc. Daarnaast is in het Kenniscentrum, als 'levend boek', een digitale versie beschikbaar van J.G. Stedman's beroemde werk over Suriname.

De Centrale Bibliotheek van het KIT beschikt over een mooie leeszaal waar boeken kunnen worden bestudeerd. Lenen kan alleen door lid te worden. Oudere boeken worden niet uitgeleend, maar mogen wel worden ingezien. Dat is niet verwonderlijk, want ook over het slavernijverleden zijn er werkelijk heel bijzondere boeken te vinden. Daaronder zijn bijvoorbeeld beroemde beschrijvingen – soms voorzien van prachtige illustraties – van de achttiende-eeuwse slavenkolonie Suriname, zoals het werk van Herlein (1718), Hartsinck (1770), Blom (1787) of Stedman (1790). Ook zijn er de bekende studies in te zien van Teenstra (1835, 1842, 1844, 1846-52) over Suriname en de Antillen tijdens de slavernij in de negentiende eeuw. Daarin is bijvoorbeeld een ooggetuigenverslag te vinden van de levende verbranding van de drie bekende Afro-Surinaamse verzetsmensen Codjo, Mentor en Present, of bijvoorbeeld een lange lijst met odo's (Afro-Surinaamse gezegden) uit die tijd. Ook abolitionistische geschriften zijn er te raadplegen, zoals het werk van Frossard (1790) en het invloedrijke boek van Van Hoëvell (1854) met zijn aangrijpende prenten over de wreedheid van de slavernij.

Een mooi stuk erfgoed in deze bibliotheek vormen ook de geschriften van

Egbert Jacobus Bartelink, waaronder *Hoe de tijden veranderen; Herinneringen van een ouden planter* (1916).[10] Bartelink (1834-1919) was de zoon van een Hollandse kolonist en een Afro-Surinaamse. Hij werkte op verschillende plantages als blankofficier (slavenopzichter), later als directeur en ten slotte werd hij zelfs eigenaar van de plantage Ornamibo. Vlak voor hij overleed vertrouwde hij zijn herinneringen toe aan het papier. Daarnaast publiceerde hij verschillende artikelen over de cacaocultuur in Suriname. Bartelink is de directe voorvader van de familie Liot Backer, een Surinaamse familie die sinds de jaren vijftig in Nederland woont. Zijn verhalen leven voort in deze familie, die ons attent maakte op dit erfgoed dat in het KIT te bezichtigen is.

Verder zijn er met betrekking tot het slavernijverleden zeer waardevolle naslagwerken te raadplegen in de KIT Bibliotheek. Hiertoe behoren onder meer de koloniale verslagen, waarin sinds 1848 ieder jaar verslag werd gedaan van de toestand in de koloniën, waaronder Suriname en de Antillen. Zeer sprekend is bijvoorbeeld het slavenstrafregister dat daarin aan het eind van de jaren vijftig van de negentiende eeuw werd bijgehouden. Ook de jaarlijkse *Surinaamsche Almanak* van vrijwel de gehele negentiende eeuw is aanwezig in deze bibliotheek, met daarin alle mogelijke feiten, weetjes en persoonsinformatie over deze slavenkolonie. Ook zijn op de indrukwekkende Kaartenzaal vele oude kaarten van Suriname en de Nederlandse Antillen en Aruba te raadplegen.

De collectie slavernijliteratuur beperkt zich overigens niet tot deze oude werken alleen. Ook een groot deel van de boeken die sindsdien, tot de dag van vandaag, over het Nederlands slavernijverleden zijn gepubliceerd, zijn hier te vinden. Dat geldt voor wetenschappelijke studies, maar evenzeer voor het werk van romanschrijvers, van Cola Debrot tot Albert Helman en van Cynthia McLeod tot en met Lydia Rood en Thea Beckman.

Overige Amsterdamse bibliotheken
Naast bovengenoemde instituten mogen nog twee belangrijke Amsterdamse bibliotheken hier niet onvermeld blijven. Naast de universititeitsbibliotheek van de UvA heeft ook de Vrije Universiteit een uitgebreide bibliotheek. Deze bibliotheek bezit oude drukken van zeldzame werken over de slavernij in Suriname.

Een ander instituut dat onderzocht moet worden op zijn slavernijcollectie, is het Internationaal Instituut voor Sociale Geschiedenis (IISG), een internationaal toonaangevend instituut op het gebied van de geschiedenis van arbeid. Tot voor kort beperkte zijn onderzoeksterrein zich tot Europa. Sinds enige tijd houdt het zich echter ook bezig met de sociale geschiedenis van Azië. Er gaan stemmen op om ook op het terrein van het Caraïbisch gebied en de slavernij

---

[10] Dit boek kwam twee keer uit bij uitgeverij Van Ommeren in Paramaribo, in 1914 en in 1916.

III Een inventarisatie in bibliotheken, archieven en musea

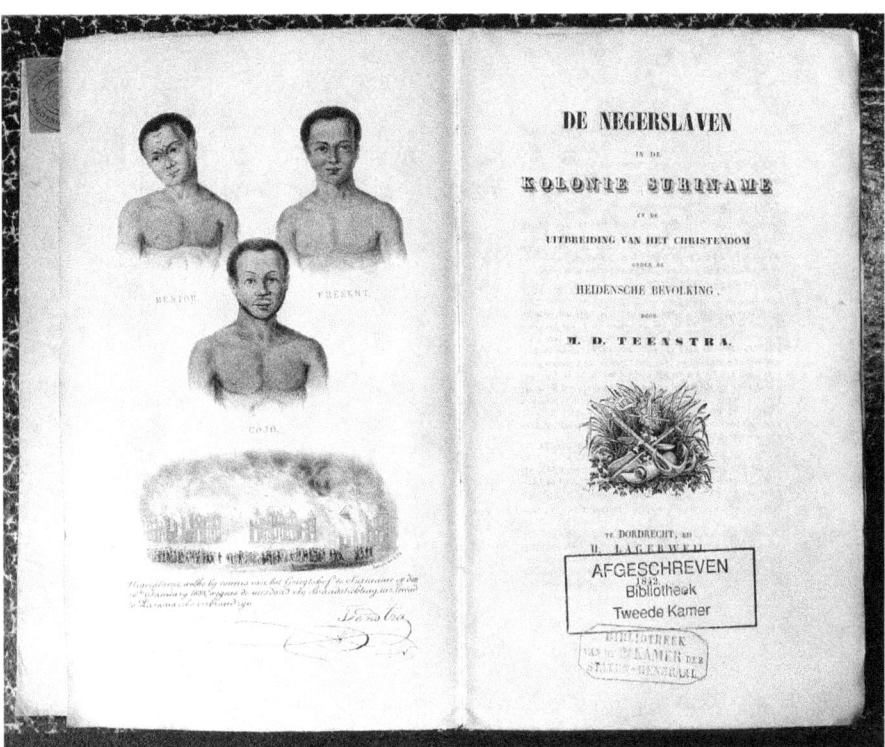

Fig. 16. Titelblad van Teenstra 1842 met Codjo, Mentor en Present, die in 1833 Paramaribo in brand staken

activiteiten te gaan ontplooien. In de boekencollectie is daarvan nog nauwelijks iets te merken, wel zijn er een kleine honderd titels, voornamelijk Engelstalige, over de transatlantische slavernij in het algemeen. Het IISG herbergt tevens het Nederlands Economisch Historisch Archief, dat een kleine collectie archivalia met betrekking tot het slavernijverleden bezit (zie onder Archieven).

Archieven

Gemeentearchief Amsterdam
De geschiedenis van de hoofdstad, dus ook die van haar slavernijverleden, ligt opgeslagen in het Gemeentearchief Amsterdam (GAA). Maar liefst vijfendertig kilometer archieven beslaat het, waarvan twintig kilometer afkomstig is van de overheid en vijftien kilometer particulier is opgebouwd. Naast deze archieven bezit het GAA nog vele duizenden foto's, tekeningen, prenten en ander beeldmateriaal en een bibliotheek. De website www.gemeentearchief.amsterdam.nl

Fig. 17. De Nederlandse familie Verseput stamt af van de vrije zwarte vrouw Elisabeth Samson over wie Cynthia McLeod een biografie schreef (McLeod 1996)

gunt de bezoeker een blik op eindeloze lijsten archieven, alfabetisch gerangschikt. Op zoek naar een specifieke naam kan de website een eerste indicatie geven over de aanwezigheid van stukken in het GAA. Dit archievenoverzicht is natuurlijk ook ter plekke te raadplegen, evenals een kaartenbak.

Bovendien zijn er diverse medewerkers die een persoonlijke interesse hebben voor de Surinaams-Amsterdamse geschiedenis en daardoor een onbetaalbare bron van informatie vormen. Zo werkte een van hen mee aan het boekje *De kleine geschiedenis van de slavernij; Sporen in Amsterdam* (De Jong en Zondervan 2002). Dat geeft een aantal voorbeelden van persoonlijke geschiedenissen die in het GAA zijn terug te vinden. Enkele medewerkers van het archief zijn actief in de Stichting voor Surinaamse Genealogie, waarin Surinaamse en autochtone Nederlanders hun stambomen natrekken. Soms levert dat verrassende vondsten op. Zo ontdekte Jaap Verseput, ogenschijnlijk een 'witte' Nederlander, dat hij een afstammeling is van de familie van Elisabeth Samson, een vrije zwarte vrouw in het achttiende-eeuwse Suriname (*Wi Rutu*, zomer 2002).

Hieronder bespreken we een viertal archieven die deel uitmaken van het Gemeentearchief Amsterdam die naar verwachting slavernijerfgoed bevatten, met een indicatie van omvang en tijdspanne.

III Een inventarisatie in bibliotheken, archieven en musea

Om te beginnen het *Archief van de Notarissen ter standplaats Amsterdam*. Deze collectie van archieven van Amsterdamse notarissen beslaat de periode tussen 1598 en 1915 en meet drieëneenhalve kilometer. In het archief zijn aktes terug te vinden, zoals testamenten, getuigenissen uit rechtszaken, machtigingen in financiële zaken en huizenverkopen. Hier zijn ook inventarissen bij van plantages en aankopen en verkopen in het kader van de slavenhandel. Hoewel dit soort documenten doorgaans geen bijzonder beeldende beschrijvingen bevat, is het wel degelijk meer dan slechts cijfermateriaal. Uit de gegevens valt iets op te maken over de leefomstandigheden van de tot slaaf gemaakten, bijvoorbeeld aan boord van het schip dat hen van Afrika naar de Nieuwe Wereld vervoerde. Als tijdens de transatlantische overtocht 'exemplaren' overleden, moest daarvan rekenschap worden gegeven ten overstaan van een notaris. Er was immers door de opdrachtgever geld gegeven aan de schipper, die vervolgens met minder dan de hoeveelheid afgesproken goederen aankwam. In die tijd fungeerde de notaris dus als schout, en op zijn kantoor werd vastgelegd onder welke omstandigheden 'de vracht' verloren was gegaan. Dit levert levendige verslagen op over dronken (onverantwoordelijke) scheepslui en over de leefomstandigheden aan boord.

Op de website van het Archief van de Notarissen is van elke notaris te vinden welk type stukken er van een bepaald jaar bewaard is gebleven, en soms ook in opdracht van wie die stukken gemaakt zijn. Daarnaast is een tiende deel van het archiefmateriaal geïndexeerd. Het zo verkregen kaartsysteem maakt het mogelijk te zoeken op bijvoorbeeld scheepsnaam en plantagenaam. Zo'n tien procent (ongeveer tien centimeter aan fiches) van dit kaartsysteem is ondergebracht onder het thema slavernij. Hier valt niet alleen de transatlantische slavernij onder, maar ook de Arabische slavenhandel.

Om te illustreren wat er zoal in het notarieel archief te vinden is, geven we twee voorbeelden. Een voorbeeld is het archief van een der notarissen Commelin. Zijn praktijk was vlakbij het West-Indisch Huis gevestigd, en de WIC zal daarom een voor de hand liggende klant zijn geweest. Dit archief bevat documenten die tot het slavernijerfgoed gerekend mogen worden. Een ander voorbeeld: in het archief Handel is een vijfentwintig pagina's tellend rapport te vinden uit 1778, waarschijnlijk van de planters Graafland en Gootenaar, onder de titel 'Korte verhandeling over de colonie Suriname met relatie tot de voortbrengselen van dien, ondersoek van het vervalle crediet, en onheijlen daar uijt gesprooten, en nog te spruijten, middelen tot herstel van het selve, en reddinge van veele goede planters, en behoud der plantagien &ca.'.

Enigszins in het verlengde van dit type informatie liggen de documenten die de burgemeestersarchieven herbergen. Aangezien sommige Amsterdamse burgemeesters ook bewindhebbers van de WIC waren en/of aandelen in plantages hadden, is in enkele burgemeestersarchieven ook informatie over slavernij en slavenhandel te vinden.

Een tweede belangrijke Amsterdamse bron vormen de *particuliere archieven*. Deze omvatten negen eeuwen en hebben een gezamenlijke lengte van vijftien kilometer. Het oudste particuliere archief in het GAA dateert waarschijnlijk uit de dertiende eeuw, maar het gros stamt uit de achttiende en negentiende eeuw.

De archieven van bepaalde handelshuizen en banken uit de zeventiende, achttiende en negentiende eeuw zijn zeer relevant voor onderzoek naar het slavernijverleden. Deze archieven zijn echter niet lukraak in te zien, er moet naar een specifiek bedrijf worden gevraagd. De onderzoeker heeft dus een naam nodig als onderbouwd startpunt. Het verdient daarnaast aanbeveling om deze archieven niet geïsoleerd te bestuderen, maar in samenhang. Verschillende van deze bedrijven werkten samen, waardoor informatie over de een ook in de stukken van de ander terug te vinden is.

Een voorbeeld van een particulier archief is dat van de familie Van Eeghen. Het bestaat uit twee delen: een deel van het handelshuis, dat openbaar is, en een van de familie zelf, dat alleen met toestemming van de familie mag worden ingezien. Dit archief is nog niet (goed) geïnventariseerd, maar er zijn voldoende aanwijzingen die het waarschijnlijk maken dat hierin bronnen met betrekking tot de slavenhandel zijn te vinden.[11] Er zijn ook archieven die (nog) niet openbaar zijn, waarin mogelijk interessante informatie te vinden is.[12]

Wel geïnventariseerd zijn bijvoorbeeld de particuliere archieven van het handelshuis Louis Bienfait & Soon (PA-646) met informatie over Surinaamse plantages tussen 1780 en 1912, en van de firma Ketwich, Voombergh & de wed. Borski (PA-600). Hierin zijn (delen van) de (financiële) administraties van een groot aantal plantages in Suriname te vinden en, voor een minder groot deel, die in Berbice. Tussen de regels door is er ook informatie over de tot slaaf gemaakten te vinden, bijvoorbeeld in boedelbeschrijvingen.[13] Het archief van de firma Hope & Co bevat documenten over de exploitatie van

---

[11] Jos van Hezewijk omschrijft de familie in zijn boek *De top-elite van Nederland* (1986) als een katholiek Amsterdams patriciërsgeslacht dat evenals de families Van Loon en Boissevain het bankwezen inging. Dat deze families een link met de slavenhandel hadden, is zeer waarschijnlijk. Dit mogelijke verband springt het meest in het oog bij de familie Van Loon, die twee geblinddoekte zwarte hoofdjes in het familiewapen draagt. Zie ook in ditzelfde hoofdstuk het Museum Van Loon.
[12] Ten tijde van dit onderzoek was het archief van Insinger & Co hier een voorbeeld van. Dit bedrijf is, evenals de hierna genoemde handelshuizen, onderwerp geweest van de economische studies van Jonker (1996) en Jonker en Sluyterman (2000). Hoewel slavenhandel en slavernij geen thema zijn in deze boeken, worden de relaties met de West en de plantage-economie vanaf de zestiende eeuw wel belicht. Ook Van Stipriaan (1993) maakte uitvoerig gebruik van de archieven van Insinger & Co.
[13] Een goede indruk van de mogelijkheden van dit soort archieven kan worden verkregen op basis van Van Stipriaan 1993.

Fig. 18. Idyllische voorplaat van Herleins beschrijving van Suriname (Herlein 1718)

Voor dit soort documenten geldt dat ze pas boven water komen na een fikse tijdsinvestering in het systematisch doornemen van archiefinventarissen die ook maar enigszins relevant lijken, en soms na een steekproef. Dan nog gaat het meestal over de wereld van de planters. Maar door tussen de regels door te lezen en her en der kleine brokstukken te verzamelen, komen op den duur ook de contouren van de wereld van de tot slaaf gemaakten naar voren.

Een derde archief waar erfgoed uit het slavernijverleden ligt opgeslagen, is het *Archief van de Portugees-Israëlitische Gemeente te Amsterdam*. Omdat landen als Spanje, Portugal en Brazilië in de vijftiende en zestiende eeuw Joodse inwoners verdreven, zochten velen van hen hun toevlucht in Nederland en haar koloniën. Zo ontstond een uitgebreid economisch en migratienetwerk van zogenoemde Portugese of sefardische Joden tussen Amsterdam, Suriname, Curaçao en Noord-Amerika. Lange tijd ressorteerden de synagogale gemeenten die zij in de koloniën vormden onder de Portugees-Joodse gemeente in Amsterdam.

In Suriname behoorden deze Joden tot de oudste en enige tijd ook tot de grootste groep van plantage-eigenaars. Op Curaçao waren de regelmatig terugkomende droogteperioden voor de sefardisch-Joodse kolonisten aanleiding zich naast plantages ook op handel toe te leggen. Joods-Curaçaose kooplieden kochten uit het depot van de WIC veel slaven, die voornamelijk aan naburige landen werden doorverkocht. Philippe Henríquez was door de Admiraliteit zelfs gemachtigd om rechtstreeks in Afrika menskracht te kopen (*Joodse gemeenten* 1985:252-3). Ook de Joodse gemeenschap in Amsterdam bezat huisslaven, hoewel daar in Nederland een verbod op bestond.

Het archief beslaat de periode 1614-1939 en heeft een omvang van circa honderd meter. Het bevat onder meer boedelbeschrijvingen, kwitanties, betaalbewijzen en contracten van slavenhalers. Daarnaast is er een (ongeïnventariseerd) klein stukje (25 cm) archief van de gemeente te Curaçao, over de periode 1740-1840.

Een laatste te noemen bron die slavernijerfgoed moet bevatten, zijn de *doopboeken*. Sinds de zestiende eeuw wordt de doop van elke christen bijgehouden, waarbij de namen van ouders en getuigen genoemd worden. Deze doopboeken zijn ingevoerd in de computer, teruggaand tot 1751 (aan verdere digitale ontsluiting wordt gewerkt). Onder de namen en omschrijvingen zijn termen te vinden als neger, zwarte, ethiopiër, moor en vrije zwarte, die ook als zoekterm ingevoerd kunnen worden.[14] Zo biedt deze bron dus een bescheiden blik op het individu in de Nederlandse geschiedenis.

---

[14] C.K. Kesler noemt in zijn artikel 'Merkwaardige gevelstenen te Amsterdam' (1930-31:113-8) de term 'zwarte hoofdgelden'. Ook dit zou een aanknopingspunt kunnen zijn.

Nederlands Economisch-Historisch Archief
Sinds 1914 verzamelt het Nederlands Economisch-Historisch Archief (NEHA) particuliere archieven die van belang zijn voor de (sociaal-)economische geschiedenis, met name van Nederland. Sinds 1989 is het NEHA ondergebracht in het Internationaal Instituut voor Sociale Geschiedenis. Voor een totaaloverzicht van de collecties kan daar het *Overzicht NEHA Collecties* worden geraadpleegd. Een bezoek is daarvoor noodzakelijk, omdat de collectie op www.neha.nl nauwelijks nog is gedigitaliseerd.

Enkele van de verzamelde archieven in het NEHA hebben betrekking op Suriname tijdens de slavernij en zijn te vinden bij de zogenaamde Kleine Aanwinsten (KA). Zo is er het archief Brugmans, waarin een aantal stukken is te vinden over 'West-Indische Plantageleeningen'. Dit is vooral financieel-economisch van aard. 'Kleine Aanwinsten 87' bevat 'Stukken betreffende de plantages Vossenburg en Wayampibo te Suriname ... 1705-1802' (totaal 26 delen). Deze hebben vooral betrekking op de financiële bedrijfsvoering van deze plantages. Ten slotte bevat KA 120 totaal zo'n honderd 'Stukken van de familie Nepveu betreffende plantages in Suriname, 1687-1864'. Ook deze gaan vooral over de bezitsverhoudingen en het beheer van de plantages van deze bekende gouverneursfamilie. Daartussen bevinden zich ook plantage-inventarissen met slavenlijsten van onder andere Stolkertsvlijt, Spieringshoek, Hegt En Sterk en La Singularité. Tevens is er een lijst uit 1794, waarop een maand lang dagelijks de werkzaamheden van de slaven van een specifieke plantage zijn bijgehouden. Verder zijn er brieven, over onder meer slavenopstanden (1772) en over manumissies (1837).

Réveil-Archief
Het Réveil was een beweging die streefde naar een herwaardering van bepaalde principes op geestelijk en kerkelijk gebied. Het bestreed het idee van een maakbare wereld zoals dat door het Verlichtingsdenken werd uitgedragen. In een tijd dat er van overheidswege nauwelijks voorzieningen waren voor sociaal zwakkeren, kenmerkte het Réveil zich door actieve maatschappelijke en politieke betrokkenheid. Ook beijverde het zich voor afschaffing van de slavernij.

In 1930 werd de Stichting Réveil-Archief opgericht om zo veel mogelijk documenten van personen uit het Nederlandse Réveil te verzamelen. Hiermee kon de briefwisseling tussen de betrokken personen op één centraal punt bewaard worden. De stichting bewaarde ook familie-archieven van erfgenamen van personen uit het Réveil. Deze bruikleencollectie is sinds 1931 ondergebracht in de handschriftenafdeling van de bibliotheek van de Universiteit van Amsterdam. De kern van deze collectie wordt gevormd door het handschriftenbestand: brieven, (auto)biografieën, briefwisselingen, aantekeningen, notulenboeken, dagboeken, reisverslagen, preken, persoonlijke documenten, prenten en portretten.

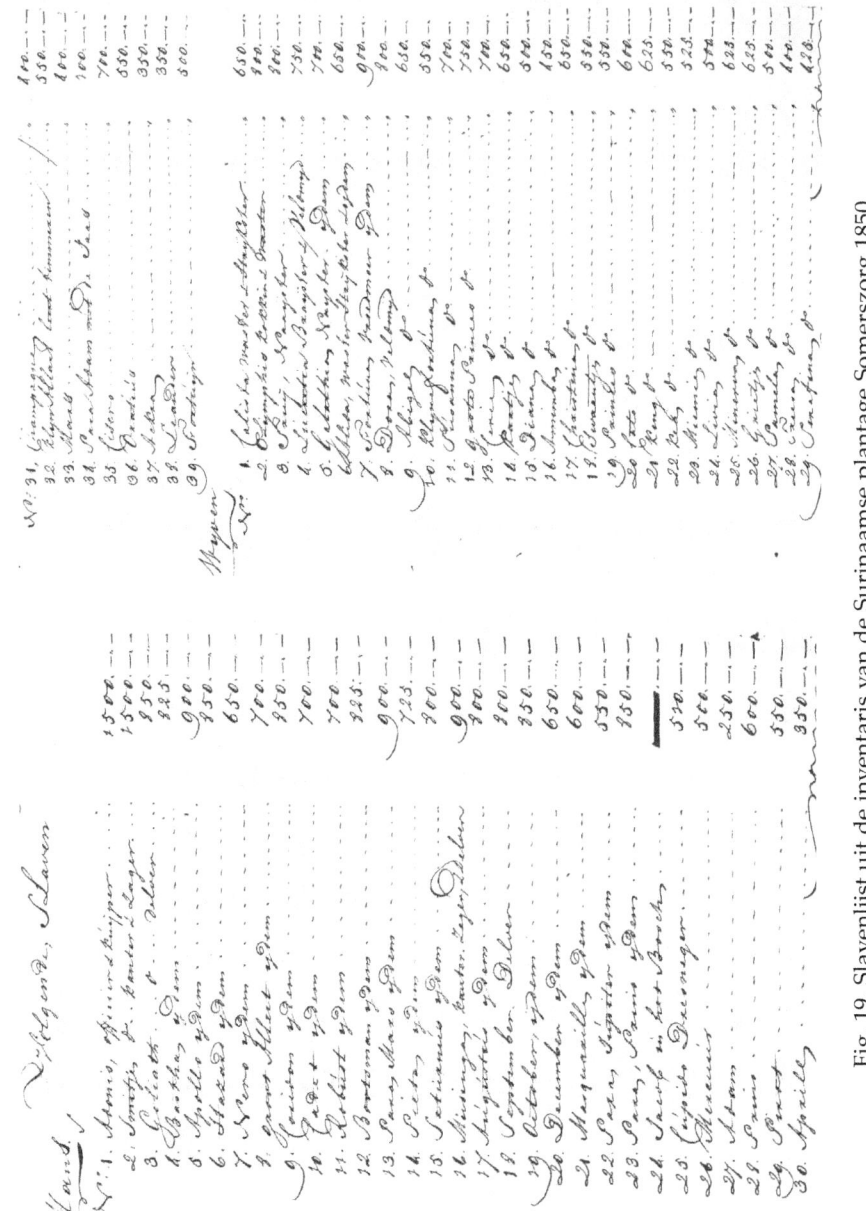

Fig. 19. Slavenlijst uit de inventaris van de Surinaamse plantage Somerszorg 1850 (Collectie Gemeente Archief Rotterdam, Hudig, nr. 301)

De handschriftencollectie is voornamelijk geordend naar auteur, niet naar inhoud of datum. Dit bestand is dus alleen in de digitale catalogus te vinden wanneer de schrijver of ontvanger van een brief als auteur wordt opgezocht. Zo levert invoering in de NCC-OBN van de naam H.J. Koenen, een van de tegenstanders van de slavernij binnen het Réveil, meer dan duizend hits op. Het grootste deel hiervan bestaat uit brieven die zich in het Réveil-Archief bevinden. Sommige van die hits kunnen op zich weer een hele verzameling brieven verbergen, zoals de 175 brieven aan Koenen van J.W. Gefken, prominent abolitionist en procureur-generaal in Suriname tijdens de emancipatie. Over de inhoud van de brieven wordt niets vermeld. Om na te gaan welke brieven betrekking hebben op de slavernij, dient men ze dus allemaal door te nemen.

Daarnaast is het Réveil-Archief wel geheel in gedrukte catalogi opgenomen, evenals in een kaartenbak op naam van de schrijver, naam van de ontvanger en plaats, maar ook hier niet naar inhoud van de brieven. Voorkennis

Fig. 20. H.J. Koenen (1808-1878) (Bron: Richard 1989)

over personen is vereist wanneer in dit archief onderzoek wordt gedaan. Zoeken blijft een kwestie van *trial and error*.

De volgende handleidingen maken de bezoeker verder wegwijs:
- *Catalogus der stichting Réveil Archief 1930-1950* door M.E. Kluit (1955);
- *Beknopte catalogus der Stichting Réveil* door M.E. Kluit (1938);
- Réveil Archiefbrieven', deel 1 en 2, een ongepubliceerd overzicht;
- *Schenking-Diederichs* door J. Hellendoorn (1899), ontsloten op naam;
- *Repertorium Bijzondere Collecties* van J. Mateboer (1997).

Uit verschillende publicaties blijkt dat een aanzienlijke groep mensen vanuit het Réveil in de jaren 1840 tot 1863 een voortrekkersrol heeft gespeeld in de maatschappelijke discussie in Nederland over afschaffing van de slavernij.[15] Toch vormt het onderwerp slavernij of de abolitie geen zwaartepunt in de collectie van het Réveil-Archief. Er zijn wel losse stukken over slavernij, die zich moeilijk laten vinden: het archief is immers niet ontsloten op thema of onderwerp. Via een lijst met namen van abolitionisten zou men kunnen proberen inzicht te krijgen in stukken over slavernij. Maar over zo'n lijst beschikt het archief niet.[16]

Wat het verzamelen betreft werft het archief geen documenten louter omdat die over de slavernij gaan. Bij de algemene werving wordt in de eerste plaats gekeken of het stuk een verrijking is voor de eigen thema's. Volgens de conservator zijn de afgelopen tien jaar dergelijke stukken niet aangekocht.

Niet lang geleden heeft een handelaar het archief wel stukken aangeboden die vermoedelijk gestolen zijn uit het Landsarchief te Suriname. Het Réveil-Archief heeft in overleg met de handelaar de stukken naar het Utrechtse Archief aan de Alexander Numankade gestuurd, teneinde ze naar Suriname terug te laten sturen. Een kopie van de lijst met stukken kan het Réveil-Archief ons niet tonen uit oogpunt van discretie: het gaat onder andere om brieven over overplaatsingen en een overzicht van sterke slaven.

Voor onderzoek naar het Nederlandse slavernijverleden bezit het Réveil-Archief relevant materiaal. Maar het verdient aanbeveling eerst enige voorkennis op te doen over een bepaald persoon. Een voorbeeld: zoals eerder vermeld vonden we in de bibliotheek van De Nederlandsche Bank een kleine collectie slavernijdocumenten van directeur G.M. Boissevain. Van deze Boissevain zijn ook weer persoonlijke documenten te vinden in het Réveil-Archief.[17]

---

[15] Zie Van Winter 1953a en 1953b, Reinsma 1963, Kuitenbrouwer 1978 en de doctoraalscriptie van J. Koenen (1982) over de abolitionist J.W. Gefken (1807-78), waarvoor de schrijver veel gebruik heeft gemaakt van dit archief.
[16] Het boekje van R. Reinsma (1963) kan hier uitkomst brengen gezien het grote aantal namen van abolitionisten uit Réveil- en liberale kring dat hierin wordt genoemd.
[17] Zie 'Aanwinsten nr. 1216':238.

Internationaal Informatiecentrum en Archief voor de Vrouwenbeweging

Het Internationaal Informatiecentrum en Archief voor de Vrouwenbeweging (IIAV) is een documentatiecentrum, bibliotheek en archief op het gebied van vrouwenstudies en de positie van vrouwen. Het is een expertisecentrum dat het cultureel erfgoed van vrouwen in het verleden en heden verzamelt, bewaart en documenteert in de vorm van boeken, tijdschriften, data, archieven en beeld- en geluidsmateriaal. Het centrum heeft duizenden banden, een paar honderd tijdschriften over onder meer zwarte, migranten- en vluchtelingenvrouwen en enkele speciale verzamelingen en particuliere archieven. Via de website (www.iiav.nl) kan integraal worden gezocht in de hele collectie van het centrum. De specifieke aandacht van het centrum voor zwarte vrouwen deed vermoeden dat er veel cultureel erfgoed over het slavernijverleden te vinden zou zijn. Het archief gaat echter slechts terug tot 1870 en kent erg weinig connecties met de koloniën.

De bibliotheek daarentegen gaat verder terug in de tijd. Het IIAV heeft wel 24 werken van en over Harriet Beecher Stowe en 'oom Tom', zoals *De negerhut; Het slavenleven in Amerika vóór de emancipatie*, uitgegeven in Doetinchem in 1890. Door het aankopen van de vele (vroege) vertalingen van Stowe's werk heeft het instituut willen aantonen hoe belangrijk het onderwerp slavernij en mevrouw Stowe's rol daarin waren in het Nederland van honderd jaar geleden.

Musea

Nederlands Scheepvaartmuseum Amsterdam

Het Nederlands Scheepvaartmuseum Amsterdam (NSMA), in 1916 opgericht en sinds 1922 publiek toegankelijk, herbergt een collectie maritieme geschiedenis van zo'n 250.000 authentieke voorwerpen. De prenten, handschriften, schilderijen, scheepsmodellen, delen van schepen, kunstnijverheid, technische tekeningen, foto's, boeken, krantenknipsels en films gaan terug tot de zestiende eeuw.

Zou zo'n scheepvaartmuseum nu wel of geen stukken betreffende het slavernijverleden (moeten) bezitten? Het is een vraag waarop het NSMA in de jaren negentig van de vorige eeuw geen pasklaar antwoord had. Dat komt omdat het verzamelbeleid door de jaren heen aan verandering onderhevig is geweest. Van oudsher is het NSMA meer een technisch dan een sociaal-historisch museum. Bij het samenstellen van de collectie was men vooral gericht op scheepstypen en op de successen van grote Nederlandse en Europese (zee)helden. Maritieme geschiedenis was trotse geschiedenis, synoniem aan nationale en koloniale geschiedenis. Geen vreemde invalshoek, ook gezien het feit dat in de beginperiode van het museum de bestuursleden veelal uit rederijkringen kwamen. Met het verstrijken van de tijd echter telde het museum steeds meer

Fig. 21. Titelpagina van Olfert Dappers beschrijving van West-Afrika (Dapper 1676)

conservatoren die daar los van staan.[18] Vandaag de dag richt het museum zich dan ook meer op het menselijke aspect, de sociale geschiedenis die samenhangt met de scheepvaart. Nu komen bijvoorbeeld ook de Nederlandse emigrant en de leefomstandigheden op een schip aan bod. Dat menselijke perspectief is terug te zien in het aankoopbeleid. Zo is recentelijk via een antiquariaat een manumissiebrief gekocht en losse prenten van Stedman[19] uit de Franse en Engelse editie van zijn boek. Met deze niet-maritieme items laat het museum zien dat de maritieme geschiedenis verder gaat dan de steigers en dat de scheepvaart bepalend is geweest voor de demografie en de economie.

Het idee dat het museum te weinig stukken had om een tentoonstelling over slavernij samen te stellen, heeft jarenlang de boventoon gevoerd. Op het eerste gezicht leek de collectie slechts twee relevante objecten te tellen: een slavenarmband voor de ruilhandel en een boei, een slavenijzer. Dit veranderde pas toen een speciaal daarvoor aangetrokken gastconservator opperde dat 'het maar een kwestie is van hoe je ernaar kijkt'. Zijn zoektocht in de collectie leverde stukken op die hij, met zijn gedegen kennis van de koloniale geschiedenis, scheepstypen en Afrika, herkende als overblijfsels uit de slaventijd.

De zoektocht resulteerde in de tentoonstelling 'Slaven en schepen: enkele reis, bestemming onbekend'.[20] Voor de expositie maakte het museum gebruik van maar liefst 227 stukken uit de eigen collectie (waaronder handschriften, schilderijen, geografische kaarten, technische tekeningen, boeken en foto's) naast 91 geleende stukken.[21] Enkele interessante eigen objecten zijn een plak-

[18] Andere factoren die een rol spelen bij het veranderende verzamelbeleid: het besef dat Nederland een multiculturele samenleving is, de cultuurnota van staatssecretaris Rick van der Ploeg (2000) en museumbelangen (publiek trekken).
[19] John Gabriel Stedman (1744-1797), zoon van een Schotse vader en een Nederlandse moeder, vertrok in 1772 uit Deventer om zich als huursoldaat voor een expeditie tegen rebellerende slaven in Suriname aan te melden. Zijn lotgevallen daar legde hij vast in een boek, *Narrative of a five years expedition against the revolted negroes of Surinam* (1796), dat door William Blake voorzien is van '80 elegante gravures, gemaakt op basis van tekeningen van de auteur'. Verschillende daarvan zijn beroemd geworden als schokkende voorbeelden van wat slavernij betekende. Het boek wordt beschouwd als een voorloper van de abolitionistische geschriften en Stedman als de belangrijkste achttiende-eeuwse auteur over Suriname. Bron: http://www.lbr.nl/szr/helpdesk/slavernij.html.
[20] Het bijbehorende boek met dezelfde titel (Daalder 2001) is een verzameling originele bijdragen die een ander licht werpt op de Nederlandse slaventijd, met afbeeldingen uit privécollecties die niet eerder te zien waren.
[21] Deze stukken zijn afkomstig uit diverse privécollecties en uit de collecties van de volgende instellingen: Afrika Museum, Atlas Van Stolk, Belastingmuseum Amsterdam, Museum Boijmans van Beuningen, Brussels Museum van Schone Kunsten, Centraal Museum Utrecht, Gemeentearchief Amsterdam, Historisch Museum Rotterdam, Joods Historisch museum, KIT Tropenmuseum, Mauritshuis, Museum Noorwegen, Museum Saba, Museum van Volkenkunde Leiden, Nationaal Archief, NMM Greenwich UJ, NSM Antwerpen, Persmuseum Amsterdam, Rijksmuseum, Stedelijk Museum Amsterdam, collectie Six en Universiteitsbibliotheek Amsterdam.

kaat uit 1754 van de Staten-Generaal over de handel van de Middelburgse Commercie Compagnie in het octrooigebied van de WIC; een document over een geldlening aan twee Surinaamse suikerplantages 'bemand met een Slavenmagt van 805 werkbare negers' uit 1856; een zeekaart van de 'Guinese, Goud, Tand en Slavenkust' uit 1790 en een Engelse penning met de abolitionistische tekst 'Am I not a man and a brother?' uit circa 1800.[22] Het zijn stukken waarvan een deel vrij indirect verwijst naar het slavernijverleden. Een ander deel echter getuigt zeer direct van de slavernij en haar economische belangen en brengt zo, voor de geïnteresseerde kijker, het lot van de tot slaaf gemaakten in de Nederlandse geschiedenis tot uiting.[23]

De tentoonstelling Slaven en Schepen was op meerdere manieren vernieuwend. Waar vroeger louter werd uitgegaan van de eigen collectie – hooguit werd er wat geleend van een verwant museum – en een eenzijdige optiek, is er nu met een flink aantal musea samengewerkt in het speciaal opgerichte Netwerk Slavernij en Musea.[24] Vertegenwoordigers van zwarte nazaten praatten mee over de opzet van de tentoonstelling.[25] En naast de vele historische stukken uit de witte overlevering zijn nieuwe items geproduceerd, zoals verhalen die op video zijn vastgelegd: keuzes die nu als *good practices* te boek staan. Daarnaast is er een lezingenreeks en een studiedag georganiseerd waarin het debat niet geschuwd werd. Hiermee neemt het museum dus deel aan een eigentijds maatschappelijk debat, iets wat het voorheen niet deed.

De bescheiden aandacht die de aan de slavernij gerelateerde items vóór de tentoonstelling in de vaste opstelling kregen, is na afloop van de tentoon-

[22] De penning is tussen 1916 en 1918 aangekocht als onderdeel van een verzameling van achttien penningen. Dat het abolitionisme aandacht kreeg op deze ene penning, zal niet de reden tot aankoop zijn geweest, maar ook geenszins reden de penning weer weg te doen. Ook in andere musea zien we herhaaldelijk stukken terug die verwijzen naar (voorvechters van) de emancipatie. Begrijpelijkerwijs zijn die stukken die de 'eigen' (Nederlandse/Europese) rol in het slavernijverleden in een positief daglicht stellen, liever gezien dan stukken die verwijzen naar wreedheden en de lange duur van de slavernij.

[23] www.maritiemdigitaal.nl biedt inzicht in de collectie van diverse Nederlandse maritieme musea. Tijdens het onderzoek was op deze manier echter slechts het topje van de ijsberg te vinden. Het museum gaf ons een speciale tentoonstellingslijst, die beter inzicht gaf in de aanwezige stukken. Op deze lijst staan overigens ook stukken die niet met de transatlantische slavernij te maken hebben, maar met de verkoop van witte slaven aan Noord-Afrikanen.

[24] In dit netwerk, opgericht in 1999, werken samen het Landelijk Platform Slavernijverleden, diverse musea in Nederland (waaronder het KIT Tropenmuseum, het Afrikamuseum en het Wereldmuseum), Suriname, de Antillen en Aruba, het Nationaal Archief en de Nederlandse Museumvereniging.

[25] Voor sommige leden van de zwarte gemeenschap gaat dit echter nog niet ver genoeg, aangezien de productie en de keuze van wat daarin zal worden opgenomen, toch in handen van de gevestigde orde blijven.

stelling voortgezet. De focus ligt niet zozeer op slavernij, maar meer op de scheepvaartgeschiedenis in relatie tot het Caraïbisch gebied. Toch wil het museum de opgebouwde expertise, collectie en contacten niet laten verwateren. Afhankelijk van de mogelijkheden die eventuele subsidies en verbouwingen bieden, kan het onderwerp op de middellange termijn opnieuw ruimer worden opgesteld. Ook wil het museum relevante stukken blijven aankopen.

Rijksmuseum
Het Rijksmuseum in Amsterdam is het grootste museum voor kunst en geschiedenis in Nederland. De collectie bestaat uit bijna een miljoen voorwerpen, waarin de Nederlandse schilderkunst uit de zeventiende eeuw centraal staat. Daaronder vallen topstukken van Rembrandt van Rijn, Johannes Vermeer, Frans Hals en Jan Steen. Het museum heeft ook schilderkunst uit de Middeleeuwen, de achttiende en de negentiende eeuw, een verzameling beeldhouwkunst en kunstnijverheid, een Prentenkabinet en een verzameling Aziatische kunst. De afdeling Nederlandse Geschiedenis laat aan de hand van portretten, scheepsmodellen en relevante (kunst)voorwerpen zien hoe Nederland zich vanaf de vijftiende eeuw tot aan de Tweede Wereldoorlog ontwikkelde.

Om succesvol onderzoek te kunnen doen is medewerking en advies vragen aan de conservator de belangrijkste voorwaarde. Aangezien bepaalde objecten nog niet zijn gedigitaliseerd, moet men voorlopig de bestandscatalogi in de studiezaal raadplegen. Dit zijn catalogi over respectievelijk de collecties goud en zilver, koper en brons, porselein en glas.

Voor zover deze catalogi een index hebben, zijn dit systematische lijsten van voorwerpen, verklarende woordenlijsten en lijsten van afbeeldingen maar geen thema-indexen, waardoor zoeken naar slavernij-items moeilijk is. Ter illustratie bekijken we een schilderijencatalogus uit 1991 getiteld *All the paintings of the Rijksmuseum in Amsterdam*.[26] Deze heeft wel een thema-index waarin bijvoorbeeld het thema 'geschiedenis' voorkomt. Dit is ingedeeld naar zeventiende-, achttiende- en negentiende-eeuwse geschiedenis. Het is moeilijk om via de hoofdonderwerpen uit een index als deze zicht te krijgen op de zwarten die in het decor van schilderijen zijn afgebeeld.

Toch is uit deze catalogus wel iets meer te halen dan op het eerste gezicht lijkt. Ter illustratie analyseerden we de schilderijencollectie onder het kopje 'geschiedenis'. Hieronder worden voor de periode van de zestiende tot en met de negentiende eeuw 128 schilderijen gerangschikt. Het overgrote deel verwijst naar zee- en veldslagen en vredesverdragen waar 'Nederland' bij betrokken was. Dat Nederland een van de koplopers is geweest in de West-Europese kolonisatie van werelddelen, wordt uit deze schilderijen niet duidelijk.

[26] Van Thiel 1978-92. Er wordt momenteel gewerkt aan een beredeneerde bestandscatalogus van zeventiende-eeuwse schilderijen. Hoe deze gepubliceerd gaat worden, is nog niet helemaal duidelijk.

Als deze collectie staat voor het Nederlandse geschiedverhaal, dan vertelt het dat Nederland alleen langdurig contact had met Oost-Indië. In totaal verwijzen negen schilderijen daar direct of indirect naar, zoals een afbeelding van de Bataviase vloot in de haven van Vlissingen. Dat Nederland in de zeventiende eeuw handel dreef met Brazilië, blijkt uit slechts één schilderij van een contingent schepen op het IJ.

De relaties met het Ottomaanse rijk in de zeventiende en achttiende eeuw moeten belangrijk zijn geweest voor Nederland, getuige vier schilderijen in deze index. Verder was Nederland met Engeland een belangrijk voorvechter van de bevrijding van blanke slaven, met name uit Algiers. Daarnaar verwijzen vier schilderijen. Twee schilderijen vertellen ons dat Nederland in samenwerking met de Engelsen, Fransen en Amerikanen in 1864 een belangrijke internationale militaire expeditie heeft uitgevoerd in Japan.

De index geeft dus wel een beeld van Nederland als belangrijke speler op het politiek-militaire wereldtoneel, maar voor wat betreft de rol van Nederland als kolonisator wordt alleen naar Indonesië gekeken. Evenmin vertelt de index over de langdurige Nederlandse aanwezigheid in andere Aziatische gebieden, in West- en Zuid-Afrika, in Suriname, de Antillen, Guyana, Brazilië en Noord-Amerika. Bovendien verwijst de index in het geheel niet naar handel, laat staan naar slavenhandel.

De vraag is welke schilderijen we dan wel in de collectie hadden verwacht. We denken aan schilderijen die belangrijke historische gebeurtenissen belichten in gebieden die niet in deze index vertegenwoordigd zijn, bijvoorbeeld van:
- Peter Stuyvesant;
- Johan Maurits van Nassau in Brazilië;
- een gezantschap bij de Ashanti-vorst Osei Tutu;
- de retourvloot uit Suriname voor de kust van Texel;
- het neerslaan van de grote slavenopstand van 1763 in Berbice, de verovering van Buku of de dood van Boni in Suriname, of de opstand van Tula op Curaçao;
- de vredesverdagen met Marronleiders;
- de afschaffing van de slavernij in 1863.

De termen uit deze opsomming zijn niet in de index te vinden. Een verklaring hiervoor is dat dit soort schilderijen mogelijk onder andere trefwoorden is geordend.[27] Een tweede mogelijkheid is dat schilders dergelijke onderwerpen eenvoudigweg niet in beeld brachten. De vraag rijst dan welk verhaal de collectie uiteindelijk vertelt. Uit voorgaande analyse blijkt weer dat het werkelijke geschiedenisverhaal maar een kwestie is van interpretatie.

Op de afdeling Nederlandse Geschiedenis is in de zaal Nederland in de Achttiende Eeuw een vitrine te bezichtigen over het Nederlandse slavernij-

---

[27] Alleen zal men ook daar tevergeefs zoeken naar de anonieme zwarte bediende die staat afgebeeld in de schaduw van de wel geregistreerde regent of koopman.

verleden van de West-Indische Compagnie (WIC). In deze opstelling zijn zeventien bijzondere objecten tentoongesteld, variërend van schilderijen en slavenpenningen tot diorama's en servies. De vitrine is in 1998 geïnstalleerd in het kader van de herinrichting die begon in 1997, met als doel een evenwichtiger beeld van de geschiedenis te presenteren. Ook wilde het museum meer aandacht schenken aan de koloniale geschiedenis en de slavernij, getuige de publieke debatten die zij organiseerde voorafgaand aan deze renovatie.[28]

De WIC-opstelling waarin het slavernijverleden van Nederland is terug te vinden, is dus van vrij recente datum. Een van de vertegenwoordigers van het Rijksmuseum verklaart openhartig waarom het museum zich pas zo laat over deze kant van de Nederlandse geschiedenis boog:

> De directe aanleiding was de herinrichting in 1997 van de afdeling Nederlandse Geschiedenis en het ontluikende maatschappelijke debat over slavernij, dat toen echter in Nederland nog nauwelijks op gang was gekomen. In die herinrichting kreeg het onderwerp slavernij zijn huidige plaats. Er was voor 1998 al wel iets van de geschiedenis in de West te zien, maar de omvang daarvan was maar de helft van nu. Bovendien was bij die opstelling geen thematische toelichting aanwezig en er ontbrak een kader waarbinnen de objecten tentoongesteld werden. De oorzaak was niet alleen een gebrek aan middelen in die periode,[29] maar ook de neiging om 'lastige geschiedenis' uit de weg te gaan. Daardoor ontbrak bijvoorbeeld een thema als Zuid-Afrika. Dat onderwerp werd door de banden die Nederland met het toenmalige regime onderhield, in historisch opzicht als moeilijk beschouwd en dus weggelaten.

Toch is het museum in zijn verzamelbeleid het thema slavernij nooit geheel uit de weg gegaan. Zo verzamelde het in de jaren zestig al items over de slavernij, zoals het schilderij van een plantage van Dirk Valkenburg en drie miniatuurportretten met mulattenmeisjes. 'Toen al heerste het besef er vroeger of later iets mee te moeten doen', aldus de vertegenwoordiger van het Rijksmuseum. Ook nu nog koopt het museum stukken die naar de transatlantische slavernij verwijzen, getuige de recente aankoop van de zeventiende-eeuwse portretten van Jan Valckenburg en echtgenote (directeur-generaal van de kust van Guinea en Fort Elmina) en het model van het monument van Erwin de Vries, 'uit erkenning voor het "zwarte" deel van Nederland, voor wat geweest is'.

[28] Het Rijksmuseum organiseerde in het midden van de jaren negentig een serie debatten (waaronder het Beurs van Berlage-debat), waarbinnen de onderwerpen koloniale geschiedenis en slavernij weliswaar kort, maar toch werden besproken.
[29] De mogelijkheden in 1998 om de toen bestaande opstelling aan te passen waren overigens om meerdere redenen beperkt. Financieel: een groot deel van het beschikbare geld was nodig voor schilderwerk, de aanleg van nieuwe elektra en dergelijke. Logistiek: er was een ingrijpende verbouwing van het gehele museum in het vooruitzicht. Bovendien was er door de vaste grote objecten, zoals het schilderij *Waterloo*, weinig flexibiliteit voor het inrichten van tentoonstellingen.

De opstelling over de transatlantische slavernij is (semi)permanent.[30] Daarmee wordt het thema slavernij blijvend belicht. Het zal echter ook vanuit andere invalshoeken worden tentoongesteld. Volgens de vertegenwoordiger van het Rijksmuseum kun je een verschijnsel alleen met een contextuele benadering begrijpelijk maken:

> We kunnen de plantage-economie of de emancipatie bijvoorbeeld tentoonstellen binnen het kader van het verlichtingsdenken. Het borduurwerkje uit 1794 in de vitrine kan dat illustreren. Daarop zijn Nederlandse vrouwen te zien die de slavernij verwerpen. Dit tafereel kan ook naar vrouwenemancipatie verwijzen.

Hij refereert hier aan het artikel 'Gekooide levens; Een vrije interpretatie van een borduurwerk tegen de slavernij' (Legêne 2000).

Andere contexten die volgens het Rijksmuseum denkbaar zijn om het onderwerp slavernij mee te benaderen, zijn bijvoorbeeld horigheid in Nederland, de economische recessie in Nederland zelf ten tijde van de slavernij, de slavenhandel van de VOC, kinderarbeid in de wereld en hedendaagse vormen van slavernij. Vanwege de diversiteit aan mogelijke invalshoeken vindt het museum het moeilijk om bijvoorbeeld schilderijen op trefwoord te ontsluiten. Daarom gebeurt dat dus niet: de subjectiviteit van de conservator en de verschillende contexten waarin een en hetzelfde schilderij kan worden geplaatst, beïnvloeden volgens het museum te zeer de keuze van het trefwoord.

Van de totale collectie van rond een miljoen objecten hebben naar schatting van het museum enkele honderden betrekking op de slavernij. In het digitale systeem wordt echter geen aandacht besteed aan de zwarten die in het decor van de diverse schilderijen te zien zijn. Ter illustratie toont een van de vertegenwoordigers ons twee schilderijen die hangen in de zalen over achttiende-eeuwse schilderkunst en zeventiende-eeuwse architectuur. Op beide schilderijen zijn zwarte personages te zien.

Het wordt duidelijk dat het museum zoveel schilderijen met onbekende zwarten bezit, dat onzes inziens daarvan alleen al een boeiende tentoonstelling gemaakt zou kunnen worden. Volgens de vertegenwoordiger 'zou je deze schilderijen dus ook in het kader van slavernij kunnen laten zien; het hangt er maar van af hoe je naar de collectie kijkt, dan hebben we wellicht wel duizenden objecten die over slavernij gaan'.

Van het culturele erfgoed van het Nederlandse slavernijverleden dat wel digitaal ontsloten is, verwijst een substantieel deel naar slavernij in Suriname: tekeningen, schilderijen en diorama's, foto's en een aantal intrigerende voorwerpen zoals een penning voor de slaaf George. Deze George kreeg van het

---

[30] Sinds december 2003 is de WIC-opstelling met de slavernijvitrine tijdelijk niet te bezichtigen wegens een verbouwing die vijf jaar zal duren. Daarna komt de opstelling terug.

Fig. 22. 'Patriotse visie op de slavernij', in 1794 geborduurd door Louise van Ommeren-Hengevelt (zie ook Legêne 2000; collectie Rijksmuseum, nr. NG-1991-22)

koloniale bewind een onderscheiding omdat hij in 1836 Colin had aangewezen als leider van een slavenopstand. Colin werd daarop ter dood veroordeeld.

Ook de drie eerdergenoemde miniatuurportretten van mulattenmeisjes spreken tot de verbeelding. De portretten zijn in het begin van de negentiende eeuw gemaakt. Het museum vermoedt dat de meisjes de dochters waren van een en dezelfde slavin. In het Suriname van die dagen kwam het veelvuldig voor dat in een dergelijk geval de dochters vanwege hun lichte huidskleur vrij waren, terwijl de moeder slaaf was.

De collectie omvat ook een paar schilderijen van Dirk Valkenburg, zoals *Gezicht op de plantage Surimombo* en *Gezicht op de molen en het kookhuis*. Het beroemde schilderij *Slavendans* van Valkenburg heeft het museum niet in zijn bezit – het bevindt zich in het Statens Museum for Kunst in Kopenhagen – maar we noemen het hier toch vanwege zijn bijzondere betekenis. Valkenburg was financieel administrateur op de plantage Palmeneribo. Tijdens zijn verblijf in Suriname maakte hij diverse schilderijen, waaronder *Slavendans*. Op dit bijzondere werk beeldde Valkenburg mooi uitgedoste, feestende slaven uit. Het is een van de weinige afbeeldingen waarop slaven niet als expressieloze wezens zijn neergezet.

Het schilderij is vooral fascinerend door de historische achtergrond. In 1707 brak op de plantage Palmeneribo oproer uit onder de slaven. Aanleiding was de afschaffing van een aantal voorrechten die ze onder hun vorige directeur moeizaam hadden verworven.[31] Dit onrecht leidde tot zoveel frustratie dat een groep onder aanvoering van de broers Mingo, Wally en Bartham een opstand begon. Na schermutselingen met de blanken en vluchtpogingen werden de broers uiteindelijk opgepakt en in naam van de Staten-Generaal en de Sociëteit van Suriname veroordeeld tot 'langzame levend verbranding'. Uit historische documenten uit het Nationaal Archief te Den Haag blijkt nu dat de personages op het schilderij naar alle waarschijnlijk degenen zijn die betrokken waren bij de opstand in 1707 (zie Dragtenstein 2004).

Ook in het Rijksmuseum verwijst maar een klein deel van de collectie naar het slavernijverleden op de Nederlandse Antillen. Het gaat om een paar honderd voorwerpen, waaronder prenten, foto's, reproducties en een aantal potjes en schilderijen.[32]

KIT Tropenmuseum
Het KIT Tropenmuseum maakt, net als de KIT Bibliotheek, deel uit van het Koninklijk Instituut voor de Tropen[33] en behoort tot de grotere volkenkundige musea in Europa. Het is een populair museum voor het hele gezin, dat velen al sinds hun jeugd kennen. Voor iemand die op zoek is naar sporen van het slavernijverleden, is het bijna vanzelfsprekend een bezoek aan dit museum te brengen, aangezien de collectie tot aan de jaren vijftig uitsluitend afkomstig was uit de Nederlandse koloniën en het eerste object al in 1864 werd verworven.

In die tijd bestond het museum overigens nog niet als zodanig. Het huidige gebouw opende zijn deuren in 1926 als Koloniaal Instituut en was een voortzetting van het Koloniaal Museum in Haarlem (1871) en het etnografisch museum van dierentuin Artis. In 1950 werd het omgedoopt tot Tropenmuseum en ging het zich richten op wat iets later de derde wereld zou gaan heten.

---

[31] Slaven waren bijvoorbeeld weer verplicht om toestemming te vragen om op naburige plantages hun verwante dierbaren te bezoeken.
[32] We zijn er helaas niet aan toegekomen deze collectie nader te bestuderen.
[33] Dit instituut omvat verder nog zeer grote afdelingen voor ontwikkelingssamenwerking, biomedisch onderzoek en intercultureel management. Daarnaast is er het Tropentheater waar regelmatig slavernijgerelateerde activiteiten plaatsvinden, van lezingen tot films. Ook exploiteert het KIT een eigen, internationale uitgeverij, KIT Publishers, die inmiddels al een flink aantal titels over het slavernijverleden in haar fonds heeft, waaronder werk van Clark Accord, Frank Dragtenstein, Humphrey Lamur en Hilde Neus.

Momenteel omvat de collectie meer dan 150.000 objecten en vele tienduizenden (historische) foto's. Niet meer dan zo'n drie procent van de collectie heeft betrekking op wat vroeger 'de West' werd genoemd. Zoals in alle musea bevinden de meeste van deze objecten en foto's zich in de depots en is slechts een fractie daarvan te zien in de vaste opstelling of in tijdelijke tentoonstellingen. Toch kan sinds kort een groot deel van de collectie door het publiek worden bekeken via een online database (TMS) waarin foto's en beschrijvingen van alle objecten zijn opgenomen. Deze is via de website van het KIT (www.kit.nl) te raadplegen.

De collectie van het Tropenmuseum wordt gedomineerd door voorwerpen uit de Indonesische culturen. Daarna volgen die van Nieuw-Guinea en vervolgens de Surinaamse. De collectie van de Nederlandse Antillen staat qua omvang op de vierde plaats van de koloniale collecties en omvat slechts een paar honderd objecten. Deze rangorde weerspiegelt volgens een vertegenwoordiger van het museum de economische hiërarchie van de landen waar Nederland toenmaals de grootste belangen had. Inmiddels is overigens alleen al de collectie Latijns Amerika in omvang een veelvoud van de Suriname- en Antillen-collecties.

Van deze collecties Surinamica en Antilliana valt overigens lang niet alles onder de noemer erfgoed van het slavernijverleden. Voor een groot deel bevat de Surinaamse collectie objecten van Inheemse (Indiaanse) culturen. Een aantal voorwerpen is afkomstig uit het midden van de negentiende eeuw en omvat onder meer aardewerk, verentooien, wapens en vele soorten vlechtwerk. Daarnaast is er een unieke collectie Inheemse schaamschortjes, die opvallen door hun vernuftig weefwerk en kralendecoraties.

Daarna volgen in deze collectie de Marrons. Afhankelijk van welke definitie van slavernijerfgoed wordt gehanteerd, behoort daartoe alles van de Marrons, dan wel alleen datgene dat stamt uit de tijd van de slavernij en vervolgens is overerfd. Van deze culturen zijn er onder meer veel sierlijk houtsnijwerk, korjalen en peddels, bewerkte kalebassen, kledingstukken en wapens, berkammen (haarkammen), sierlepels, waskloppers en pindaschalen. Een goed overzicht van deze collectie is te vinden in het ruim geïllustreerde werk van Sally en Richard Price (2000) dat door het KIT werd uitgegeven.

Daarnaast zijn er in de collectie ook objecten die direct met de slavernij in relatie staan, zoals een zweep en enkele brandmerken waarmee Afrikanen hun slavenstatus definitief in hun huid kregen gebrand. Ook is er een tamelijk uitgebreide prentencollectie uit de negentiende eeuw (zie fig. D en E middenkatern). Zeer bijzonder zijn verder de diorama's die het museum in bezit heeft: kijkkasten met driedimensionale voorstellingen van beschilderd papier. De maker, Gerrit Schouten, werd aan het eind van de achttiende eeuw geboren en wordt beschouwd als de eerste Surinaamse beeldend kunstenaar. Zijn moeder was een gekleurde Surinaamse, zijn vader kwam uit Amsterdam

Fig. 23. Marronkinderen in het KIT Tropenmuseum op zoek naar hun roots, 2005
(Foto: Alex van Stipriaan Luïscius)

en ontwikkelde zich in Suriname tot een bekend dichter en satiricus. Gerrit Schouten maakte tekeningen van planten en dieren in opdracht van verzamelaars en onderzoekers. Het bekendst is hij echter van zijn diorama's, waarin hij scènes uit de slaventijd uitbeeldde, zoals een dansspel van slaven, plantagegezichten, maar ook de stad Paramaribo en dorpen van Inheemsen. Gerrit Schouten was de belangrijkste Surinaamse kunstenaar van de negentiende eeuw. Ook buiten de kolonie werd zijn werk hoog gewaardeerd: in 1828 kreeg Schouten een gouden medaille voor zijn oeuvre van koning Willem I. Clazien Medendorp bracht zijn fraaie kunstwerken bijeen in een catalogus, uitgegeven door de KIT Uitgeverij (Medendorp 1999).

Een andere interessante collectie vormt de verzameling Van Breugel. G.P.C. van Breugel was een in Nederland woonachtige plantage-eigenaar die in 1823-

1824 enige tijd in Suriname verbleef.[34] Daar gaf hij slaven de opdracht een aantal zaken in model na te maken. Daartoe behoorden zwarte poppetjes in klederdracht, een ingenieus slot, muziekinstrumenten, sieraden en obia-bezems.[35]

Sprekend is ook het achttiende-eeuwse toegangsbord van plantage Rust en Werk. Afgezien van het prachtig gedecoreerde familiewapen van gouverneur Crommelin, de eigenaar, valt daarop te lezen: 'Mits men hier landwaerts rust en egter vordert 't werk, Dat het gemeen vereyst, soo noemt men 't Rust en Werk.' Het zal duidelijk zijn wiens werkelijkheid deze tekst weergeeft; bovendien, slaven konden de woorden niet eens lezen, die vaardigheid was hen verboden.

Er zijn ook twintigste-eeuwse objecten die direct met de slavernij in verband staan, zoals de angisa's (geknoopte hoofddoeken) die speciaal gemaakt werden voor de jaarlijkse Keti Koti-herdenkingen op 1 juli, de dag waarop de slavernij ten einde was. Ook beschikt het Tropenmuseum als een van de zeer weinige over een geschilderd portret van Anton de Kom (1889-1945), de schrijver van *Wij slaven van Suriname* (oorspronkelijk 1934) en verzetsheld tegen het kolonialisme. Daarnaast krijgt het Tropenmuseum nog altijd objecten aangeboden die in relatie staan tot het slavernijverleden. Zo verwierf het recent nog een winti-bankje dat heeft toebehoord aan een priesteres van wie het museum tevens een foto uit 1890 bezit.

Een groot deel van de hier genoemde slavernijgerelateerde objecten zijn te zien in het Surinaamse deel van de vaste museumopstelling over Latijns Amerika en de Caraïben. Het museum heeft er dus bewust voor gekozen de stilte over het slavernijverleden te helpen doorbreken. Er wordt dan ook een goede relatie onderhouden met het NiNsee, dat in een KIT-gebouw tegenover het museum is gehuisvest.

Weinig in de Tropenmuseum-collectie verwijst naar de Nederlandse Antillen en Aruba, laat staan hun slavernijverleden. Dit betreurt het Tropenmuseum zodanig dat het in zijn vaste opstelling een vitrine Antilliana heeft gemaakt met als bijschrift: 'Onze schaarse collectie zegt meer iets over ons dan over de Nederlandse Antillen'. Deze vitrine, die sinds juni 2000 te bezichtigen is, toont onder meer een Antilliaans poppetje, een mutsje dat de koningin kreeg bij een bezoek aan de Antillen en wat vlechtwerk. Kortom 'een treurig samenraapsel', zoals de vertegenwoordiger beschaamd opmerkt. Een deel van deze collectie kreeg het KIT van de Nederlandse firma Gielesen die haar kelder wilde opruimen. De vitrine met Antilliana zal de komende jaren nog te zien zijn.

---

[34] Zijn aantekeningen en allerlei documenten met betrekking tot het beheer van zijn plantage Clifford Koqshooven zijn ondergebracht in de KIT Bibliotheek onder de noemer 'Intime berigt wegens beheer eener plantaadje, 1823-1840'.

[35] Van Breugel schonk in 1873 zijn collectie aan het Koloniaal Museum in Haarlem. De hoofdconservator van het KIT, prof.dr. Susan Legêne, schreef een dissertatie over Van Breugel en zijn collectie (Legêne 1998).

Volgens de toenmalige conservator heeft Nederland de Nederlandse Antillen nooit gezien als een gebied met een eigen cultuur – dit in tegenstelling tot Suriname en Indonesië, waar in de koloniale tijd grote expedities zijn uitgevoerd om de cultuur in kaart te brengen. Deze laatdunkendheid over de Antilliaanse cultuur verklaart volgens hem de geringe belangstelling voor dit erfgoed.

De totale omvang Antilliana in Nederlandse musea bedraagt, afgezien van de historische beeldcollecties van het KITLV en het KIT Tropenmuseum enige honderden items, waarvan het museum verreweg het grootste deel in de collectie heeft. Deze items zijn toevallig bij elkaar gesprokkeld of geschonken, onder meer door de eerder genoemde firma Gielesen. De Gielesen-collectie omvat 49 stuks uit de categorie volkskunst. In de meeste gevallen is de relatie van deze objecten met het slavernijverleden hooguit indirect.

Het merendeel van de Antillencollectie van het Tropenmuseum betreft objecten uit de twintigste eeuw, zoals schoenen, een beeld, een schild van een zeeschildpad, een opgezette flamingo, een waterfilterinstallatie van voor 1967, gevlochten portemonnees, sigarenkokers en hoeden. Slechts een beperkt aantal van de bijna vierhonderd voorwerpen stamt uit de slavernijperiode. Het museum is er trots op tenminste deze items in bezit te hebben. Enkele voorbeelden zijn twee wapengevels van een plantagewoning met spreuk, waarvan er een uit 1760 dateert; de grote klok van plantage Santa Martha (waarmee slaven werden opgeroepen te arbeiden); en een maalsteen afkomstig van landhuis Knip.

Museum Suriname
Tussen 1995 en 2005 was in het gebouw van de landelijke Vereniging Ons Suriname aan de Zeeburgerdijk in Amsterdam het Museum Suriname (MS) gevestigd. De collectie, grotendeels door schenkingen verkregen, omvatte enkele honderden items, van een korjaal en een *apinti*-drum tot producten van ambacht en kleine industrie en gebruiksvoorwerpen, foto's, reproducties en platen. De verzamelde items werden regelmatig geëxposeerd waarbij lokale literatuur, proza en poëzie, muziek en zang, verhalen, zegswijzen en orale traditie eveneens een belangrijke rol speelden. Vanwege de achtergrond van een belangrijk deel van de Surinaamse bevolking werd daarbij meestal een relatie met de slavernij gelegd.

Volgens het museum geven traditionele volkenkundige musea met hun presentaties van 'de ander', in dit geval de Surinaamse samenleving en cultuur, vaak een vertekend beeld:

> Die presentaties van erfgoed sluiten vaak niet aan bij het beeld dat de mensen in kwestie van zichzelf hebben. Die zijn vaak fragmentarisch, statisch, exotisch en dragen bij aan een beeldvorming met een impliciete boodschap van de hiërarchie in de wereld. In het gunstigste geval worden de mensen overzee en in Nederland als 'slachtoffer van de geschiedenis' weergegeven.

Fig. 24. Deze klok riep de slaven op de Curaçaose plantage Santa Catharina's dagelijks aan de arbeid. Nu is hij onderdeel van Marcel Pinas' kunstwerk 'Reconnecting Africa' in het Tropenmuseum.
(Collectie Tropenmuseum, nr. 5872-1 A/B.)

Bij het verzamelen en presenteren van erfgoed ging het het MS erom 'het eurocentrisch perspectief te doorbreken met het poneren van de eigen identiteit, dat wil zeggen: zoals door de mensen zelf ervaren'. Deze werkwijze doet denken aan sommige migrantenmusea in het buitenland, die over het algemeen een visie 'van onderaf' op erfgoed hanteren.

De collectie is, sinds de sluiting van het museum, bij de Vereniging Ons Suriname ondergebracht.

Theatermuseum
Voor iedereen die belangstelling heeft voor theater is er het Theatermuseum. Men kan er een bezoek brengen aan tentoonstellingen, de mediatheek en de bibliotheek. Er is ook een museale verzameling, waaronder een collectie poppen. Verder heeft het Theatermuseum een groot aantal knipsels in dozen. Het zwaartepunt ligt in de periode vanaf de tweede helft van de twintigste eeuw. Toch worden stukken van voor 1850 ook actief verzameld. De collecties zijn publiek toegankelijk; voor sommige is schriftelijke toestemming nodig. Alleen stukken uit de collectie van na 1945 zijn digitaal ontsloten, onder meer via de website. Voor de rest is men aangewezen op kaartenbakken (die de collectie op titel en maker, maar niet op inhoud ordenen), de op de dozen vermelde hoofdonderwerpen en de namen van de poppen.

In dit museum verwachtten we niet veel stukken te vinden die verwijzen naar het Nederlandse slavernijverleden, maar we besloten het er toch op te wagen. Zoeken naar collecties die samenhangen met het thema slavernij is moeilijk, omdat de meeste niet inhoudelijk zijn ontsloten. Wie op onderzoek uitgaat, moet dus al voorkennis hebben, zoals informatie over een auteur of over een bepaald toneelstuk. We vonden de volgende items, die niet per se naar het Nederlandse slavernijverleden verwijzen, maar wel aangeven hoe Nederland visueel omging met het onderwerp slavernij in zijn koloniën.

In de zeventiende en achttiende eeuw werden in Nederland verschillende toneelstukken opgevoerd over de slavernij. Die waren direct of indirect een aanklacht. In 1615 bracht G.A. Bredero het blijspel *Moortje* op de planken. In 1836 werd het treurspel *Monzongo, de koninklijke slaaf* van N.S. van Winter opgevoerd in de Stadsschouwburg. In 1846 kon het publiek opnieuw genieten van dit treurspel. In 1853 en 1854 werd *De negerhut van oom Tom* ten tonele gebracht. Dit toneelstuk is de bewerking door Cornelissen en Beems van het gelijknamige boek van Harriet Beecher-Stowe, dat rond die tijd in Nederland al voor veel opschudding had gezorgd.

Het Theatermuseum bezit de originele scripts en bladmuziek die voor deze opvoeringen zijn gebruikt. Ook bevinden zich recensies van deze stukken in zijn archief. Voor iemand die onderzoek wil doen naar de Nederlandse publieke opinie over slavernij in die tijd, kan dit materiaal interessante inzichten opleveren.

III Een inventarisatie in bibliotheken, archieven en musea

Fig. 25. Theateraffiche uit Amsterdam, 1847: zwarte musici als curiositeit
(Collectie Theater Instituut Nederland, R-001 1874)

Een bijzonder document in het archief is een kleurrijk affiche ter aankondiging van het optreden, in 1847, van een 'Zuid-Amerikaansch Neger- en Mulatten Gezelschap' in de Salon de Variété in Amsterdam. Op deze schitterende poster zijn twee sjiek geklede mannen te zien. Het affiche werd gemaakt door Erven van H. van Munster en Zoon.

In het depot is een kostuum dat is gedragen door een personage van een slaaf in *Die Zauberflöte*, een opera van Wolfgang Amadeus Mozart uit 1791 die op 3 mei 1794 in Nederland werd opgevoerd.

In de bibliotheek vonden we twee boeken over dans in Afrikaanse en Afro-Caraïbische culturen: *Black dance; From 1916 to today* van Lynne Fauley Emery (1998) en *The Cambridge guide to African and Caribbean theatre* door Martin Banham, Erroll Hill en George Woodyard (1994). De auteurs gaan onder meer in op diverse dansvormen uit de slaventijd en op de invloeden daarvan op hedendaagse dansen.

Overige Amsterdamse musea
Natuurlijk telt Amsterdam meer musea waar men verwijzingen naar het slavernijverleden mag verwachten. Hieronder volgt een korte impressie van drie daarvan.

Het *Amsterdams Historisch Museum* beheert 45.000 kunstobjecten, verzameld vanaf de zeventiende eeuw, maar ook documenten, kaarten en boeken uit de zeventiende en achttiende eeuw. De stukken zijn afkomstig van overheden, instellingen en particulieren.

De collectie is deels digitaal ontsloten en online te bekijken. Slavernij is echter geen trefwoord,[36] waardoor slechts geduldig zoeken aan de hand van aanknopingspunten en met hulp van betrokken conservatoren iets oplevert. Volgens een van de conservatoren geeft de collectie een bescheiden, maar aardige indruk van het Amsterdams slavernijverleden, met mooie details, zoals drinkglazen die elk een heel verhaal vertellen. Omdat Amsterdam een rol had in de Sociëteit van Suriname, is vooral dat aspect in de collectie terug te vinden (dat geldt natuurlijk in meer of mindere mate voor alle instellingen in de stad). Een andere museummedewerker voegt daaraan toe dat de collectie nog nooit op slavernijerfgoed doorzocht is, maar vast meer herbergt dan op het eerste gezicht lijkt, afhankelijk van met welke ogen je ernaar kijkt.

Zo komt, wanneer online naar slavernijerfgoed gezocht wordt, een schilderij van de plantage van Jonas Witsen aan de Surinamerivier, met korjalen, boven drijven. J. Jonker heeft in zijn boek over handelshuizen (1996) twee schilderijen uit het Amsterdams Historisch Museum opgenomen: *Suikerraffinaderij J.H. Rupe & Zn aan de Keizersgracht 220 in brand*, uit 1845, en, ook uit de negentiende eeuw, *De Amsterdamse Stoom-Suikerraffinaderij* van K. Karsen. Gezien de herkomst van de suiker kunnen ook deze items als cultureel erfgoed slavernijverleden worden beschouwd. Dat het museum meer slavernijerfgoed herbergt dan op het eerste gezicht lijkt, bleek ook op de tentoonstelling Suiker in 2005-2006. Daar was een groot aantal verwijzingen naar het Nederlands slavernijverleden te zien, waaronder veel historische prenten en kaarten.

Het *Joods Historisch Museum* verzamelt objecten en kunstvoorwerpen die een relatie hebben met de religie, cultuur en geschiedenis van de Joden in Nederland en zijn voormalige koloniën. De collectie huisvest meer dan elfduizend kunstvoorwerpen, ceremoniële en historische objecten. Gedrukt en audiovisueel erfgoed is te vinden in de zeer uitgebreide mediatheek. Zowel in de Amsterdamse als in de Caraïbische geschiedenis hebben Joden een belangrijke rol gespeeld. Het Joods Historisch Museum wil dan ook in de toekomst een tentoonstelling wijden aan het leven van Joden in het Caraïbisch gebied.

[36] Ook niet na een update van het trefwoordensysteem in 2005.

Wanneer men in de collectie op de website zoekt, is (nog) niet veel te vinden dat te maken heeft met de transatlantische slavernij. Toch heeft het museum stukken die zo relevant zijn dat ze werden uitgeleend aan het Amsterdamse Scheepvaartmuseum voor de tentoonstelling Slaven en Schepen: een prent van een handelaar in Suriname en een zilveren dienblad. Het museum onderhoudt contacten met instellingen en particulieren die vanuit hun collecties een bijdrage kunnen leveren aan de geplande tentoonstelling. Een van die instellingen is de Ed Chaim Bibliotheek van de Portugese Gemeente, waar volgens een conservator zeker relevante stukken moeten zijn.

Het *Museum Van Loon* geeft de geschiedenis weer van de gelijknamige familie, die zich in de zeventiende eeuw in Amsterdam vestigde. Vele generaties bewoonden het pand aan de Keizersgracht waarin het museum huist. De kern van het bescheiden museum bestaat uit een collectie portretten, daterend van 1600 tot vandaag. Daarnaast is de inrichting uit die periode zoveel mogelijk intact gehouden.

Diverse leden van de familie bekleedden invloedrijke posten: een aantal van hen bevond zich bijvoorbeeld onder de oprichters van de VOC. Het wapen van de familie Van Loon lijkt rechtstreeks naar de slavernij te verwijzen – het wordt opgesierd door twee zwarte 'morenkoppen'. Wat de herkomst en betekenis daarvan zijn en of er een relatie bestaat met slaven uit West-Afrika, is niet duidelijk, maar de conservator dacht aan een statussymbool, een verwijzing naar de VOC.[37] Meestal wordt aangenomen dat Afrikaanse slaven in de Nederlandse geschiedenis met 'de West' van doen hebben, en niet met 'de Oost'. Maar ook de VOC hield slaven. Zo bedroeg, gerekend over een periode van anderhalve eeuw, alleen al de invoer van Afrikaanse en Aziatische slaven in Kaap de Goede Hoop (het huidige Zuid-Afrikaanse Kaapstad) onder de VOC tenminste 50.000 personen (zie Van Stipriaan en Bal 2002).

De schilderijen in de collectie van Museum Van Loon tonen onder meer een familielid dat in Afrika gezeten heeft. Dit zou kunnen betekenen dat hij bemoeienis met slavenhandel had. Een ander portret verbeeldt een plantersechtpaar uit de West (West Guyana). Helaas is er over hen weinig bekend.

Leeuwarden

Leeuwarden ontstond oorspronkelijk aan de Middelzee, een ligging die de agrarische bewoners van het gebied tot handeldrijven inspireerde. Die handelscontacten reikten tot aan Rusland, totdat de Middelzee in de dertiende eeuw dichtslibde. Daarna richtten de Leeuwarders zich opnieuw op de eigen regio. De ontwikkeling tot stad was echter al ingezet en vanaf 1504 mocht Leeuwarden zich zelfs hoofdstad van het gewest noemen. In de hoofdstad

[37] Het wapen is te zien op www.museumvanloon.nl.

waren het centrale bestuur en de rechtspraak van het gewest gevestigd en de Friese stadhouders resideerden er. Deze ontwikkelingen leidden een welvarende periode in: Leeuwarden behoorde in de zeventiende eeuw tot de tien aanzienlijkste steden van Nederland. Anders dan Amsterdam en Middelburg concentreerde Leeuwarden zich vooral op de eigen omgeving. Banden met de Nieuwe Wereld waren er nauwelijks.

Het is dan ook niet vreemd dat onze zoektocht naar cultureel erfgoed van het Nederlands transatlantisch slavernijverleden in Leeuwarden slechts op verbaasde ontkenningen stuitte. Waar het onderwerp in Amsterdam bij vrijwel elke bibliotheek, archief of museum wel een reactie van (h)erkenning oproept, antwoordden Friese instellingen behulpzaam, maar afwerend. 'Nee hoor, Leeuwarden heeft geen slavernijverleden. U kunt beter naar Amsterdam of Zeeland bellen. Waar bent u eigenlijk naar op zoek?' Die vraag beantwoordden wij met wedervragen: 'Bevat uw collectie objecten die te maken hebben met de WIC, met Suriname of de Antillen, met handelaren in suiker of koffie?' Daarnaast gingen we zelf, via internet en via contacten buiten Leeuwarden, op zoek naar aanknopingspunten. Met behulp van die aanknopingspunten lukte het soms de aanvankelijk afwijzende houding om te buigen naar nieuwsgierigheid. Zou er dan toch iets te vinden zijn over ons onderwerp? Een aantal aanwijzingen hielp medewerkers van instellingen verder en mondde uit in verrassende vondsten.

Historisch Centrum Leeuwarden
Wat voorheen de Stedelijke Bibliotheek was, is nu gefuseerd met het plaatselijke gemeentearchief tot het Historisch Centrum Leeuwarden (HCL). In één gebouw is nu de gezamenlijke collectie aan oude drukken, documenten en archieven te vinden. De Stedelijke Bibliotheek is opgebouwd vanaf de zestiende eeuw en bevat werken van personen die in Leeuwarden geboren zijn of er gewoond hebben en boeken die tot 1850 te Leeuwarden gedrukt of uitgegeven zijn.

Een catalogus (Visscher 1932) ontsluit de Stedelijke Bibliotheek.[38] Slavernij is in de catalogus geen onderwerp, waardoor het zoeken naar slavernijerfgoed een kwestie wordt van het volgen van andere sporen, zoals de termen 'Suriname' of 'plantage'. Daarnaast is de grote kennis van het hoofd dienstverlening een goede hulpbron.

Een voorbeeld van een relevante Leeuwarder uitgave is Herlein's *Beschryvinge van de volk-plantinge Zuriname*, door Meindert Injema (1718). Dit

[38] Inmiddels is de digitalisering van de collectie aangevangen en in gevorderd stadium. Het systeem voorziet ook in zoeken op trefwoorden als slavernij. Zie www.gemeentearchief.nl. Evengoed verwachten wij dat de hier beschreven zoektocht inspiratie en handvatten bevat voor toekomstig onderzoek.

boek wordt in McLeods *De vrije negerin Elisabeth* (2000) genoemd omdat het de wet zou aanhalen waarin gesteld werd dat in Suriname 'niemand [...] met zwarten mag trouwen en ook niet hoereren'.

Het Leeuwarder Gemeentearchief vormt de andere helft van het HCL. Het is Nederlands oudste gemeentearchief en bestaat uit overheids- en particuliere collecties. Een voorbereidende zoektocht op het internet leverde een aantal aanwijzingen op, die wij aan het hoofd dienstverlening meegaven.[39] Zo zijn op de site van het archief enkele namen te vinden die onze nieuwsgierigheid prikkelden, zoals Römer (een vooraanstaande familie op Curaçao) en Mariënburg (in Suriname draagt een plantage die naam). Verder vermeldde de site dat er in Leeuwarden gevelstenen moesten zijn met daarop 'de ionge moor', 'koloniale grutterswaren' en 'Middelburg' (waarvandaan veel slavenschepen vertrokken). Een andere website, www.sranunguma.net van onderzoekster Peggy Plet, leverde het verhaal op van de Surinaamse Geertruida, in 1858 gemanumitteerd. In 1866 trad zij in het huwelijk met Anne Dijkstra uit Franeker (Friesland). Met hun oudste zoon emigreerde het gezin Dijkstra vanuit Suriname naar Franeker en later, in 1882, naar Amsterdam. In Franeker en Amsterdam werden nog zes kinderen geboren. Ons laatste aanknopingspunt was de familie Van Oranje-Nassau, die in de eerste helft van de achttiende eeuw in Friesland resideerde. Deze familie had banden met de West; wellicht hadden andere Friese adellijke families die ook.

Met deze gegevens ging het hoofd dienstverlening de Leeuwarder archieven in. Dankzij zijn uitgebreide kennis van de inhoud van de archieven (bij gebrek aan systematische ontsluiting de enige sleutel tot het vinden van slavernijerfgoed) kon hij ons een aantal bijzondere vondsten laten zien.

Het Oudrechterlijk Archief bleek enkele interessante stukken slavernijerfgoed te bevatten. Notariële archieven van voor 1800 zijn niet bewaard gebleven, maar huizenaankopen, boedelbeschrijvingen, leningen en getuigenverklaringen (mits door de rechter afgenomen) werden verzorgd door het stadsbestuur en zijn daarom terug te vinden in het Oudrechterlijk Archief. Twee stukken vermelden het verblijf van (voormalige) slaven in Leeuwarden. Zo wordt op 23 juli 1679 'Louis de Moor, jonge van de captein Hamerstein alhier woonachtich', door de Leeuwarder magistraat veroordeeld tot een jaar gevangenisstraf wegens 'grote moetwille ende goddelose actien'. Het tweede voorbeeld is afkomstig uit *De Leeuwarder Courant*, die op 25 februari 1770 schreef:

> Te Dongjum is gedoopt een neger, geboortig uit de Barbices, alwaar hij geduurende de laatste rebellie zig met zoveel trouw en dapperheid gedragen heeft, dat hij door de Compagnie uit de slavernij is ontslagen en brieven van vrijheid bekomen heeft. Ds. J. Schrinerius verrichtte de plechtigheid met een predicatie over Hand.

---

[39] Ten tijde van ons onderzoek waren op de site van de instelling voornamelijk doopregisters en begraafboeken te bekijken. Inmiddels zijn de mogelijkheden fors uitgebreid.

8:36-38 voor een grote schare, hebbende de moor tevoren belijdenis gedaan voor de kerkeraad op een wijze, die niet minder hunne aandoening als uiterste genoegen verwekt hadde. Hij ontving bij den doop den naam Matthys Carel Willems.

Andere geschriften getuigen ervan dat er Leeuwarders waren die zich de slavernij aantrokken.[40] Zo schreef het weekblad *De Vaderlander*, in Leeuwarden uitgegeven door H.A. de Chalmot, op 23 oktober 1775:

> Amerika wordt ontvolkt om ruimte tot plantaadjen te maken, en Afrika, om slaaven tot het bouwen van den grond, om ons koffy en zuiker te leveren. [...] 't Vogt, dat gy in uwen Koffy-kop hebt, is dan geen water meer, maar traanen; ik zeg, 't is het bloet en zweet van die ellendigen, in welken eene blanker ziel woonde dan in de lighamen hunner beulen. [...] Drink zulk bloed, dat om wraak schreeuwt en noem u dan noch een beschaafde Europeaane.[41]

Op 3 augustus 1858 vond een vergadering te Leeuwarden plaats

> ter bevordering van de afschaffing der slavernij, sprekers: Wolbers uit Utrecht, die Engeland tot voorbeeld stelde, Chamerorzow, die in het Frans improviseerde en door Moquette werd vertaald. Ds. Voorhoeve uit Harlingen sloot de vergadering.

Kermisdrukwerk van 18 juli 1787 maakt met 'permissie van de edele achtbaare magistraat te Leeuwarden' melding van de opvoering van *Monzongo, of de koninglijke slaaf, treurspel*, in de Nieuwe Schouwburg, door de acteurs en actrices van de Amsterdamsche Schouwburg.[42]

Het Oudrechterlijk Archief levert dus getuigenissen van openbare aangelegenheden op. Maar ook in archieven van families en personen die banden met de West hadden zou slavernijerfgoed te vinden kunnen zijn. Een andere zoekstrategie is dus het achterhalen van hun namen en daarmee in de archieven te zoeken. Archieven van adellijke families zullen in het Historisch Centrum Leeuwarden echter niet zoveel opleveren. Zo is het archief van de familie Van Oranje-Nassau verdeeld over het Nationaal Archief, het Fries Museum en het Koninklijk Huis Archief in Den Haag. Daarin zullen stukken te vinden zijn van onder meer Johan Maurits van Nassau-Siegen, 'de Braziliaan', die na zijn terugkeer uit de West enkele jaren een hoge militaire functie in Friesland bekleedde. Het doorzoeken van de archieven van patrici-

---

[40] Ook Reinsma (1963:49) noemt iets dergelijks: onder de kleine groep mensen die zich publiekelijk uitspraken tegen de slavernij in de jaren 1842-63 bevond zich een man in Leeuwarden en een in Heerenveen. Beiden waren ondertekenaars van een adres van de liberalen aan de koning in 1842, waarin hij werd opgeroepen de slavernij af te schaffen.

[41] Met dank aan Harm Nijboer, onderzoeker en gebruiker van genoemde archieven, voor het aandragen van dit voorbeeld.

[42] Materiaal omtrent dit treurspel hebben we met deze aanwijzing ook gevonden in het Amsterdamse Theatermuseum.

ersfamilies in het HCL zal vermoedelijk meer de moeite waard zijn.[43] Zo is er het archief van Peter Stuyvesant, de beroemde zeventiende-eeuwse gouverneur van zowel Nieuw-Nederland (het tegenwoordige New York en omgeving) als van Curaçao. Volgens Den Heijer (1994:79, 96) stond Stuyvesant aan de wieg van de enige tijd befaamde internationale Curaçaose slavenmarkt en was hij de bedenker van het plan om een ruilhandel op te zetten in voedsel en slaven tussen Nieuw-Nederland en de Caraïbische eilanden.

Minder bekende voorbeelden van slavernijerfgoed zijn te vinden in de zogenaamde certificaatboeken. Zij maken een enkele maal melding van het verblijf van een Leeuwarder burger in 'de West' in de periode rond 1620-1640. Patriottendrukwerk (zoals het hierboven genoemde voorbeeld over *Monzongo*) zou mogelijk oproepen tot de afschaffing van slavernij kunnen bevatten.

Een treffend voorbeeld uit het geheugen van een Leeuwarder familie is te lezen op www.gemeentearchief.nl/jeugdherinneringen.html, in de 'Leeuwarder jeugdherinneringen' van Hendrik Burger. Hij vertelt over zijn ouderlijk huis in Leeuwarden:

> Aan weerskanten van de schoorsteen hing de muur vol met portretten van vaders leermeesters en van vrienden uit zijn studententijd, achter glas met een geplakt zwart randje, lithografieën, zoals men die destijds aan elkaar schonk. Het belangrijkste van al die portretten was dat van een pikzwarte neger, met een kroeskop en een heel vriendelijk gezicht en keurig gekleed. In de rechter onderhoek stond, met verbleekte inkt: 'Aan mijnen vriend, C.P. Burger, Delft den 9den Mei 1850' en onder het portret, ook met schrijfletter, maar gedrukt: 'Die Freundschaft ist unabhängig von Alter, Stand, Entfernung, Volk, Religion und Verhältnissen; sie verbindet den kalten Norden mit dem glühenden Süden; ohne sie wäre diese Erde eine Wüstenei. Dresden, 27 September 1849. Aquasie Boachi.' [44]

Het gaat hier om 'de zwarte met het witte hart', over wie Arthur Japin later zijn veelgeprezen gelijknamige roman (1999) schreef.

Een laatste mogelijk aanknopingspunt vormt de Joodse gemeenschap in Leeuwarden. Portugese Joden zijn hier slechts incidenteel aanwezig geweest. Deze 'Fries-Joodse' groep bestond voornamelijk uit Duitse Joden, die eind zeventiende eeuw naar Leeuwarden kwamen, begin achttiende eeuw gevolgd door mensen uit Polen en Rusland. Toch trokken vanaf het begin van de achttiende eeuw ook veel zogenaamde Hoogduitse Joden naar Suriname. Dat maakt het mogelijk dat hier connecties bestaan.

---

[43] Dit verwacht onze informant, hoewel deze archieven voornamelijk de achttiende en negentiende eeuw bestrijken en nauwelijks de zeventiende eeuw, en deze families voor zover bekend geen banden met slavernij of slavenhandel hebben gehad.
[44] Vertaling: Vriendschap is onafhankelijk van leeftijd, stand, afstand, volk, religie en relaties; zij verbindt het koude noorden met het gloeiende zuiden; zonder was deze aarde een woestenij.

Fig. 26. Deze levensgrote stenen 'moor' sierde van 1758 tot 1924 de gevel van Over de Kelders 18 in Leeuwarden, waarna het in bezit kwam van het Fries Museum. (Collectie Fries Museum te Leeuwarden; foto: Johan van der Veer; zie Van der Laan 1998)

Fries Museum en Keramiekmuseum Princessehof
In een andere Leeuwarder fusie is het Fries Museum deels samengesmolten met het Keramiekmuseum Princessehof. De collectie van het Fries Museum bestaat uit vierhonderdduizend voornamelijk authentieke objecten variërend van moderne kunst tot archeologische objecten, ondergebracht in een historische en archeologische afdeling, en afdelingen oude en moderne kunst, kunstnijverheid, numismatiek, kleding en textiel. De collectie is nog niet gedigitaliseerd en voornamelijk 'ontsloten' via dissertaties en boeken die niet allemaal meer te koop zijn. Om inzicht te krijgen in de collectie zijn gerichte vragen nodig aan de conservator die over dat deel van de collectie gaat.

Volgens de staf van beide musea zouden het Fries Museum en het Keramiekmuseum Princessehof niets hebben wat met de West of met slavernij te maken heeft, behalve de slavernij in de vroege Middeleeuwen, onder de Vikingen. Ook het aanknopingspunt van de koninklijke familie zou niets opleveren.

Eigen onderzoek leverde desalniettemin concrete objecten op waar wij het museum naar konden vragen. Zo vermeldde de website van het Historisch Centrum Leeuwarden dat een gevelsteen met het opschrift 'de ionge moor' in het Fries Museum te vinden moest zijn. Daarnaast refereerden verschillende informanten, waaronder het Leeuwarder Gemeentearchief, aan een schilderij van een Nassau met een zwarte bediende. Dat schilderij zou tot de uitzonderlijk rijke collectie van het Gemeentearchief behoord hebben, en met de overdracht van alle Oranje-objecten naar dit museum gegaan zijn.

En inderdaad, in de kelders van het Fries Museum staat een manshoge stenen 'moor', met een tabaksblad in zijn hand (Fig. 26). Rokende moren, evenals rokende Indianen, werden regelmatig op gevels afgebeeld als symbool voor de koloniale handelswaren die door slavenarbeid in West-Indië werden geproduceerd (Brommer 1993:16). De precieze herkomst van dit exemplaar is helaas niet met zekerheid vast te stellen, omdat de gevelsteen meerdere malen (binnen Leeuwarden) verhuisd is. Vermoedelijk is de steen eigendom geweest van een grote Friese textielfamilie.

Verder herbergt het depot het schilderij dat door diverse betrokkenen werd genoemd (fig. G middenkatern). Het blijkt een groepsportret van vier prinsen van Nassau met pages, van de hand van Adriaen Hanneman en daterend van 1645-1650. Twee van de prinsen, Willem Frederik van Nassau Dietz en Hendrik Casimir I, waren respectievelijk de derde en vierde stadhouder van Friesland. Midden op het schilderij staat een rijk uitgedoste zwarte bediende, die nederig opkijkt naar een van de prinsen. In de beschrijvende tekst, die ongeveer anderhalve pagina beslaat, worden er de volgende woorden aan gewijd: 'Negerbediende rechts, iets naar links weergegeven kijkt omhoog naar zijn meester. In zijn hand houdt hij een stuk wapenuitrusting.'

Een andere bron, die niet is bevestigd door het Fries Museum, beweert dat in het museum ooit een schilderij heeft gehangen getiteld *De stal van*

Beslingastate te Friens met Eysel de Wendt van Sytzama (1836). Op het schilderij zou meester Eysel de Wendt, baron van Sytzama met een zwarte bediende staan. Het schilderij verbeeldt een stal te Friens, een Fries dorp gelegen even bezuiden Leeuwarden. De hoofdfiguur op het schilderij en de schilder zijn beiden Fries. Naar de identiteit van deze bediende is vergeefs onderzoek gedaan. M.J. van Heemstra, die onderzoek deed naar deze fascinerende figuur, beschreef het schilderij als volgt:

De prachtige goudvos met de lichte manen kijkt enigszins hooghartig neer op zijn neger-verzorger, in de livrei der Sytzama's – Jammer, dat er in de familie niets meer bekend is over deze zoon van het tropenrijk, die daar in de ijskoude stormwinden op 't Frienzer land wel eens zal hebben lopen bibberen![45]

Een vlugge blik op de collectie van het Keramiekmuseum, ten slotte, leverde niet meer op dan tegeltjes uit de zeventiende eeuw met daarop apen en dromedarissen. Afbeeldingen die de nieuwsgierigheid prikkelen: waar haalden de schilders die inspiratie vandaan? In ieder geval blijkt ook Leeuwarden meer relatie te hebben met het Nederlands verleden overzee, inclusief de slavernij, dan verwacht.

Cruciale collecties buiten de selectie

Hoewel hier geen uitputtende opsomming van vindplaatsen van slavernijerfgoed wordt gepresenteerd, dienen buiten de geselecteerde vindplaatsen toch nog enkele andere belangrijke collecties te worden genoemd. Het gaat hierbij om erfgoedinstellingen met een meer dan lokaal belang voor het slavernijverleden. Wat de musea betreft kunnen we wat dat betreft kort zijn. De belangrijkste komen in de selectie voor. Dat neemt niet weg dat ook bij het Rijksmuseum voor Volkenkunde in Leiden en bij het Wereldmuseum in Rotterdam allerlei verwijzingen gevonden kunnen worden naar het slavernijverleden. Zo levert het trefwoord 'slavernij' in de online catalogus van eerstgenoemd museum enkele tientallen objecten op uit Suriname en West-Afrika die gerelateerd zijn aan het slavernijverleden, waaronder nogal wat boeien en zwepen. Opnieuw toont de online zoektocht echter dat altijd doorgezocht moet worden, want toevallig weten wij dat dit museum ook de oudste in de Amerika's gemaakte banjo herbergt, vervaardigd door een Afro-Surinamer tijdens de slavernij (zie fig. M middenkatern).[46] Deze zogenaamde kalebasbanjo werd rond 1770 verworven door de schrijver-militair John Gabriël Stedman,

[45] 'Een negerbediende in Friens. "Beslinga-state, een klein en sierlijk buitenhuis – ook al verdwenen ...".' Vermoedelijk is dit stuk, waarop naam noch jaar zijn vermeld, een krantenartikel.
[46] Rijksmuseum voor Volkenkunde, nr. 360-5696. Zie ook S. Price en R. Price 2000:270-1 en www.rmv.nl.

die met zijn boek en bijbehorende illustraties over de Surinaamse slavernij een icoon is geworden van de gehele Caraïbische slavernijgeschiedenis. Dat laatste kwam uitgebreid aan bod in een spraakmakende tentoonstelling die het Wereldmuseum in Rotterdam in 2004 presenteerde: De erfenis van de slavernij.[47] Deze tentoonstelling reisde later door naar Curaçao en Suriname; de tentoonstellingsfilm is nog steeds verkrijgbaar.[48]

Waarschijnlijk het meeste aan slavernij gerelateerde erfgoed in Nederland wordt bewaard in het Nationaal Archief. Deze instelling herbergt meerdere strekkende kilometers archiefplank met documenten die betrekking hebben op de slavernij. Weliswaar is het archief van de grootste slavenhaler, de West-Indische Compagnie, relatief klein omdat het grotendeels werd vernietigd in de negentiende eeuw, maar daarnaast is er een enorme hoeveelheid bestuursarchieven van de Westafrikaanse bezittingen, Suriname en de Nederlandse Antillen en Aruba uit de slaventijd. Ook liggen er honderden plantage-inventarissen (inclusief slavenlijsten) opgeslagen evenals, om enkele voorbeelden te noemen, gerechtelijke archieven met verhoren van opstandelingen, correspondenties en emancipatieregisters van 1863. Inmiddels zijn er al vele studies verschenen die onder meer op deze bronnen zijn gebaseerd.[49]

Geen van deze bronnen is door slaven zelf geproduceerd: slaven mochten niet leren lezen, laat staan schrijven. Al deze bronnen zijn dus van de hand van witte mannen en gemaakt met het oog op hun belangen en interesses, niet om iets te onthullen over het leven van slaven of Marrons. Toch kunnen er, wanneer men tussen de regels door leest en brokstukjes informatie verspreid over vele documenten en archieven met elkaar verbindt, uiteindelijk wel beelden van het slavenleven worden gereconstrueerd. Alleen vereist dit veel tijd, veel creativiteit en veel kennis.

Het Nationaal Archief is zich overigens al enige tijd bewust van zijn cruciale functie als bewaarplaats van slavernij-gerelateerd erfgoed. Om het publiek ten dienste te zijn heeft het daarom een aantal databases en gedigitaliseerde archieven met betrekking tot de slavernij via de website toegankelijk

[47] Zie www.wereldmuseum.nl.
[48] Voorbeelden van andere musea waar op z'n minst indirecte verwijzingen naar het slavernijverleden zijn te vinden zijn onder meer het Westfries Museum in Hoorn en het Afrika Museum in Berg en Dal.
[49] Zie bijvoorbeeld Goslinga 1971, 1985 en 1990, Oostindie 1989, Postma 1990 en 2003, Heilbron 1992, Van Stipriaan 1993, Beeldsnijder 1994, Emmer 1974, 1998 en 2000, Den Heijer 1997, Hoogbergen 1996, Ten Hove, Helstone en Hoogbergen 2003, Enthoven en Postma 2003, Lamur 2004, Lamur en Helstone 2002, Paula 1993 en Jordaan 1999. In Utrecht wordt zelfs een serie uitgegeven, Bronnen voor de Studie van Suriname, die vooral bestaat uit (bewerkte) bronnenuitgaven van materiaal uit het Nationaal Archief over het Surinaamse slavernijverleden. De serie is een uitgave van het Instituut Culturele Antropologie Universiteit Utrecht en het Instituut ter Bevordering van de Surinamistiek, die samen met het KITLV ook uitgever is van OSO; Tijdschrift voor Surinamistiek.

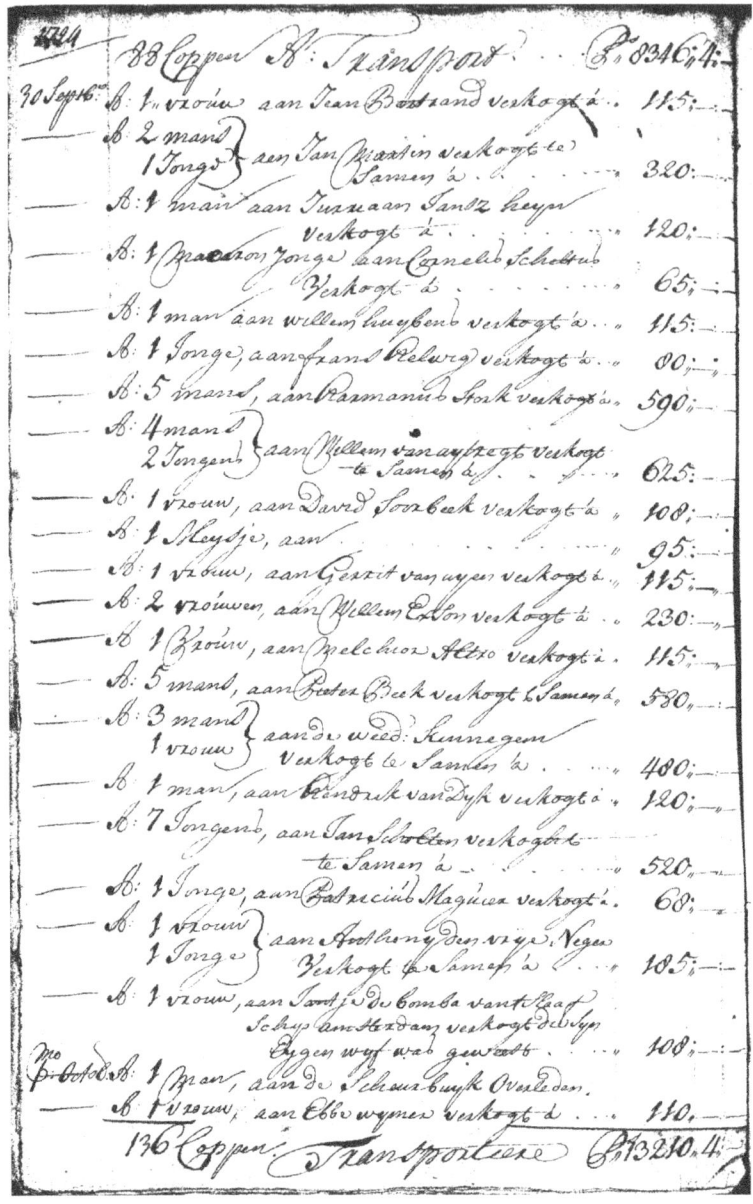

Fig. 27. Niet alleen slavenhalers kochten slaven. Onderaan deze WIC-verkooplijst blijkt bijvoorbeeld dat 'Anthony [de vrije] Neger' een vrouw en een jongen koopt en 'Jantje de Bomba van 't slaaf schip Amsterdam' 'sijn eijgen wijf'. Meestal ging het daarbij om het vrijkopen van geliefden of verwanten. (Nationaal Archief, West Indische Compagnie, nr. 1.05.01.02., 578.)

gemaakt, waaronder de Surinaamse manumissie- en emancipatieregisters van 1832-1863 en de Curaçaose slavenvrijbrieven van 1722-1863.[50] Archiefstukken zelf inzien kan alleen ter plaatse gebeuren, in de ruime studiezaal. Dan nog zijn dit vaak niet de originele stukken uit de slaventijd, maar kopieën op microfiche. Er zijn namelijk nogal wat archiefstukken met betrekking tot de slavernij die zo oud en kwetsbaar zijn – en nog niet verfilmd – dat zij niet mogen worden ingezien.

Wie een diepgaand inzicht wil krijgen in het functioneren van het slavernijsysteem, met name de 'witte' kant daarvan, kan terecht bij het Gemeentearchief Rotterdam.[51] Deze erfgoedinstelling herbergt onder andere de bedrijfsadministratie van twee aan elkaar gelieerde firma's die een groot aantal met elkaar samenhangende facetten van het systeem laten zien. Het gaat hier om het archief van de firma Coopstad & Rochussen die in de achttiende eeuw enige tientallen slaventransporten van West-Afrika naar het Caraïbisch gebied heeft georganiseerd. Een deel van de scheepsjournalen, vrachtbrieven en correspondentie daarvan is hier bewaard gebleven. Daarnaast bevindt zich hier ook het archief van het handelshuis Hudig, dat zaken deed met een diverse plantages in Suriname, waarvan het, door verschulding, uiteindelijk ook eigenaar werd. Hierin zijn uitgebreide briefwisselingen te vinden over het reilen en zeilen van deze plantages, inclusief de slaven. Door het combineren van een groot aantal gegevens uit de tamelijk dorre plantageadministraties valt toch een deel van het slavenleven op een plantage te reconstrueren. In verschillende studies is dat inmiddels ook al gebeurd (Oostindie 1989, Van Stipriaan 1993, Verheij 2006). Hierdoor ontstaat een beeld van de arbeidsomstandigheden, de fysieke condities, het gezinsleven en tot op zekere hoogte zelfs de immateriële cultuur van de tot slaaf gemaakte Afrikanen in Suriname.

Die immateriële cultuur is in nog grotere mate te vinden in missionaire archieven. In Suriname waren de Moravische Broeders, nu de Evangelische Broeder Gemeente (EBG) al sinds de achttiende eeuw actief onder de zwarte bevolking. Later kwamen daar de Fraters van Tilburg bij, die eveneens zeer actief waren op Curaçao. Vele van deze missionarissen hielden dagboeken, verslagen en doopregisters bij die inzicht verschaffen in het geloofsleven van de gemeenschappen die zij kerstenden. Dit heeft, zeker in het geval van de Moravische Broeders, uniek bronnenmateriaal opgeleverd waarin het leven van individuele slaven en Marrons tot op microniveau naar voren komt. Deze EBG-archieven liggen verspreid over Paramaribo, het Utrechts Archief[52] (het Zendingsgenootschap van dit kerkgenootschap is in Zeist gehuisvest) en in hun internationaal centrum in Herrnhut, Duitsland, in het Archiv der Brüder-

---

[50] Zie www.nationaalarchief.nl, zoekwoord: slavernij. Zie ook Ten Hove en Dragtenstein 1997, Ten Hove, Helstone en Hoogbergen 2003 en Van der Lee 1998.
[51] Zie: www.gemeentearchief.rotterdam.nl.
[52] Zie www.hetutrechtsarchief.nl.

Unität. In deze archieven is nog heel weinig onderzoek gedaan, mede vanwege de onleesbaarheid van de stukken: de – veelal Duitse – missionarissen stelden 's avonds bij kaarslicht in Gotisch Duits hun gedachten op schrift. Voorbeelden van studies die op materiaal uit deze archieven zijn gebaseerd en die tonen hoe veelbelovend deze zijn in relatie tot de wereld van slaven en Marrons, zijn Lamur 1985, Lenders 1996, Klinkers 1997 en Everaert 1999. Overigens beschikt de Brüder-Unität ook over materieel erfgoed uit de slaventijd (zie fig. 25).

Fig. 28a en b. Kalebas met watergodin *Watra Mama* gemaakt door anonieme slaaf, circa 1835 (collectie Völkerkundemuseum Herrnhut, nr. 66395)

Daarnaast moeten ook de Fraters van Tilburg over interessante archivalia beschikken van hun missionaire activiteiten in Suriname en de Antillen. Die zijn echter tijdelijk niet te raadplegen vanwege de verhuizing van alle katholieke missiearchieven in Nederland naar het klooster Sint Aegten in St. Agatha (nabij Cuijk). Daar maken ze deel uit van wat sinds juni 2006 het Erfgoedcentrum Nederlands Kloosterleven heet.

In de meeste grote bibliotheken in Nederland kan wel enige literatuur – fictie én non-fictie – met betrekking tot de slavernij worden gevonden. Een exemplaar van Albert Helmans' *De stille plantage* (1931), waarvan in 1997 de 22e druk verscheen, kan bijna overal worden aangetroffen en vrijwel alle universiteitsbibliotheken beschikken over Van Hoëvells beroemde antislavernijboek *Slaven en vrijen onder de Nederlandsche wet* (1854). Toch moeten twee bibliotheken die niet in de selectie voorkwamen maar voor het slavernijerfgoed van bovengemiddeld belang zijn, nog apart genoemd worden. Niet geheel verbazingwekkend is een daarvan de Koninklijke Bibliotheek (KB) in Den Haag en, wellicht iets onverwachter, de Openbare Bibliotheek Den Haag. De KB vervult voor boeken en andere geschriften een vergelijkbare rol als het Nationaal Archief doet voor documenten en andere archivalia. Soms is de grens tussen wat de een en wat de ander in huis heeft, zelfs niet helemaal duidelijk. Hun gebouwen grenzen ook aan elkaar. De KB heeft een rijke collectie geschriften over de slavernij, vaak van – witte – auteurs die daarover uit de eerste hand konden vertellen. Werken van reizigers, kolonisten en bestuurders maar ook plantershandboeken en correspondenties kunnen er worden aangetroffen. Ook zijn er duizenden plakkaten en ordonnanties te vinden, waaronder een heel aantal dat betrekking heeft op de reglementering van de slavernij. Alleen al door op de website van de KB te zoeken via de trefwoorden 'slavernij' en 'slavenhandel' komen vele honderden publicaties boven tafel (zie www.kb.nl). Deze hebben natuurlijk lang niet allemaal betrekking op het Nederlandse slavernijverleden. Daarom is, om het nog toegankelijker te maken voor de gebruiker, een van de speciale thematische dossiers op deze website gewijd aan de (afschaffing van de) slavernij. Een mooie geste naar het publiek, met als enige aantekening dat de selectie wel heel erg willekeurig is samengesteld.

De KB heeft in de loop der tijd vele particuliere collecties in huis gekregen. Een daarvan is die van J.H.J. Hamelberg, die eind negentiende eeuw vele jaren werkzaam was op Curaçao en Sint Eustatius. Deze onderwijzer en koloniaal ambtenaar verzamelde alle mogelijke geschriften over de Antilliaanse geschiedenis, waaronder logischerwijs ook de slavernij, en publiceerde daar ook zelf over.[53] Een belangrijk deel van de door hem verzamelde documenten zijn in de KB op microfiche raadpleegbaar.

De bijzondere functie van de Openbare Bibliotheek[54] in Den Haag met betrekking tot het slavernijverleden is ook begonnen met zo'n particuliere schenking. Deze bibliotheek heeft, na die van het KITLV, waarschijnlijk de grootste collectie literatuur over de Nederlandse Antillen en Aruba, met daarin ongetwijfeld vele sporen die wijzen naar het slavernijverleden, waaronder vele Nanzi-verhalen.[55] De basis van deze vele duizenden titels tellende verzameling Antilliana vormt de collectie van de Sticusa, een inmiddels opgeheven stichting die onder meer de culturele samenwerking tussen Nederland, Suriname en de Nederlandse Antillen moest bevorderen (Stolp 1998). In de bibliotheek is een aparte ruimte voor de Antilliaanse collectie ingericht, waar de boeken altijd mogen worden ingezien; ze worden echter niet uitgeleend.

Ten slotte de bibliotheek van het Koninklijk Instituut voor Taal-, Land- en Volkenkunde (KITLV) te Leiden (zie www.kitlv.nl). Dit kenniscentrum met betrekking tot de geschiedenis en culturen van Zuidoost-Azië en het Caraïbisch

---

[53] Zie Hamelberg 1979. Hamelbergs streven was historisch materiaal over het stukje Nederland overzee inzichtelijk te maken. Daarom schonk zijn weduwe zijn boeken, handschriften (monografieën) en brochures over de Nederlandse Antillen aan de KB. Zie ook De Boer 1998.
[54] Zie www.dobdenhaag.nl, aldaar 'collectie Antilliana'.
[55] Zie ook hoofdstuk IV. Nanzi, een spin, is de hoofdfiguur in vele zogenaamde trickster-verhalen die tijdens de slavernij zijn ontstaan, maar hun basis hebben in West-Afrika. De oudste publicatie met Nanzi-verhalen in de Openbare Bibliotheek dateert van 1899 (*Cuenta di Nansi* 1899). Zie ook Van Cappelle 1927.

gebied dateert al van 1851. Het herbergt, naast een grote bibliotheekcollectie, een imposante historische beeldcollectie en een bijzondere orale collectie. Daarnaast is er een afdeling voor wetenschappelijk onderzoek en een eigen uitgeverij, die behalve een jaarlijkse stroom wetenschappelijke boeken ook enkele vaktijdschriften uitgeeft, waaronder *Oso; Tijdschrift voor Surinamistiek* en de *New West Indian Guide*. Laatstgenoemde is zelfs internationaal het oudste wetenschappelijk tijdschrift over het Caraïbisch gebied. Voor wat betreft Suriname en de Nederlandse Antillen en Aruba is dit waarschijnlijk de belangrijkste bibliotheek ter wereld. Dat betekent dat ook de literatuur over het Nederlands slavernijverleden in 'de West' hier overvloedig aanwezig is, waaronder een groot aantal geschriften daterend uit de tijd van de slavernij. Wie dus onderzoek wil doen naar het slavernijverleden kan moeilijk om deze bibliotheek heen. Duizenden boeken en artikelen, vele historische kaarten, een groot aantal historische prenten, tekeningen en foto's verwijzen direct of indirect naar het Nederlands slavernijverleden. Alleen al het trefwoord 'slavernij' geeft in de online catalogus, die via de website geraadpleegd kan worden, enige duizenden treffers, merendeels overigens met betrekking tot andere landen dan Suriname, de Nederlandse Antillen en Aruba. Ook al vóór de digitalisering maakte deze bibliotheek er werk van de toegankelijkheid van de collectie zo groot mogelijk te maken, door de uitgave van een aantal bibliografische naslagwerken aangaande het Caraïbisch gebied. Slavernij en verwante onderwerpen behoorden daarin tot de vaste rubrieken.[56]

Het KITLV is ook een van de initiatiefnemers geweest van een belangrijk erfgoedproject onder de noemer The Atlantic World and the Dutch (AWAD). Dit project, dat grotendeels gefinancierd wordt door het internationaal cultuurfonds HGIS van de ministeries van Buitenlandse Zaken en Onderwijs, Cultuur en Wetenschappen,[57] is bij het KITLV ondergebracht.[58] Dit project is gericht op het in kaart brengen en helpen toegankelijk maken van alle cultureel erfgoed dat ooit is ontstaan als gevolg van de Nederlandse aanwezigheid in het Atlantisch gebied, met name Ghana, Brazilië, Suriname, Guyana, de Nederlandse Antillen, Aruba en de VS, in het bijzonder Nieuw Amsterdam/New York. Met dat doel is een website ontwikkeld (http://awad.kitlv.nl/) waarop alle relevante databestanden met betrekking tot gedeeld erfgoed in de voornoemde landen te vinden is, met name van archieven. Voor zover digitaal ontsloten zijn deze ook

---

[56] Nagelkerke 1971, 1972, 1974, 1980, 1982; Rolfes 1989, 1992, 1997; Derkx 1996; Derkx en Rolfes 1990; *Caribbean Abstracts* 1991-2002.
[57] Gedurende de eerste fase was ook de wetenschapsorganisatie NWO een belangrijke financier.
[58] Deelnemende organisaties in AWAD zijn – naast het KITLV – het Nationaal Archief, het Gemeentearchief Amsterdam, de Koninklijke Bibliotheek, het NiNsee, de Universiteit Leiden, de Erasmus Universiteit Rotterdam en het KIT Tropenmuseum.

Fig. 29. Arbeid in de Antilliaanse zoutpannen veranderde na de slavernij nauwelijks (Foto circa 1910, collectie Koninklijk Instituut voor Taal-, Land- en Volkenkunde, nr. 5314)

via deze website toegankelijk en elkaar gekoppeld. Dat betekent dat op eenvoudige wijze informatie uit alle betrokken landen getoond kan worden. Ook kan er gezocht worden naar experts op bepaalde gebieden, naar organisaties en erfgoedprojecten. In de loop der jaren moet deze website vanuit alle betrokken landen steeds meer gevuld gaan worden. Daarnaast is AWAD gaan inventariseren welke organisaties in de betrokken landen actief met het erfgoedbeheer bezig zijn en waar hun behoeften liggen. Gezamenlijk wordt bekeken tot welke nieuwe projecten dit kan leiden. Onnodig te zeggen dat een belangrijk deel van deze projecten op enigerlei wijze gerelateerd zijn aan het slavernijverleden.

Een tussenbalans

Op het eerste gezicht lijkt de collectie materieel erfgoed van het Nederlandse slavernijverleden in de onderzochte bibliotheken in Amsterdam aanzienlijk. Naast boeken en artikelen zijn er handschriften, prenten en foto's. De kleinere bibliotheken bezitten slechts enkele stukken, merendeels ook elders aanwezig. Dat De Nederlandsche Bank een kleine slavernijcollectie heeft, geeft aan dat het thema ook kan worden aangetroffen waar men het op het eerste gezicht niet verwacht. Opmerkelijk is dat de werken niet hoofdzakelijk het Nederlands slavernijverleden betreffen. Zo verwijst de collectie van het Genootschap der Vrienden (Quakers) voornamelijk naar slavernij in de Verenigde Staten. Gezien de historische achtergrond van deze bibliotheek, die ook verband houdt met het abolitionisme in Nederland, kun je je afvragen wat de reden is achter die sterke gerichtheid op de VS.

Thuis zoeken via internet biedt over het algemeen een goed uitgangspunt. Alleen de kleinere bibliotheken vereisen op dit punt wat meer inspanning: je moet bellen, een brief schrijven of persoonlijk langsgaan. Heeft het thema de persoonlijke belangstelling van de bibliothecaris, dan vergemakkelijkt dat de toegang. Om Antilliana te achterhalen, is vaak iets meer inspanning nodig. Regelmatig moet namelijk niet alleen worden gezocht op 'Nederlandse Antillen', maar ook op de afzonderlijke namen van de vijf eilanden die daarvan deel uitmaken. Ook naar Aruba moet apart worden gezocht. Uit het totale aantal treffers dat zo wordt verkregen, moeten dubbele titels verwijderd worden. Zo wordt niet makkelijk duidelijk hoe groot het exacte aantal titels van een Antillencollectie is. Bovendien tellen gespecialiseerde (afdelingen van) instellingen, zoals de Openbare Bibliotheek in Den Haag en het KITLV te Leiden, aanzienlijk meer relevante Antilliana dan uit de onlinecatalogi blijkt. Hun collecties zijn vooral ontsloten via bibliografieën.

Het aangetroffen erfgoed van het slavernijverleden is voornamelijk geproduceerd door Europeanen, waardoor het van de geschiedenis van de slavernij een eenzijdig beeld geeft. Ook literatuur van en over abolitionisten is vanuit een eurocentrisch gezichtspunt geschreven: ook voor voorvechters van de afschaffing golden Afrikanen als onbeschaafd en primitief. Zelfs in de hedendaagse literatuur wordt een zwart perspectief, als tegenwicht voor het van oudsher dominerende perspectief, nog zelden aangetroffen. Zeker voor wat betreft het Nederlands slavernijverleden zijn er nog steeds (te) weinig zwarte auteurs en onderzoekers.

In archieven is weer ander cultureel erfgoed te vinden: van notariële documenten (zoals financiële administraties, getuigenissen, boedelbeschrijvingen en contracten van slavenhalers) tot doopboeken (waarin onder andere namen van vrije zwarten) en persoonlijke brieven en verslagen over het dagelijkse reilen en zeilen op plantages. Formeel gezien zijn al deze collecties breed toegankelijk. Voor sommige collecties, zoals die van particulieren, is schriftelijke toestemming voor inzage vereist. De belangrijkste voorwaarde voor de toegankelijkheid van archieven is dat de bezoeker al weet wat hij zoekt, bijvoorbeeld de naam van een specifieke persoon, bedrijf of plantage. Sommige archiefmedewerkers hebben een bijzondere belangstelling voor slavernij, die de toegankelijkheid tot de collecties vergroot. Voor alle archiefonderzoek geldt dat men er de tijd voor moet nemen.

Wel is het opleidingsniveau van de onderzoeker van invloed op de toegankelijkheid. Voorkennis is vereist, evenals routine in het lezen van oude handschriften en inzicht in de 'logica' die ieder archief heeft. Daarom juichen we de initiatieven toe om gegevens over slaven op websites te plaatsen: dit verlaagt de drempel voor hen die anders niet op het idee zouden komen hun persoonlijke slavernijverleden te onderzoeken. De beste zoekresultaten zijn ook in dit geval te bereiken met enige voorkennis, bijvoorbeeld van de naam van tenminste één grootouder.

Met uitzondering van het Réveil-Archief zijn de collecties echter nog maar mondjesmaat digitaal ontsloten, waardoor we over de logica en efficiëntie van ingangen en trefwoorden geen uitspraken kunnen doen. Wel achten we het raadzaam dat conservatoren zich bij het toekennen hiervan rekenschap geven van het risico van eenzijdigheid. Zo zouden zwarte nazaten andere trefwoorden 'logisch' kunnen vinden dan de huidige 'witte' aanduidingen. Zwarte nazaten spreken bijvoorbeeld voornamelijk over de 'emancipatie', eventueel de 'afschaffing', maar zullen niet gauw kijken onder 'abolitie' of 'abolitionisme', want dat is niet hún verhaal. Daarnaast is het in veel catalogi nog steeds volstrekt gebruikelijk om trefwoorden als 'negers' te gebruiken. Ook daar dient kritisch naar te worden gekeken. Het gebruik van termen is sterk gekoppeld aan de heersende (tijdelijke) denkbeelden. Het lijkt daarom raadzaam een systeem te bedenken waarin door bezoekers gebruikte zoektermen worden bijgehouden, en periodiek de meest gebruikte daarvan in te voeren en te koppelen aan de bestaande trefwoorden.

Veel documenten lenen zich voor onderzoek naar de economische aspecten van de slavernij, wat intussen ook veel is gedaan. Maar ook op dat gebied ligt er nog onderzoeksterrein braak. Er bestaan bijvoorbeeld reeds (economische) studies naar de vele relaties tussen Amsterdamse handelshuizen en banken. Bedrijven handelden in die mate samen dat een goed beeld van een bedrijf mede gevormd wordt door onderzoek te doen in archieven van andere bedrijven die bij slavenhandel betrokken waren. Joost Jonker deed reeds onderzoek naar Amsterdamse firma's, maar ook het werk van Jos van Hezewijk (1986, 1988) raakt het thema van de relaties tussen bedrijven (via familierelaties, fusies en overnames). Het onderwerp slavenhandel en slavernij wordt echter door deze onderzoekers niet uitgediept, terwijl een groot aantal van deze bedrijven er op uiteenlopende wijze mee te maken had.[59] De betrokkenheid was direct of indirect, bijvoorbeeld als geldschieter voor plantage-eigenaren. Ons lijkt het interessant om met deze studies als vertrekpunt de rol van deze bedrijven in de slavenhandel uit te diepen.

Een mooie exercitie is ook om slechts het archief van één handelshuis te bestuderen in combinatie met dat van de bank waarmee dat handelshuis zaken deed. Zo kunnen vanuit een microperspectief bijvoorbeeld nieuwe inzichten worden verkregen in het reilen en zeilen van Amsterdamse handelshuizen tijdens de slaventijd. Het Réveil-Archief biedt ook mooie aanknopingspunten. Er bestaat informatie van personen uit kringen van het Réveil en van de liberalen die pleiten voor afschaffing van de slavernij. Welke inzichten daar nog uit zijn te halen, is een kwestie van onderzoek.

De archieven van christelijke genootschappen zijn nog onvoldoende onderzocht. Deels komt dat doordat weinig personen de oude spelling kunnen ontcijferen. Maar juist deze bronnen kunnen ons meer vertellen over de sociaal-culturele aspecten van het slavenleven. Hier geldt echter wel weer het risico van vertekening: de verslagen over de dagelijkse gang van zaken rapporteren voornamelijk ongeregeldheden!

Op het eerste gezicht is het cultureel erfgoed van het Nederlandse slavernijverleden in de archieven vooral van formele aard, geproduceerd door witten voor financieel-economische of administratieve doeleinden. Toch kunnen wij uit getuigenissen en archiefmateriaal over ongeregeldheden tijdens de transatlantische overtocht meer leren over de slaaf als actor. Dat geldt eveneens voor doopboeken, reglementen van begraafplaatsen en de inventarissen van koopmanshuizen aan de Amsterdamse grachten. Uit onderzoek rond de begraafplaats Beth Haim in Ouderkerk aan de Amstel blijkt dat in de zeventiende eeuw zwarte lijfeigenen in Amsterdamse koophuizen hebben gewoond (Tillema 2002). Over het leven van deze zwarten is nog weinig bekend. Dit soort archiefmateriaal kan eventueel een bron van informatie zijn voor nazaten die onderzoek willen doen naar het verleden van hun familie.

[59] Jonker en Sluyterman (2000) noemen wel een aantal handelshuizen dat bij de slavenhandel was betrokken.

Maar voor dit soort studies moet de onderzoeker tussen de regels door lezen en vindingrijk zijn.

De door ons onderzochte musea hebben bijna allemaal, in meerdere of mindere mate, cultureel erfgoed van het Nederlandse slavernijverleden in hun collectie. Bij het ene museum verwijzen de stukken rechtstreeks naar het slavernijverleden, zoals de stukken in de slavernijvitrine van het Rijksmuseum. Bij andere instellingen is de verwijzing wat indirecter. De aanwezigheid van dit soort erfgoed in het Theatermuseum mag als verrassend worden beschouwd. In diverse musea vonden wij uiteenlopende items, variërend van schilderijen en slavenzwepen tot een schelpenkabinet en rantsoenlijsten voor slaven. Hoewel verschillende Amsterdamse musea een website hebben waarop een deel van hun collectie terug is te vinden, blijft het achterhalen van cultureel erfgoed van het Nederlandse slavernijverleden mensenwerk. Het toekennen van trefwoorden en omschrijvingen is een subjectieve aangelegenheid en niet altijd toegespitst op het vlot boven water halen van dit erfgoed.

Een goed voorbeeld van wat dat kan betekenen, biedt de ervaring van het Scheepvaartmuseum, dat volgens de onlinecatalogus slechts twee authentieke slavernij-items zou hebben[60] maar voor de tentoonstelling Slaven en Schepen wel 227 stukken uit de eigen collectie bleek te kunnen putten. Een freelance tentoonstellingsmaker vertelde ons dat hij bij het samenstellen van een tentoonstelling persoonlijk de depots van musea induikt om alle stukken een voor een te bekijken. Dat kost erg veel tijd, maar is de enige manier om met zekerheid vast te stellen of een object slavernijerfgoed is of niet. Voor ons korte onderzoek was doorvragen bij conservatoren de enige manier om een indruk te krijgen van cultureel erfgoed van het Nederlandse slavernijverleden in musea.

Levert de inventarisatie van de musea nu iets op dat (meer) duidelijkheid verschaft over wat we onder cultureel erfgoed van het Nederlandse slavernijverleden moeten verstaan? We vonden dit erfgoed op drie manieren terug: in tijdelijke, specifieke tentoonstellingen (zoals in het NSMA); in de vaste opstelling, aangeduid als slavernijerfgoed (zoals in de speciale vitrine van het Rijksmuseum); en in de vaste opstelling of de depots, niet ontsloten als slavernijerfgoed (vrijwel overal).

De eerste twee categorieën wijzen op vooruitgang. Dat het onderwerp slavernij actueel is, is aan de Amsterdamse museale wereld niet voorbijgegaan. Dat betekent niet dat alle musea zich geroepen voelen aandacht aan het onderwerp te besteden. De vertegenwoordigers van de musea die wat deden met het onderwerp, vertelden over de noodzaak de geschiedenis vanuit een ander perspectief te belichten om een nieuw publiek aan te trekken. De derde categorie is een echo vanuit het verleden waarin de connectie van de Nederlandse

[60] Wel zijn in de bibliotheek, ook online, veel hedendaagse boeken over het thema te vinden.

realiteit met het slavernijverleden simpelweg 'over het hoofd werd gezien'. De inventarisatie in Amsterdam levert hier treffende voorbeelden van op. Hoewel de economische band van de Amsterdamse gegoede kringen met de koloniën de musea veel Nederlands slavernijerfgoed heeft opgeleverd, is op verschillende items nooit het etiket 'slavernijerfgoed' geplakt. Voorbeelden daarvan zijn romantische taferelen van exotische landschappen en portretten van vooraanstaande heren en families met zwarte bedienden op de achtergrond.[61] Dit is erfgoed waar de museumbezoeker van geniet zonder dat hem gewezen wordt op de grotere sociale context van de afgebeelde verworvenheden.

Zowel in bibliotheken als archieven en musea zijn veel meer Surinamica dan Antilliana te vinden. Daar is een aantal mogelijke verklaringen voor. Om te beginnen de verschillende functies van de koloniën: Suriname was een plantage-economie, terwijl Curaçao eerder een doorvoerstation voor slaven was. Suriname produceerde dan ook levensmiddelen die in Nederland gebruikt werden, terwijl de Antillen meer gericht waren op handel met de Amerika's. Dit verschil is duidelijk te zien in fig. A en B van het middenkatern.

Een consequentie daarvan is dat Suriname zich van het begin af aan meer in een isolement heeft ontwikkeld en in feite alleen op Nederland georiënteerd is geweest, terwijl de eilanden meer gericht waren op de eigen regio. Omgekeerd is daardoor de belangstelling van Nederland ook altijd groter geweest voor Suriname dan voor de Antillen. Daar kan aan toegevoegd worden dat de directe economische belangen, zeker die van Amsterdam, meer in Suriname lagen dan op de Nederlandse Antillen. En ten slotte is Suriname ook een groter land, met meer inwoners.

Aan deze 'cijfermatige' verschillen kan nog een geografisch en cultureel verschil toegevoegd worden. Door langdurig isolement van de plantages en de Marrongemeenschappen is Suriname 'Afrikaanser' en daarmee in Nederlandse ogen 'exotischer' dan de Nederlandse Antillen. Marrongemeenschappen bestonden daar niet en de aangevoerde Afrikanen leefden minder afgesloten van invloeden van buiten. Dit verschil heeft als gevolg dat veel meer onderzoek is gedaan naar de Surinaamse slavernij en de Afro-Surinaamse cultuur.

Voor wat bibliotheken betreft levert ook het feit dat bijvoorbeeld de UBA slechts ongeveer de helft van de Antillen-collectie heeft ontsloten, een deel van de verklaring. Kijkend naar het aantal Antilliana van de grootste collecties (OB Den Haag en KITLV, ca 5.000) en de grootste collectie Surinamica (UBA, 9.000) hebben wij niet de indruk dat de verhouding onevenwichtig is, gezien de omvang van de gebieden. In musea echter is het verschil schrijnend. Hoe is het verschil tussen Antilliana en Surinamica in bijvoorbeeld het KIT te verklaren, zeker gezien het feit dat de Nederlandse Antillen, an-

---

[61] Neem het schilderij van Nicolaas Verkolje uit 1727 van de Hoornse regent Adriaan van Bredehof, afgebeeld in Daalder, Kieskamp en Tang 2001.

III Een inventarisatie in bibliotheken, archieven en musea 95

Fig. 30. Om en nabij Curaçaose plantages ontstonden dorpen zoals Santa Rosa, hier afgebeeld circa 1900 (Collectie Koninklijk Instituut voor Taal-, Land- en Volkenkunde, nr. 7614)

ders dan Suriname, nog steeds deel uitmaken van het koninkrijk? Boeien de Nederlandse Antillen en de slavernij daar Nederland minder omdat ze economisch gezien minder opleverden?

Zoeken naar het transatlantisch slavernijverleden in Leeuwarden was uitdagender dan in Amsterdam, maar doorzetten had resultaat. Voor de door ons in Leeuwarden bezochte instellingen (archief en bibliotheek van het Historisch Centrum, de beide musea) geldt dat slavernij geen thema is waarop verzameld wordt. Het Gemeentearchief was oprecht verbaasd zoveel materiaal te vinden dat verband hield met de transatlantische slavernij.

Toch gaat het archief het thema niet bewust uit de weg. Wetend dat Peter Stuyvesant een publiekstrekker is, besteedt men momenteel veel tijd aan een biografie van hem, gebaseerd op gegevens uit het archief. Eventuele onderzoeksresultaten die te maken hebben met Stuyvesants slavernijverleden zal het Historisch Centrum Leeuwarden daarbij zeker publiceren, bijvoorbeeld in de *Leeuwarder Courant* of het historische blad *Leeuwarden* (een eigen uitgave).

Voor het Fries Museum ligt dat anders. Het definieert cultureel erfgoed slavernijverleden als een beladen onderwerp dat afhankelijk van politieke mores soms gewild, maar meestal ongewild is. Daarom heeft het instituut er ook niet op verzameld. Diverse conservatoren zijn wel alert op multiculturaliteit. De samenleving verandert in Leeuwarden even snel als in de Randstad. De directie van het museum is daarom gespitst op het binnenhalen van nieuwe groepen. Het museum wil, evenals de musea die wij in Amsterdam onderzochten, de geschiedenis actualiseren, nieuwe standpunten aansnijden, niet langer slechts de heldendaden naar voren halen. En daarbij streeft het er niet naar aan te sluiten bij 'politiek correcte' standpunten; het is niet bang om voor racistisch uitgemaakt te worden.

Concluderend kunnen we stellen dat Leeuwarden in het verleden, vanwege zijn positie als regionaal centrum dat van goederen werd voorzien vanuit Amsterdam, weinig directe economische banden met de West onderhouden heeft. Die banden die er bestonden, waren van meer persoonlijke en particuliere aard. Dat heeft cultureel erfgoed opgeleverd dat direct en indirect gelieerd is aan het Nederlands slavernijverleden: Leeuwarders met betrekkingen in de West, nieuwe Leeuwarders, als slaaf geboren in de West, al dan niet gemanumitteerd op Friese bodem. Die stille erfenis, uit steen gehouwen of opgeschreven, is terug te vinden in boeken, in documenten, in kelders.

Zoals in elke natie die zich bezighield met slavenhandel en slavenarbeid, ontstond in Nederland, dus ook in Friesland, een beweging die opriep een einde te maken aan de gruwelijkheden. Ook die stemmen lieten erfgoed na, dat in de archieven wacht op ontsluiting.

Het cultureel erfgoed van het slavernijverleden is in al haar facetten in de meest uiteenlopende instituten en locaties in Nederland te vinden. Van bewijsstukken van economische belangen tot erfgoed uit abolitionistische kringen, en van collecties gevormd uit culturele belangstelling tot genealogische ontdekkingen en persoonlijke herinneringen. Van Amsterdam tot Leeuwarden is de Nederlandse samenleving tot in zijn diepste vezels verbonden met het slavernijverleden. Deze bevindingen maken de geringe aandacht die het transatlantische slavernijverleden tot voor kort in Nederland kreeg, des te opmerkelijker. De stilte heeft een diepgaander inzicht in het eigen verleden in de weg gestaan. Nieuw onderzoek zal dan ook zonder twijfel nieuw licht werpen op de geschiedenis van het Nederlands koninkrijk zoals we die tot nog toe kenden.

Zeeuws intermezzzo: Middelburg

Een wandeling door Middelburg leert veel over haar slavernijverleden. De Middelburgse Commercie Compagnie (MCC) voer immers vanuit Zeeland richting West-Afrika om daar menselijke handelswaar in te laden met als bestemming Suriname en Curaçao. Een mooi voorbeeld hiervan vormen twee panden aan het Oostkerkplein, te weten De Bogt van Guinee (nr. 13) en Demerary (nr. 5). Demerary was de naam van een Zeeuwse volksplanting in het noordoosten van Zuid-Amerika, gelegen in het huidige Guyana, waar een gedeelte van de uit Afrika aangevoerde slaven op de plantages te werk werden gesteld. Het Middelburgse gebouw dat hiernaar vernoemd is, was een

Fig. A. Job Basters achttiende-eeuwse schelpenkabinet met kauri's. Kauri's waren een gebruikelijk betaalmiddel in de slavenhandel (zie p. 93)
(Collectie Zeeuws Museum, nr. G 2132)

Fig. B en C. Kelkglazen: uit 1764 'Het Welvaaren Van De Plantagie Kleinslust' (links) uit Suriname (slavenarbeid als idyllisch tafereel) en uit ca. 1745 'Curaçaos Vaarder' (rechts), met op de voorgrond een welvarende koopman; de scheepslading blijft onbekend (Collectie Historisch Museum Arnhem, nrs. VS 155 en VS 7)

Fig. D. Slavenopzichter Theodore Bray (1818-1887) tekende een offerritueel bij een graf. (Collectie Tropenmuseum, nr. 3626-7)

Fig. D. Slavenopzichter Theodore Bray (1818-1887) tekende een offerritueel bij een graf.
(Collectie Tropenmuseum, nr. 3626-7)

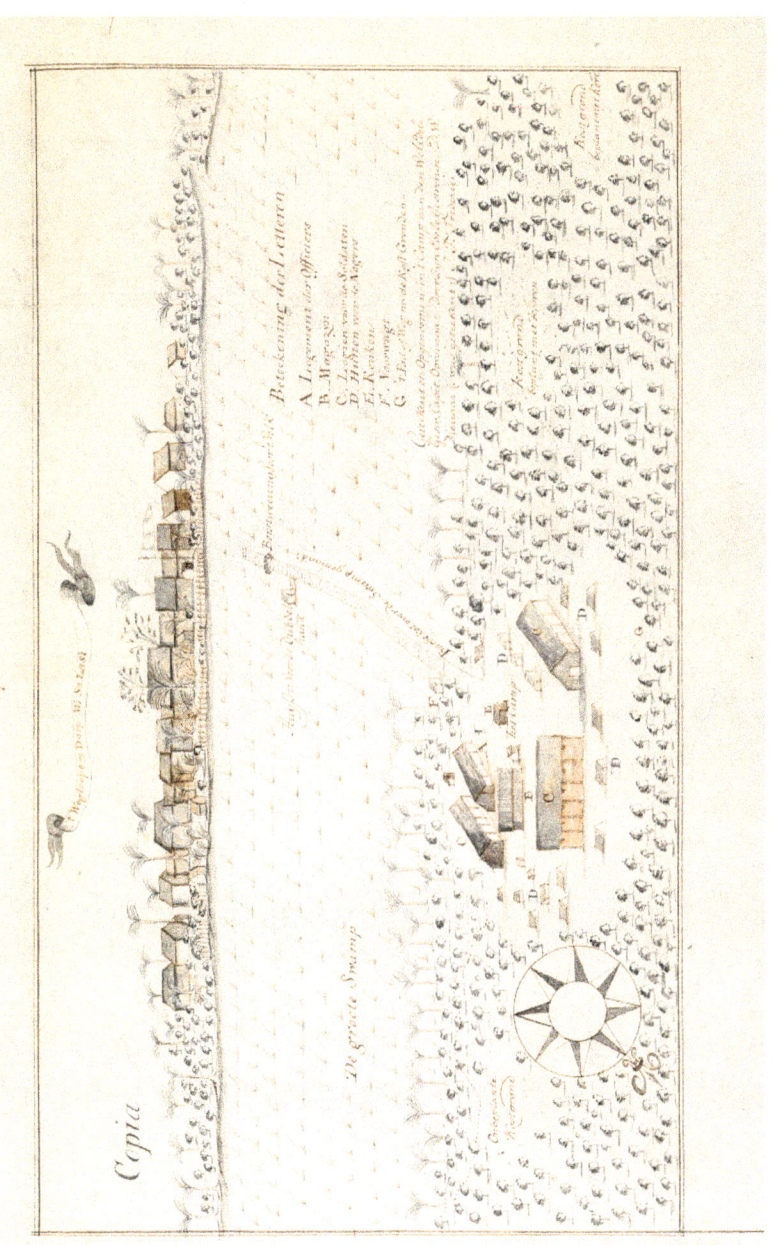

Fig. E. Gedetailleerde weergave van Marronkamp in 1772 (Collectie Nationaal Archief 4, vel 2128)

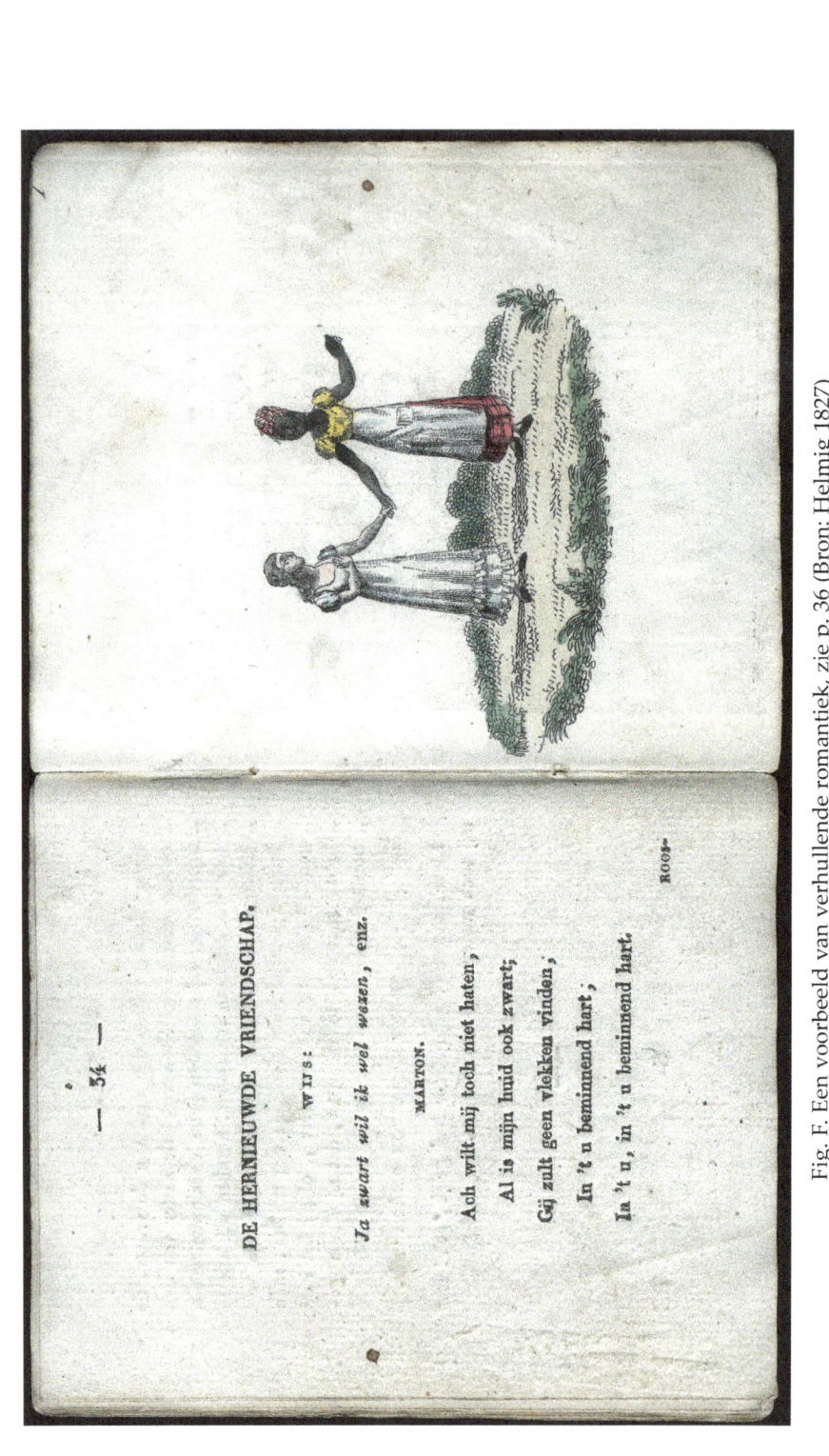

Fig. F. Een voorbeeld van verhullende romantiek, zie p. 36 (Bron: Helmig 1827)

DE HERNIEUWDE VRIENDSCHAP.

WIS:

Ja swart wil ik wel wezen, enz.

MARTON.

Ach wilt mij toch niet haten;
Al is mijn huid ook zwart;
Gij zult geen vlekken vinden,
In 't u beminnend hart;
In 't u, in 't u beminnend hart.

ROOS—

Fig. G. Klassieke presentatie van zwarte bediendes: verkleind postuur, kinderlijke uitstraling, onderdanig opkijkend (zie p. 76; schilderij van Adriaen Hanneman, ca. 1645-1650) (collectie Fries Museum te Leeuwarden (nr. S 7480), foto: Johan van der Veer)

Fig. H. Ondanks toenemende kritiek is de stereotiepe Zwarte Piet nog niet weg te denken uit het traditionele Sinterklaasfeest (Bron: Schenkman 1907, oorspronkelijk 1850)

Fig. I. Ras Elijah: *Muzik di zumbi* (zie p. 98) (privécollectie)

Fig. J. In Amsterdam-Zuidoost waakt Moeder Aarde oftewel Mama Aisa over alle bewoners (Foto: Elsbeth Tijssen, 2005)

Fig. K. Het omstreden monument van Anton de Kom, gemaakt door Jikke van Loon (2004), op het naar hem genoemde plein in Amsterdam Zuidoost. Zijn naaktheid riep bij sommigen woede op (zie p. 9).

Fig. L. Cultureel erfgoed gemaakt door slavenhanden, te zien in de vaste opstelling van het Tropenmuseum in Amsterdam (Collectie Tropenmuseum, nrs. A-6195A t/m D)

Fig. M. De oudst bekende banjo, door Afro-Surinaamse handen in de Amerika's in de achttiende eeuw gemaakt, meegenomen door Stedman en nu in het Rijksmuseum voor Volkenkunde te Leiden (nr. 360-5696)

Fig. N. Acteur Gustav Borreman verbeeldt de emotionele verwarring van de Afrikaanse, gekoloniseerde dominee Joannes J. Captein (uit de voorstelling *De kleur van Droes* van Theater Cosmic, 2004; foto: Lemke Bakker, Stichting Art United, Amsterdam)

Fig. O. De stilte wordt doorbroken ...

pakhuis van de WIC. Hier werden de aangevoerde plantageproducten, zoals suiker, opgeslagen in afwachting van in Middelburg te houden veilingen.

De Bogt van Guinee verwijst naar het gebied in Afrika vanwaar Zeeuwen grote aantallen tot slaaf gemaakte Afrikanen naar de Nieuwe Wereld transporteerden. Het verhaal rondom het huis De Bogt van Guinee geeft aan dat cultureel erfgoed en de herinnering aan het verleden in de beleving van mensen aan verandering onderhevig kunnen zijn. Volgens de Middelburgse overlevering lag er vanaf de zeventiende eeuw een halfrond smal straatje achter het Oostkerkplein, dat van het plein naar de bolwerken van de stad liep. Vanwege zijn gebogen vorm kreeg het, net als dergelijke straatjes in Goes en Groningen, de naam De Bogt van Guinee. Dat kwam natuurlijk doordat velen in deze steden bekend waren met het West-Afrikaanse gebied dat zo werd genoemd en met het soort handel dat daar gedreven werd. Kennelijk riep een halfrond of gebogen straatje een associatie op met de gebogen Afrikaanse westkust.

In Middelburg is het straatje in de loop der tijd in verval geraakt en rond 1848 opgeheven. Een groot gedeelte van de hierdoor vrijgekomen grond is toen aangekocht door de bewoner van het huidige pand Oostkerkplein 13. Omdat dit pand in een hoek van dit halfronde plein is gelegen en omdat het in Middelburg een wijdverbreide gewoonte is om huizen een naam te geven, is na het verdwijnen van het straatje de naam ervan overgegaan op het huis dat er vlak voor lag. Het bijzondere is dat hierdoor de associatie met de slavenhandel niet met een tamelijk onpersoonlijk straatje, maar met een huis en dus ook met de bewoners ervan gelegd werd.

In de jaren na 1848 vervaagde bij de inwoners de kennis over de Middelburgse slavenhandel, maar de associatie van slavenhandel met het huis De Bogt van Guinee bleef. Zo doen er tot op heden verhalen de ronde onder de Middelburgse jeugd over 'slaven die vroeger in boeien geketend in de kelders van dat huis werden opgesloten'. Dit is een mooi voorbeeld van de manier waarop het immateriële cultureel erfgoed van het Zeeuwse slavernijverleden in de loop der tijden weliswaar aan verandering onderhevig kan zijn, maar toch niet geheel uit het collectief geheugen verdwijnt.[62]

Zeeuws Museum

In de middeleeuwse abdij is het Zeeuws Museum gehuisvest. Gezien de Zeeuwse betrokkenheid bij de slavenhandel ligt het voor de hand dat in het Zeeuws Museum stukken te bezichtigen zijn die met het slavernijverleden te maken hebben, zoals schilderijen van schepen en portretten van kooplieden die met de slavenhandel te maken hadden. Maar er zijn ook stukken die pas bij nadere beschouwing in relatie gebracht kunnen worden met het slavernijverleden.

[62] Met dank aan R. Koops, directeur van het Zeeuws Archief.

III Een inventarisatie in bibliotheken, archieven en musea

Fig. 31a en b. De naam van dit pand herinnert aan de slavenhandelspraktijken waarvan Middelburg eens een centrum was (Foto: Leo Hollestelle, 2002)

Een prachtig voorbeeld van zulk erfgoed, en bovendien een van de pronkstukken van het museum, is het schelpenkabinet van Job Baster (zie fig. A middenkatern). Dit kabinet is in 1775 bij legaat vermaakt aan het Koninklijk Zeeuwsch Genootschap der Wetenschappen, dat haar museale collecties aan het Zeeuws Museum in beheer heeft gegeven. Het kabinet is bekleed met inheemse en tropische schelpen, waaronder veel kaurischelpen, oorspronkelijk afkomstig van de eilandengroep de Malediven, gelegen ten zuidwesten van het huidige Sri Lanka.

Het is bekend dat kaurischelpen al sinds de vierde eeuw vanuit Egypte via de karavaanwegen door de Sahara, waar ze langs de hele route de voornaamste geldsoort vormden, in West-Afrika werden ingevoerd. Vanaf die tijd betekende het bezit van kauri's in West-Afrika kapitaal, macht en aanzien. Het gebruik van kauri's als geld in West-Afrika was eerst voor de Portugezen en later in het bijzonder voor de Hollanders en Zeeuwen reden om deze schelpen per schip vanuit de Indische Oceaan aan te gaan voeren. Tussen 1650 en 1790 verscheepte de VOC grote hoeveelheden kaurischelpen van Ceylon naar Holland en Zeeland; voor de Kamer Amsterdam van de VOC alleen al een totaal van 15.188.459 pond, 6,7 miljard kauri's. Enerzijds werden deze schelpen

Fig. 32a en b. In pakhuis Demerary werden de producten voor de driehoekshandel opgeslagen (Foto: Leo Hollestelle, 2002)

als ballast ingenomen en anderzijds als handelswaar en ruilmiddel. Zij werden dan doorverkocht aan de WIC en andere handelaren, zoals de Middelburgse handelscompagnie. Met onder andere deze kaurischelpen werden in Guinee en Angola slaven aangekocht voor de plantages in Suriname en Curaçao.

Niet alle VOC-schepen die de kauri's aanvoerden, bereikten behouden de haven. Van zeker twee VOC-schepen van de Kamer Zeeland die in het zicht van de haven schipbreuk leden, is bekend dat ze een grote lading kauri's vervoerden. In 1697 leed de *Bantam* bij Vlissingen schipbreuk, en in 1738 gebeurde hetzelfde met de *Reigersbroek* op de Oosterrassen bij Westkapelle. Mogelijk vervoerde de *Woestduin*, die in 1779 bij de Noorderrassen in de Scheldemonding verging, ook kauri's. Zo zijn aanzienlijke hoeveelheden kauri's op de zeebodem terecht gekomen.

Tot op heden is in Zeeland een gezelschapsspel bekend waarbij kaurischelpen, die in de volksmond 'keutjes' heten, als fiches worden gebruikt. Wie een wandeling maakt langs de Zeeuwse stranden bij Westkapelle en de Zuidsloe zal nog steeds deze tropische kaurischelpen vinden. Ook de kaurischelpen waarmee Job Baster zijn kabinet versierde en andere die nu nog gebruikt worden bij het spelen van het Zeeuwse 'keutjesspel', zijn naar Zeeland aangevoerd als geld om in West-Indië slaven te kopen en kunnen dus worden aangemerkt als erfgoed van het Zeeuwse slavernijverleden.[63]

Zeeuws Archief

Wie meer wil weten over het reilen en zeilen van de MCC in de slaventijd, stapt binnen bij het Zeeuws Archief. Ook deze instelling is in het historische hart van Middelburg gevestigd, in het monumentale, achttiende-eeuwse stadspaleisje dat bekend staat als Van de Perrehuis, aan het Hofplein. Het Zeeuws Archief is ontstaan uit een fusie van het Rijksarchief Zeeland en de gemeentearchieven van Middelburg en Veere. Daar zijn een paar duizend documenten die deel uitmaken van collecties over de koloniën en overzeese gebiedsdelen.

Daartussen bevinden zich ook collecties van families waarvan leden als bestuurder, handelaar of plantage-eigenaar met de slavernij te maken hebben gehad (bijvoorbeeld het archief van de familie Schorer of het archief Mathias-Pous-Tak van Poortvliet). Belangrijker is echter het archief van de Staten van Zeeland, waarin vooral de correspondentie met gouverneur Heinsius veel materiaal oplevert over het allereerste begin van Suriname als slavenkolonie. Het betreft de periode van de oorlogen tegen de Inheemsen en de vestiging van de eerste Marrongroepen (Dragtenstein 2002).

---

[63] Met dank aan R. Koops, directeur van het Zeeuws Archief, en F. van Nieuwlande te Nieuw- en Sint Joosland. Zie ook Buijse 1993.

Veruit de belangrijkste collectie in dit kader is echter die van de Middelburgse Commercie Compagnie (MCC), in de achttiende eeuw de grootste Nederlandse slavenhaler. Dit archief beslaat ongeveer 140 meter en bevat een grote rijkdom aan bronnen met betrekking tot de slavenhandel op West-Afrika en de overtocht naar het Caraïbisch gebied. Hierin bevinden zich scheepsjournalen, ladinglijsten, correspondenties, administraties, kortom alles wat met betrekking tot de slavenhandel op papier is gezet. Tot op heden zijn deze gegevens vooral gebruikt voor de beschrijving van de financieel-economische geschiedenis van de slavenhandel, en dan alleen de Nederlandse kant daarvan (Unger 1961; Reinders Folmer-van Prooijen 2000).

Dat er ook andere aspecten van de slavenhandel beschreven kunnen worden op basis van dit archief, met meer aandacht voor de slaven, toonde Laurens Priester (1986, 1989). Met behulp van dit archiefmateriaal is het goed mogelijk de slavenhandel meer vanuit een Afrikaans perspectief te belichten, door na te gaan hoe het leven aan boord tijdens de transatlantische oversteek was of wat de consequenties van de slavenhandel voor de betrokken West-Afrikaanse samenlevingen waren. Professionele expertise, geduld en creativiteit zijn hiervoor echter wel een vereiste, want de informatie dient bijeen gesprokkeld te worden. Zoals bij alle archiefcollecties het geval is, is ook deze oorspronkelijk niet opgezet om de vragen van latere historici te beantwoorden.

Een mooi voorbeeld van het soort informatie dat slavenhalers soms hebben achtergelaten en tevens een illustratie van het feit dat erfgoed niet alleen op de voor de hand liggende plaatsen gezocht moet worden, zijn de geschriften die de Duitse opperstuurman Joachim Nettelbeck naliet en waarvan de originelen zich in Duitsland bevinden. Deze zeeman voer in dienst van de MCC driemaal naar Suriname, respectievelijk in 1750, 1758 en 1772, waarvan tweemaal met een schip vol Afrikanen. Daarover heeft hij meermalen gepubliceerd.[64] De *West-Indische Gids* besteedde in 1928 aandacht aan Nettelbeck en zijn geschriften en gaf op basis daarvan enkele schetsen van de slavenhandel (zie Staal 1928). Hier volgen enkele citaten daaruit, waarbij bedacht dient te worden dat Nettelbeck op zijn reis in 1750 420 Afrikanen aan boord had.

> Aan de aangekochte slaven diende de scheepsdokter dadelijk een braakmiddel toe om hen te bewaren voor de nadeelige gevolgen van de doorgestane angsten; dan kregen zij ijzeren boeien aan handen en voeten en werden bovendien paarsgewijze aaneengekoppeld met een ijzeren stang. Althans de mannen; de vrouwen

---

[64] Na zijn *Lebenserinnerungen* (1755) en *Denkschriften* (1786) publiceerde hij drie jaar voor zijn dood *Eine Lebensbeschreibung von ihm selbst aufgezeichnet* (1821). Later zijn deze geschriften opnieuw uitgegeven in Duitsland, tussen 1906 en 1930 minstens zes keer en laatstelijk in 1987 met de titel *Lebensbeschreibung des Seefahrers, Patrioten und Sklavenhändlers Joachim Nettelbeck, von ihm selbst aufgezeichnet*. Overigens beschikken verschillende Nederlandse universiteitsbibliotheken evenals de Koninklijke Bibliotheek over (een van) deze uitgaven.

en kinderen bleven zonder boeien. In de sloepen, die het moederschip uitzond om handelszaken in de omgeving te doen en waar de bewaking moeielijker was en de veiligheid minder goed verzekerd, werden de gekochte slaven met kettingen aan den scheepswand vastgelegd. (Staal 1928:171.)

Over de vrouwen merkte Nettelbeck nogal sarcastisch op dat men 'deren Zutrauen sich auf eine leichtere Weise erwarb'.[65]

Het nachtverblijf aan boord was in de scheepsbak; de seksen waren door dikke wanden van elkaar gescheiden. Om hen schrik in te jagen werden bij iederen scheidingswand twee kanonnen opgesteld, die bij het begin van de reis naar Suriname met scherp geladen en afgeschoten werden op daarvoor ineengezette doelpunten; de lading van kartetsen en kogels werden daarna stilletjes vervangen door een lading met gruten, om, als het eens noodig mocht zijn ze af te schieten op de slaven, de levens te sparen. (Staal 1928:171.)

'Denn', verklaarde Nettelbeck met stuitend cynisme, 'die Kerle haben ja Geld gekostet'.[66]

Ook overdag aan dek bleven mannen en vrouwen, de laatsten met de kinderen, gescheiden; zij konden elkander zelfs niet zien, alleen hooren. Des morgens om 10 uur was het ochtendmaal. Zij zaten in een kring, ieders zitplaats op den vloer aangewezen door een in het dek geslagen spijker met platten kop. Houten emmers, gevuld met gruten, bereid met peper, zout en palmolie, werden aangedragen in den kring. Drie slagen op een plank, elke slag begeleid door een kreet, en de laatste gevolgd door een luid hoera: het maal is begonnen. Ieder grijpt een handvol uit een emmer, die rondgaat tot den bodem zichtbaar wordt en de ontzettende verwildering, het vechten en schreeuwen om de laatste beten, oplaait onder de rampzaligen, die alleen met de grove tucht van de harde zweep tot stilte te bedaren zijn. Nu de emmers met zeewater om gezicht en handen af te spoelen, en de slok uit de zoetwaterton: de maaltijd is voorbij. De arbeid begint: dekschoonmaken met puimsteen.
[...] Nog andere ontroerende tragiek beschrijft hij [d.w.z. Nettelbeck], onbewust van het fel-schrijnende, in zijn verhaal over de 'schatten' der slaven. Naakt aan boord gebracht, worden zij door den schipper met de allernoodigste bedekking bekleed; niet dát echter is hun rijkdom, maar wel het mengelmoes van lorren, dat zij in de lange maanden van hun overtocht gaandeweg bijeenscharrelen, lapjes, kapotte pijpjes, stukjes papier, bonte snippers, zwabbertouwtjes, bezemsprokkels, al wat van niemand is en dat zij tot hun jaloers-vergaard, naijverig-bewaard eigendom verheffen, altijd en overal meeslepen en bewaken.

---

[65] Vrij vertaald iets als 'hun vertrouwen op gemakkelijker wijze won' – waarbij vermoedelijk gedoeld wordt op de manieren waarmee de bemanning zich van hun 'diensten' kon verzekeren.
[66] Staat 1928:172. Vertaald uit het Duits: 'die kerels hebben tenslotte geld kost'.

[...] Niet voor allen was het leven zoo grauw; de 'Hofdames', die dezen titel van de matrozen ontvingen, waren bevoorrecht. Zij werden uitgekozen uit de mooiste slavinnen en belast met den dienst in de kajuit; zij kleedden zich op zijn schoonst en sierden zich op met eene weelde van snuisterijen. (Staal 1928:171-3.)

Overigens werd met dit stuk dus al in 1928 voor een wat groter publiek dan alleen historici inzicht gegeven in de geschiedenis van de Nederlandse slavenhandel. Toch kwam het nooit in de schoolboekjes of andere publicaties voor het grote publiek terecht, terwijl *De negerhut van oom Tom*, over de Amerikaanse slavernij, als jeugdboek (!) gedurende de twintigste eeuw zo'n zestig herdrukken beleefde.

HOOFDSTUK IV

Individuen en Afro-Caraïbische organisaties

De speurtocht in bibliotheken, archieven en musea heeft mooie vondsten opgeleverd. Tegen onze verwachting en die van enkele instellingen in kwamen interessante 'slavernij-juweeltjes' boven tafel. Doch het zou de werkelijkheid geen recht doen als we onze inventarisatie van cultureel erfgoed Nederlands slavernijverleden zouden beperken tot bewaarinstellingen. Dit erfgoed loopt namelijk in Nederland overal op straat, in de persoon van nazaten die de sporen van drie eeuwen slavernij nog altijd met zich meedragen.

Om dit erfgoed te inventariseren hebben we diverse sleutelfiguren uit de Afro-Caraïbische gemeenschap geïnterviewd. Hun oriëntatie op het slavernijverleden loopt uiteen. Sommige informanten hebben nauwelijks tot geen interesse voor het slavernijverleden. Een aantal weet er maar heel weinig van af. Anderen daarentegen zijn actief betrokken bij een Afro-Caraïbische organisatie, sterk georiënteerd op het slavernijverleden van de voorouders of als kunstenaar of wetenschapper daarin bijzonder geïnteresseerd. Ze zijn geboren in Nederland, Suriname of de Nederlandse Antillen. Onderling varieerden ze in etniciteit, sekse, leeftijd en sociale positie.

Daarnaast vroegen we medewerkers van bewaarinstellingen naar hún visie op cultureel erfgoed Nederlands slavernijverleden. Dit hoofdstuk geeft een impressie van de manier waarop dit erfgoed een rol speelt in het (dagelijks) leven van de informanten.

Cultureel erfgoed komt voor in een veelheid van vormen. Het blijkt niet gemakkelijk om alle vormen eenduidig te ordenen. We kozen voor de indeling materieel, immaterieel en mentaal erfgoed omdat deze categorisering al het concrete en abstracte erfgoed omvat dat direct of indirect verwijst naar het Nederlandse slavernijverleden. Overigens is de informant niet gevraagd zelf een onderscheid te maken in soorten erfgoed. 'Maatschappelijk erfgoed', zoals de economische machtsverhoudingen, hebben we om praktische reden buiten deze beschouwing gelaten. We zijn ons er echter van bewust dat dit sterk samenhangt met de andere genoemde soorten erfgoed.

Slavernijerfgoed Nederlandse Antillen en Aruba

Materieel erfgoed

Kunst van de Nederlandse Antillen en Aruba

Wie op zoek gaat naar authentieke kunst stammend uit de slavernijperiode, zal weinig aantreffen bij organisaties en particulieren in Nederland met Antilliaanse dan wel Arubaanse roots. Hedendaagse (Afro-)Antilliaanse en Arubaanse kunst, die soms refereert aan het slavernijverleden, is wel terug te vinden. De meest uitgebreide kunstcollectie in Antilliaanse kring is misschien wel die van het Antillenhuis te Den Haag. Ook bestaat er een galerie in Dordrecht, Mi Soño, die zich specialiseert in de Antillen. Buiten de Antilliaanse gemeenschap is Antilliaanse kunst terug te vinden in enkele Nederlandse musea, galerieën en parken.[1] Ten slotte hebben particulieren van allerlei afkomst Antilliaanse kunst in bezit. Hieronder passeren enkele Antilliaanse en Arubaanse artiesten de revue die het slavernijverleden in hun werk terug laten komen, met een indicatie van waar hun werk in Nederland te vinden is.

Nelson Carrilho is in Nederland vooral bekend geworden door zijn anti-racismemonument *Mama Baranka*, Moeder Rots, in het Amsterdamse Vondelpark. Kenmerkend voor zijn beelden zijn vooral de Afrikaanse invloeden die hij erin verwerkt. De Antilliaanse stichting Overlegorgaan Caribische Nederlanders, OCaN, heeft een beeld van Nelson Carrilho staan. Ook het Amsterdamse Scheepvaartmuseum organiseerde een kleine expositie rondom deze kunstenaar, in het verlengde van de tentoonstelling Slaven en Schepen.

Boy Namias de Crasto, ook beeldhouwer, laat zich onder meer inspireren door gedichten van Pierre Lauffer over het recht op vrijheid van de tot slaaf gemaakten. In de NiNsee-expositie Doorbreek de Stilte hangt een van deze gedichten, door de beeldhouwer gekalligrafeerd. Ruben de la Cruz richtte uit eigen beweging een alternatief monument voor de emancipatie op in Amsterdam.

Felix de Rooy is naast cineast en regisseur ook kunstenaar, verzamelaar en gastconservator. In zijn werk zijn Afrikaanse thema's en het slavernijverleden goed zichtbaar. Als gastconservator van het Wereldmuseum Rotterdam heeft hij de tentoonstelling De Erfenis van Slavernij samengesteld en vormgegeven.

---

[1] Zo heeft het Haags Gemeentemuseum werk van Yubi Kirindongo, het Zwolse Museum De Stadshof heeft naïeve schilderijen van Hipólito Ocalia en de Artotheek Den Haag heeft werk van diverse Antilliaanse kunstenaars (gehad), onder wie Ras Eliyah en Jean Girigorie.

Elis Juliana verzamelde en bundelde volkskennis, maar produceert zelf ook gedichten en pentekeningen met duidelijke verhalen uit het slavernijverleden en over de gevolgen. Zo is een reproductie van zijn *Bulada* te zien bij het NiNsee. De tekening (fig. 35) verbeeldt gevangengenomen Afrikanen die terug naar huis vliegen. De legende wilde dat zij dat konden als ze geen zout hadden gegeten – we zullen hier later nog op terugkomen. De boekjes van Elis Juliana, ook voorzien van zijn eigen tekeningen, zijn in vele Antilliaanse huishoudens in Nederland te vinden.

Ras Elijah is vooral bekend vanwege zijn muurschilderingen, zoals voor het slavernijmuseum Kurá Hulanda op Curaçao. Zijn schilderijen zijn in Nederland onder meer verkocht door de Artotheek Den Haag. Treffend voorbeeld van zijn geheel eigen verwerking van het slavernijverleden is zijn schilderij *Muzik di zumbi*. 'Muzik di zumbi', ofwel geestenmuziek, is de benaming voor geluiden die de plantagebezitters 's nachts hoorden, maar niet konden plaatsen (zie fig. I middenkatern). Dat gebeurde wanneer slaven, aan wie het verboden was muziek te maken, dat tegen het verbod in toch deden. Het schilderij verbeeldt de 'geesten' niet als afschrikwekkende wezens, maar als lieflijke, mollige, chocoladekleurige cherubijntjes met enorme grasgroene vleugels. Het schilderij is in Nederland in particulier Antilliaans bezit.

Tirzo Martha maakt composities van foto's, tekeningen en voorwerpen waarmee hij de werkelijkheid en het verleden in een heel eigen daglicht plaatst. De werkelijkheid van de nazaten van slaven staat daarin centraal. Zijn werk is door diverse Nederlandse galerieën tentoongesteld en verkocht.

Het werk van Jean Girigorie zal waarschijnlijk het meest voorkomen in huishoudens in Nederland. Zowel onder Nederlandse toeristen als Antillianen zelf zijn haar schilderijen erg populair. Haar werk wordt regelmatig tentoongesteld in Nederland, maar ook veelvuldig door particulieren op Curaçao gekocht en meegenomen. Haar schilderijen verwijzen vooral naar de sociaal-economische gevolgen van het slavernijverleden.

Nog een laatste te noemen kunstwerk betreft de grootste verzetsheld die Curaçao kent, Tula. Een informant wist te vermelden dat er een levensgroot beeld van hem in Winschoten staat. Kunstenares Toos Hagenaars maakte het beeld in de jaren zeventig op Curaçao, waar zij enkele jaren woonde, en nam het bij haar terugkeer mee naar Nederland, waar het nu in haar voortuin staat.[2]

Antilliaanse klederdracht
Authentieke klederdracht is noch bij organisaties, noch bij mensen thuis terug te vinden. Wel houden enkele Antillianen zich bezig met het namaken van zo authentiek mogelijke traditionele jurken en accessoires. Zo maakte een van

---

[2] 'Beeld Tula "springlevend" in Groningse tuin', AmigoeNL, 22-9-2005, p. 21.

Fig. 33. Curaçaose (was?)vrouw in traditionele kleding, circa 1955 (Foto: J.C. van Essen, collectie Koninklijk Instituut voor Taal-, Land- en Volkenkunde, nr. 42045)

onze informanten de hoofddoeken die te zien waren op de slavernijtentoonstellingen van het Wereldmuseum en het NiNsee. In de manier van dragen van bijvoorbeeld de hoofddoek, maar ook het versieren van de kostuums, zit symboliek verborgen die afkomstig is uit de slaventijd en de periode daarna.[3] Deze traditionele dracht combineert Afro-Antilliaanse symboliek met invloeden uit andere werelddelen, zoals de benamingen 'lensu di Madras' (doek uit Madras, India) voor de hoofddoek en 'abrigoe' voor de wollen doek over de schouders (naar het Spaanse *abrigo*, wollen jas) aangeven (Van Meeteren 1977:30-1).

De tot slaaf gemaakten droegen op de Antillen al vroeg kleding die veel op de kleding van de slaveneigenaren leek. Deze klederdracht verloor in de periode na de emancipatie snel aan populariteit. Begin twintigste eeuw verdwenen 'in minder dan geen tijd [...] de laatste resten van de oude volksdracht' (Van Meeteren 1977:29). Folkloristische dansgroepen haalden de traditionele kleding terug voor hun optredens, en dat is tot nu toe vrijwel de enige gelegenheid waarbij deze kleding nog wordt gedragen. De gemiddelde Afro-Antilliaan heeft nog nooit een traditioneel gewaad aangehad.

De informanten die wel vertrouwd waren met de kleding, hadden er in de jaren zeventig op danslessen over geleerd. Folkloristische clubs, waar een beperkte groep geïnteresseerden aan meedoet, zijn bij uitstek de plek waar klederdracht de aandacht krijgt. De grotere massa vertoont meer een hang naar globalisme, naar mee willen gaan in de bredere latino of westerse manier van leven en dus ook kleden. In de jaren zeventig, toen de leus 'black is beautiful' vanuit de Verenigde Staten in opmars was, waren Afrikaanse dashiki's enige tijd populair, vooral in linkse kringen. Sinds de jaren tachtig zijn deze veelkleurige Afrikaanse hemden weer schaars in de Antilliaanse garderobekasten.

Documenten en objecten
Geen van de deelnemers aan het onderzoek heeft originele documenten uit de slaventijd in zijn of haar bezit. Sommigen hebben tijdens het uitzoeken van hun familiestamboom kopieën gemaakt van testamenten, reisdocumenten, huwelijksakten en dergelijke. Deze papieren betreffen niet-slaven. In een van de testamenten wordt wel een zwarte slavin genoemd, samen met haar (waarschijnlijk mulatten)kinderen.

Een vrouw heeft nog trouwfoto's van haar voorouders, uit circa 1900. Deze foto's zijn bijzonder omdat het een van de eerste huwelijken tussen een zwar-

---

[3] Het verschijnsel van de Surinaamse *koto*, bedoeld om met vele lagen stof de verleidelijke vormen van het vrouwelijke lichaam voor de slavenmeesters te camoufleren, komt op de Antillen niet voor. Wel was de slechts door een andere vrouw (meestal de grootmoeder) dicht te knopen onderbroek bedoeld om promiscuïteit te voorkomen.

te man en een witte vrouw op Sint Maarten betrof. De beelden laten zien dat de bruidegom, strak in het pak, geen onbemiddeld man was, hoewel hij direct van een slaaf afstamde. De eigenares van de foto benadrukt bij het tonen ervan dat de geschiedenis van de slavernij 'een geschiedenis van kleurlingen [was], geen zwart-wit verhaal, zoals het zo vaak gemaakt wordt'.

Vrijwel niemand bezit nog authentieke objecten uit de slavernijtijd. Een informante: 'Mijn moeder had nog wel een paar strijkijzers die al heel lang in onze familie waren, maar ja, op een gegeven moment doe je die rommel weg ...'. Afstammelingen van landhuiseigenaren vertellen over meubels en gebruiksvoorwerpen die 'op het landhuis' staan. Geen van de informanten had stukken uit die inboedel thuis in gebruik. Zelf objecten kopen om te verzamelen komt weinig voor. Financiële overwegingen spelen hier mee: authentieke stukken zijn duur.

Antilliaanse verzamelaars
Antilliaanse verzamelaars van cultureel erfgoed slavernijverleden zijn dun gezaaid. Amsterdam telt er in ieder geval een. Hij verzamelt op zo'n grote schaal dat zijn collectie door het Tropenmuseum tentoongesteld is en nu door de speciaal daarvoor in het leven geroepen stichting Imago Mundi beheerd wordt. Wat begon met een persoonlijke interesse, groeide uit tot de meest besproken tentoonstelling over beeldvorming en 'ras' tot nu toe: Wit over Zwart. De objecten, verzameld over de hele wereld, laten zien hoe 'de westerse wereld' door de eeuwen heen tegen 'de zwarte mens' aankijkt.[4] Deze persoonlijke verzameling telt veel Marronkunst: geen 'airport art' maar authentieke stukken die voor eigen gebruik zijn gemaakt en vol symboliek zitten.

Inmiddels is de verzamelaar, geïnspireerd door een Antilliaanse kennis, een nieuwe verzameling van koloniale postkaarten begonnen. Een treffend Surinaams exemplaar toont een foto van een donkere jongen met als onderschrift in zwierige krullen: mijn *futuboi*. Het slavernijverleden is ook een bron van inspiratie voor het eigen werk van deze beeldend kunstenaar.

Tijdens de tentoonstelling Slaven en Schepen in het Scheepvaartmuseum van Amsterdam werden stukken getoond van een andere Antilliaanse verzamelaar. Deze verzamelt objecten die een relatie hebben met het slavernijverleden van de Caraïben. Zijn collectie documenten en voorwerpen gebruikt hij als inspiratiebron voor grote doeken en beelden die het slavernijverleden verbeelden.[5]

---

4 Bedoelde verzamelaar is Felix de Rooy. Het Wereldmuseum in Rotterdam werkt aan het vastleggen op beeld van de hele collectie. Zie www.wereldmuseum.rotterdam.nl, klik op collectie, beeldvorming. Een en ander is ook nog te bezichtigen op http://www.africaserver.nl/wozow/.
5 Deze kunstenaar heeft jarenlang in Groningen gewoond, maar is nu woonachtig in Duitsland en daarom niet verder geïnterviewd voor deze inventarisatie.

Antilliaans culinair erfgoed

Culinair erfgoed is een van de weinige vormen van het slavernijerfgoed dat in de Antilliaanse gemeenschap zonder terughoudendheid, als vanzelfsprekend van moeder op dochter (en soms zoon) wordt doorgegeven. Traditionele gerechten uit de Afro-Antilliaanse keuken (*funchi* in allerlei varianten, bonen, okra)[6] worden graag gegeten. Ook het benodigde keukengerei, zoals de *pal'i lele* voor de *funchi*, en praktische vaardigheden zoals het in bananenblad wikkelen van gerechten (zoals *ayaka*) behoren tot het erfgoed van de tot slaaf gemaakten. Net als de gerechten uit de Nederlandse huiselijke keuken worden deze gerechten bij uitstek thuis gegeten. Daarbij biedt bijvoorbeeld het kookboek van Sonia Garmers (1988) een helpende hand. Weinig restaurants serveren de traditionele gerechten. Op kleine schaal, veelal in het informele circuit, worden gerechten verkocht om mee naar huis te nemen.

Immaterieel erfgoed

Vraag een Antilliaan naar zijn cultureel erfgoed, en hij zal met trots noemen: zijn taal, dans, muziek en de keuken. Dat beschouwt hij als eigen en goed. Dat het cultureel erfgoed van de eilanden voortkomt uit een koloniaal verleden en een smeltkroes is van culturele eigenheden van mensen van uiteenlopende afkomst, beseft men terdege. Maar menig Antilliaan gaat daarbij liever niet te expliciet in op de aspecten 'Afrika' en 'slavernij'. Het slavernijverleden is een pijnlijk thema, een onderwerp waar mensen zich voor schamen. Iedereen weet dat het verleden van de Antillen bepaald is door de transatlantische slavernij. Toch zou men het gebeuren het liefst vergeten. Veel van de hieronder aan bod komende thema's worden dan ook niet door alle informanten onder het kopje 'cultureel erfgoed slavernijverleden' geplaatst.

Op Aruba lijkt die ontkenning het verst te gaan: velen spreken tegen dat dit eiland een slavernijverleden zou hebben. Historische feiten wijzen echter op het tegendeel. Zo beschrijft Jordaan (1997:118) de invoer en tewerkstelling van slaven op Aruba in 1715. Dit artikel is geschreven aan de hand van historische documenten uit het Nationaal Archief.

Taal

Papiamentu is de moedertaal van elke Afro-Curaçaoënaar én van veel andere Antillianen en Arubanen. Naast Afrikaanse zijn er onder meer Nederlandse, Portugese en Spaanse invloeden in te horen.[7] Men is bijzonder trots op het eigene, op het feit dat de taal nergens anders gesproken wordt. Ook in Nederland

---

[6] Römer et al. 1977:336.
[7] Naast het Papiamentu kenden de Antillen nog het Guene, dat door plantageslaven werd gesproken maar nu (vrijwel) uitgestorven is. Zie Martinus Arion 1996.

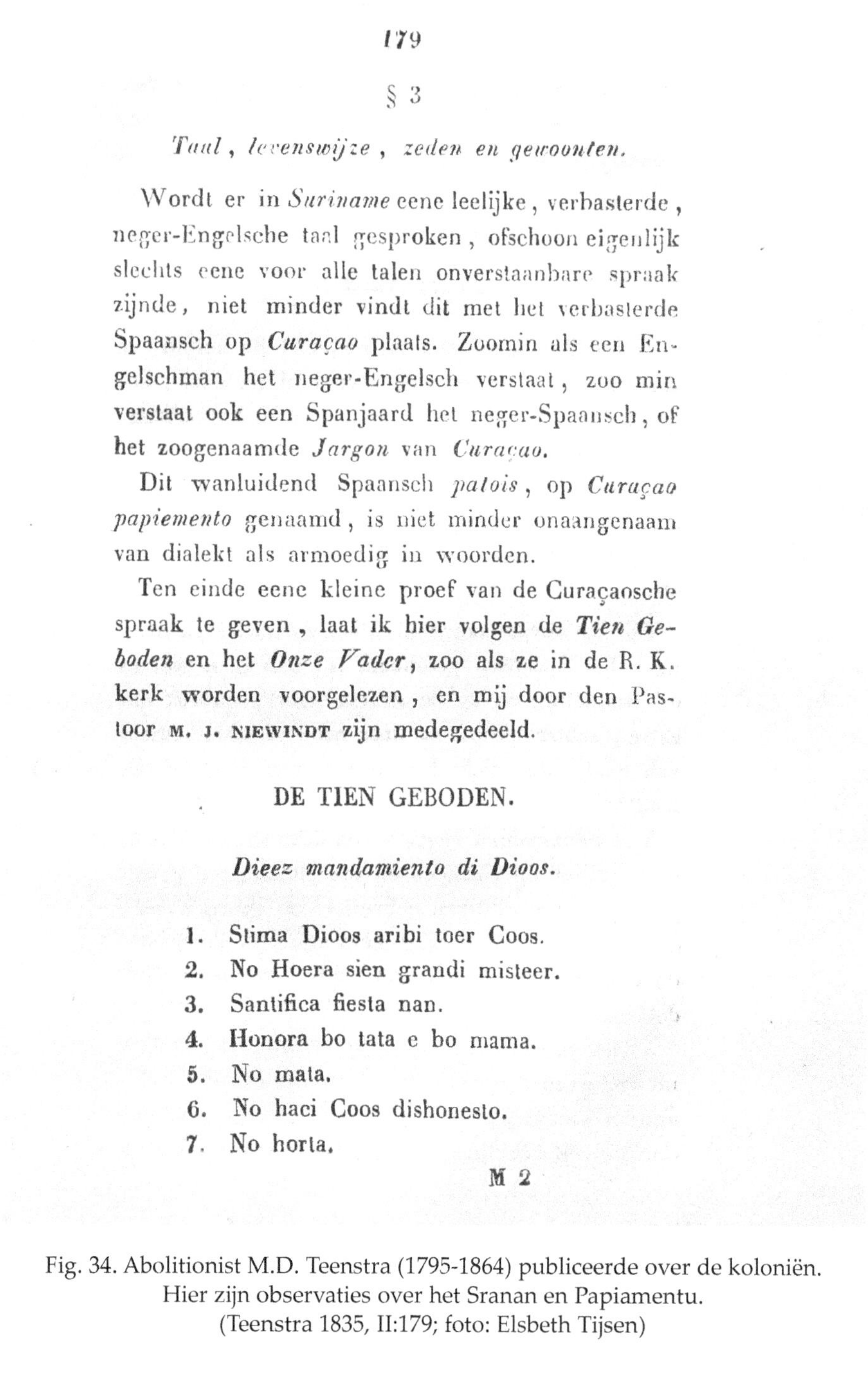

179

§ 3

Taal, levenswijze, zeden en gewoonten.

Wordt er in *Suriname* eene leelijke, verbasterde, neger-Engelsche taal gesproken, ofschoon eigenlijk slechts eene voor alle talen onverstaanbare spraak zijnde, niet minder vindt dit met het verbasterde Spaansch op *Curaçao* plaats. Zoomin als een Engelschman het neger-Engelsch verstaat, zoo min verstaat ook een Spanjaard het neger-Spaansch, of het zoogenaamde *Jargon* van *Curaçao*.

Dit wanluidend Spaansch *patois*, op *Curaçao papiemento* genaamd, is niet minder onaangenaam van dialekt als armoedig in woorden.

Ten einde eene kleine proef van de Curaçaosche spraak te geven, laat ik hier volgen de **Tien Geboden** en het **Onze Vader**, zoo als ze in de R. K. kerk worden voorgelezen, en mij door den Pastoor M. J. NIEWINDT zijn medegedeeld.

DE TIEN GEBODEN.

Dieez mandamiento di Dioos.

1. Stima Dioos aribi toer Coos.
2. No Hoera sien grandi misteer.
3. Santifica fiesta nan.
4. Honora bo tata e bo mama.
5. No mata.
6. No haci Coos dishonesto.
7. No horta.

M 2

Fig. 34. Abolitionist M.D. Teenstra (1795-1864) publiceerde over de koloniën. Hier zijn observaties over het Sranan en Papiamentu.
(Teenstra 1835, II:179; foto: Elsbeth Tijsen)

houdt men vast aan het gebruik van de eigen taal, hoewel er vaak Nederlands en andere talen doorheen gemengd worden.[8] Stichting SPLIKA in Den Haag stimuleert het gebruik van correct Papiamentu. Diverse allochtone omroepen zenden goedbeluisterde radioprogramma's in het Papiamentu uit.

Een voorbeeld van hoe de afkeer van de slavernij (of de afkeer van het opvolgen van bevelen) doorwerkt in volgende generaties en hedendaags taalgebruik is de onder Antilliaanse schoolkinderen te pas en te onpas gebezigde uitspraak: 'Mi n'ta bo katibu!' (ik ben je slaaf niet!). Deze wordt gebruikt wanneer iemand een opdracht krijgt waar hij geen zin in heeft. (In het Nederlands zou men zeggen: 'Ik ben je hondje niet!') De Antilliaans/Arubaanse organisatie Nos Derechonan pleit er zelfs hartgrondig voor het woord *katibu* volledig te schrappen. Meer hierover verderop in dit hoofdstuk, onder het onderdeel Mentaal erfgoed.

Zang, dans en muziek
De Nederlandse Antillen en Aruba kennen een uitgebreid repertoire aan muziek, zang en dans van Afrikaanse oorsprong dat stamt uit het slavernijverleden. Zo zijn er de *tambú, tumba, muzik di zumbi, dande* en volks-, oogst-, werken gelegenheidsliederen (Römer et al. 1977). Meestal hoort een bepaalde muziekvorm bij een bepaalde gelegenheid of tijd van het jaar. Muziek en dans behoren tot de favoriete vormen van ontspanning van Afro-Antillianen.

Waarschijnlijk is het meest populaire muzikale feest het carnaval, dat zich hier succesvol heeft vertaald naar het Rotterdamse Zomercarnaval.[9] Het is een festijn dat met zijn open, uitbundige karakter diverse bevolkingsgroepen met elkaar verbindt. Hoewel carnaval op Curaçao pas in de tweede helft van de twintigste eeuw opgekomen is, heeft de daarbij gespeelde *tumba*-muziek oude, Afrikaanse wortels. Ook met oudere vormen van muziek en dans (of, zoals het wordt uitgedrukt, *nos cultura*, 'onze cultuur') houden enkele tientallen Antilliaanse organisaties zich bezig. Zo kent Nijmegen de Stichting Caribisch Cultureel Centrum, die authentieke *tambú*-dansers[10] begeleidt. Deze zijn in te huren voor shows. Brabant heeft Sonantiyas, dat folkloristische optredens met oude liedjes verzorgt.

Sommige Antilliaanse organisaties gaan in hun culturele bezigheden verder dan vrijblijvend vermaak. Zo organiseert de Utrechtse stichting Kibra Hacha jaarlijks rond 17 augustus een herdenking van de bekendste Curaçaose slavenopstand.[11] De herdenking wordt gevierd met uiteenlopende culturele

---

8   Op de Antillen wordt de taal overigens ook vaak doorspekt met Spaans en Engels.
9   Dit Antilliaanse initiatief is het grootste gratis evenement van Nederland geworden, dat jaarlijks op een enkele dag zo'n 800.000 toeschouwers trekt.
10 De bekendste studie over de *tambú* (muziek en dans) is Rosalia 1996.
11 Dit was de opstand van 1795, onder leiding van Tula en Karpata. Een andere bekende opstand was die uit 1750, maar waarschijnlijk zijn er meer geweest. Zie De Hoog 1983. Voor de opstand van 1716 zie Jordaan 1999.

evenementen, zoals toneelstukken, fototentoonstellingen, dans en muziek. De organisator/regisseur wil daarmee mensen een spiegel voorhouden en een bewustzijn creëren van hoe de geschiedenis in het heden doorwerkt. Dat brengt ook negatieve reacties boven. Mensen die voor ontspanning komen en met een maatschappijkritisch toneelstuk over een pijnlijk verleden worden geconfronteerd, verzuchten: 'Niet dat gezeur weer'. Een moeder verklaarde eens: 'Ik voed mijn kind op als mens, als ieder ander. Dat steeds omkijken naar het onrecht van het verleden verzuurt je leven alleen maar.' Maar humor in datzelfde toneelstuk maakt dan weer veel goed.

Naast organisaties is er een bescheiden aantal Antillianen dat zich individueel met zang, poëzie, dans, muziek en klederdracht bezighoudt. Volgens de bekende literator Frank Martinus Arion zingen ook veel autochtone Nederlanders nog liedjes uit het slavernijverleden, zonder het te beseffen. Kinderliedjes als 'Ozewiezewoze' en 'Iene miene mutte' zouden volgens Martinus Arion deuntjes zijn die Hollandse vaders hun Afro-Portugese concubines voor hun bruine kroost hoorden zingen op de westkust van Afrika (zie Martinus Arion 1999).

Boeken en andere informatiebronnen
Verschillende informanten wonden zich op over de vraag: als je iemand die niets afweet van de slavernijgeschiedenis één boek mag aanraden, welk boek zou dat dan zijn? Zij vonden dat de verantwoordelijkheid hiervoor in de eerste plaats bij het onderwijs lag en dat niemand in dit land zelf op zoek zou moeten gaan naar een kennismakingsboek.

Een informant kon geen enkel informatief boek van Antilliaanse signatuur over het slavernijverleden noemen. 'Wij Antillianen schrijven geen boeken over de slavernij', zei hij,

> wij schamen ons voor onze bagage en het onderwerp zal dan ook niet verkopen. Maar in de literatuur zijn de gevolgen van de slavernij wel zichtbaar, zoals in *Dubbelspel* (1973) van Frank Martinus Arion en *Geniale anarchie* van Boeli van Leeuwen (1990). De personages hebben nog steeds de slavenmentaliteit.

Verschillende informanten prezen het werk van H. Hoetink. Genoemd werden zijn *Het patroon van de oude Curaçaose samenleving* (oorspronkelijk 1958), omdat het schetst hoe mensen tijdens de slavernij samenleefden, evenals zijn *De gespleten samenleving in het Caribisch gebied; Bijdrage tot de sociologie der rasrelaties in gesegmenteerde maatschappijen* (1962). Ook A.F. Paula's *From objective to subjective social barriers; A historico-philosophical analysis of certain negative attitudes among the negroid population of Curaçao* (1967) werd aanbevolen.

Jongeren noemden jeugdschrijfster Thea Beckman om de herkenbaarheid van haar verhalen: in haar boek *Vrijgevochten* (1998) maakt een gewone jongen onverwachts mee slaaf te worden. Volwassenen herinnerden zich dat de slavernij op de Antillen voorkwam in Miep Diekmanns *Marijn en de Lorredraaiers* (1965).

Respondenten die zich meer wilden verdiepen in de Afrikaanse kant van de geschiedenis, noemden meer algemene, Afrikaanse schrijvers, zoals Yosef Ben-Jochannan. Ben-Jochannan heeft diverse boeken geschreven over de te westerse, witte weergave van de geschiedenis. Een voorbeeld is *Africa; Mother of Western civilization* (oorspronkelijk 1971). Veel van zijn lezers zijn op zoek naar het aandeel van hun zwarte voorouders in de wereldgeschiedenis.

Voor wie niet van boeken houdt: ook de website http://slavernij.kennisnet.nl/ werd aangeprezen. Deze is onder meer interessant vanwege de 'portretten' van een oudere Surinamer en een Antilliaanse vrouw, die vertellen over hun grootouders die in slavernij geboren zijn. Daarnaast werd de film *Amistad* herhaaldelijk genoemd, ook door enkele mensen die hem niet hadden gezien. Zij zeiden dat het een zware film was, die je niet zomaar even tussendoor 'doet'. Verder moeten natuurlijk de Antilliaanse films *Almacita di Desolato* en *Mijn zuster de negerin* (naar het gelijknamige boek van Cola Debrot) hier genoemd worden.

Antilliaanse verhalen
Uit de slaventijd stammende verhalen zijn voor het eerst vastgelegd in de periode 1890-1898. Dit betreft vier Nanzi-verhalen die te vinden zijn in de Openbare Bibliotheek Den Haag onder de titel *Cuenta di Nansi*. Nanzi is een spin, de slimme, ondeugende hoofdfiguur in fabels die zich met de slavernij vanuit Afrika verspreid hebben over het Caraïbisch gebied. Nanzi is klein, maar is de grotere dieren, de 'machthebbers' van het woud zoals de tijger Cha Tiger, vrijwel altijd te slim af. Inmiddels zijn vele publicaties verschenen met de sluwe spin in de hoofdrol.

Pater Paul Brenneker en Elis Juliana,[12] die in de late jaren vijftig pionierswerk verrichtten op het gebied van *oral history*, gelden als de onbetwiste helden van het vastleggen van volkswijsheid. 'Hun *Sambumbu* en *Zikinzá* zijn een hernieuwde uitgave waard', bepleitte een informant.[13] Vanaf de jaren tachtig is antropologe Rose Mary Allen verder gegaan met het interviewen van ouderen en het vastleggen van *oral history*.[14] Ook Camille Baly (2001) houdt zich met deze vorm van geschiedenis bezig.

---

[12] Maritza Coomans publiceerde in 1990 een catalogus over Juliana's werk.
[13] De *Sambumbu*-serie is onder meer terug te vinden in de OB Den Haag, maar Zikinzá (collectie interviews op band vastgelegd) is helaas niet in Nederland te beluisteren.
[14] Een deel van haar werk, interviews met daarin herinneringen uit de slaventijd, is reeds voor het afronden van haar proefschrift te lezen op www.portomari.com/download/Oral%20History.doc.

Fig. 35. Terug naar Afrika: mondelinge overlevering verbeeld door Elis Juliana (Bulada, pentekening 2001, uit de tentoonstelling Doorbreek de tilte! in het Nationaal instituut voor het Nederlands slavernijverleden en erfenis; privécollectie Ieteke Witteveen)

Toch zal veel van de overlevering die nog niet is vastgelegd, verloren gaan. Volgens Allen herinneren de ouderen van nu zich minder dan degenen die zij in de jaren tachtig interviewde. Kennis verandert, de herinnering van het eigene vervaagt, terwijl de grote informatiestroom, het onderwijs en meer eigen ervaringen een plek in het geheugen opeisen. Ook het feit dat mensen geleerd hebben hun verleden als 'stom' te zien, maakt hun geheugen selectiever. Mensen willen liever vergeten en het niet over het slavernijverleden hebben.

In diverse oude verhalen die zijn vastgelegd door Brenneker, is de legende te vinden dat slaven die geen zout aten, naar hun geboorteland (Afrika) terug konden vliegen. Dit thema, dat we eerder tegenkwamen bij het tekenwerk van Elis Juliana, komt ook terug in de verhalen uit de Surinaamse overlevering. In de paragraaf over Surinaams slavernijerfgoed gaan we daar verder op in.

Religie
Rooms-katholieke ceremonies overheersen op de Antillen in rites rondom dood en geboorte. Daar zijn wel Afrikaanse invloeden aan toegevoegd, maar deze lijken geen heel eigen cultuur te vormen. Het lijkt erop dat de Nederlandse Antillen, anders dan bijvoorbeeld Suriname of Haïti, in de spirituele beleving minder van het Afrikaanse cultuurgoed hebben weten te behouden.

Wel bestaan er volksgebruiken waarbij kruiden gebruikt worden (Veeris 1999). Deze gebruiken worden mondeling overgeleverd, onder vroedvrouwen bijvoorbeeld, waardoor het gevaar bestaat dat ze verloren gaan. Er bestaat een levendige handel in kant-en-klare kruiden – meestal in vloeibare vorm – die voor uiteenlopende doeleinden gebruikt kunnen worden: van het beslechten van echtelijke ruzies tot het afroepen van geluk voor het komende jaar. Naast alledaagse, positief gerichte toepassingen kennen de Antillen ook een 'kwaadaardiger' vorm van Afro-spiritualiteit: *brua* (zwarte magie).[15]

Hoe degenen die uit Afrika werden gehaald hun spirituele leven hebben behouden, hoe de slaven hun spirituele leven vorm hebben gegeven en hoe de verdere ontwikkeling daarvan is geweest, verdient meer onderzoek.

Mentaal erfgoed

Het mentale erfgoed, ofwel de erfenis die de slavernij in het bewustzijn heeft achtergelaten, is een moeilijk bespreekbaar onderwerp vanwege de emoties die het slavernijverleden bij velen oproept. Bovendien speelt die werkelijkheid zich af tussen de oren, waardoor ze moeilijker te 'grijpen' is. Dit neemt niet weg dat alledaagse gedachten, waarden, normen en handelingen ernaar kunnen verwijzen. Nauwkeurig onderzoek kan dit erfgoed blootleggen.

---

[15] Zie Römer et al. 1977, Van Meeteren 1977 en de Sambumbu-serie van Brenneker (1969-75).

Een aantal zwarte auteurs heeft beschreven welke mentale gevolgen de langdurige onderdrukking tijdens de slavernij kan hebben voor de moderne zwarte mens. Ralph Ellison (1947), Richard Wright (1947) en Frantz Fanon (1973, 1984) behoren tot die vroege naoorlogse exponenten. Uit hun werk konden witten kennis nemen van de gevoels- en denkwereld van zwarten. Enige voorzichtigheid met hun uitspraken is echter raadzaam. De centrale boodschap is dat de slavernij zo traumatiserend was dat vele nazaten daar ook nu nog blijvend last van ondervinden. Door dit verleden hebben veel zwarten een negatief zelfbeeld, wat hen remt in hun (zelf)ontplooiing. In de Verenigde Staten is hierover later uitgebreide literatuur verschenen. Over het Caraïbisch gebied, met inbegrip van Suriname en de Nederlandse Antillen, zijn zulke studies vooralsnog zeer schaars.

Om uit te zoeken op welke manier mentaal erfgoed gestalte krijgt, stelden we ons de volgende vragen: wat vinden we terug over slavernij 'in de hoofden' van zwarte nazaten? Wat vinden we terug over slavernij 'in de hoofden' van witte Nederlandse nazaten? Deze vragen beantwoorden we aan de hand van de vraaggesprekken die we met de informanten voerden.

Veel Afro-Antillianen gaan ervan uit dat hun voorouders slaaf geweest zijn. Al is het twijfelachtig of men dat met zekerheid weet, voor hen houdt een zwarte huidskleur verband met een verleden van pijn en vernedering, een geschiedenis 'waar je niet trots op bent'. Dat maakt het praten over het slavernijverleden en haar gevolgen een zwaar onderwerp.

Is het niet-hebben van materieel erfgoed al snel een praktische kwestie (kunst is duur en oude spullen gooi je weg) en is immaterieel erfgoed vooral een kwestie van genieten en verstrooiing (dansen, eten, je moedertaal spreken), mentaal erfgoed is vooral een moeilijk en pijnlijk thema. Het behelst racisme, discriminatie en sociale en economische ongelijkheid. Voor sommigen is dit een reden er niet over te praten en het zo snel mogelijk verleden tijd te maken. Voor anderen is het aanleiding op de barricaden te klimmen.

Een Curaçaoënaar verwoordde het zo: 'Alle zwarte mensen overal, van hier tot Zimbabwe, hebben een woede in zich. Op Curaçao kwam die woede er op 30 mei 1969 uit.[16] Die agressie is verkeerd, woede moet je richten. Agressie is niet goed te praten, maar het is wel te begrijpen en te verklaren.'

Het negatieve zelfbeeld[17] is, naast sociale ongelijkheid, een van de eerste dingen die Antillianen noemen bij vragen over het mentaal erfgoed slavernijverleden. Dat is bijvoorbeeld terug te zien in de taal. Het Papiamentu beschikt

---

[16] Bedoeld is hier de opstand in 1969 van arbeiders tegen de witte economische en politieke machthebbers van het eiland, die door de Nederlandse marine werd onderdrukt.

[17] Wellicht het bekendste werk hierover is Paula 1967. Ook Fanon 1983 is aangehaald door informanten.

IV *Individuen en Afro-Caraïbische organisaties* 119

Fig. 36. Uitdeling van aalmoezen bij het zilveren emancipatiefeest, Curaçao 1888
(Collectie Tropenmuseum, nr. 0005 0755)

over een rijke woorden- en uitdrukkingsschat voor uiterlijke kenmerken. Zo kan van iemand met Afrikaanse trekken gezegd worden dat deze 'slecht haar' heeft, een 'ovenneus', 'lippen als autobanden' en een 'dichte' huidskleur. Een andere bekende uitdrukking is het, letterlijk vertaald, 'opknappen van ras' of 'verbeteren van ras': door te trouwen met een lichter gekleurd iemand zouden de kinderen dichter bij het fysieke ideaalbeeld kunnen komen. De maatschappij kent namelijk gradaties van zwartheid: hoe dichter je in het kleurenspectrum bij 'blank' staat, hoe meer je aan het schoonheidsideaal voldoet en hoe beter je af bent in maatschappelijke zin.

Dat discrimineren op basis van specifieke kenmerken die met een Afrikaanse afkomst samenhangen, gebeurt niet alleen onder mensen die in uiterlijke kenmerken verschillen, maar ook onder mensen op dezelfde tree van de 'kleurenrangorde'. Mensen misgunnen elkaar van alles, of proberen hun eigen superioriteit op grond van hun functie te laten gelden. Uit een van de interviews:

> Ik geef een voorbeeld van hoe de oude verdeel- en heerspolitiek van plantage-eigenaren toen doorwerkt in het heden. Toen had je de *bomba*, de zwarte opzichter die over zwarte slaven moest waken, en vaak zijn broeders vreselijk geselde of liet geselen. Vergelijk dat met een hedendaagse zwarte portier bij een discotheek, die bij toelating erger discrimineert dan zijn witte collega's door zwarte mensen, zijn eigen soortgenoten, niet binnen te laten.

Een andere informant benoemt zowel de positieve als de negatieve impact van het verleden op de sociale wezens die eruit voortkwamen:

> Vroeger [begin twintigste eeuw] was er meer saamhorigheid en een hechtere samenleving. Men steunde elkaar meer. Dat kwam voort uit de slavernij. Je hielp elkaar. Nu zijn de mensen volledig anders, is het ieder voor zich. Men werkt elkaar tegen en dan al die criminaliteit en bolletjesslikkers ... Ook dat komt voort uit de slavernij.

Terugverlangen naar betere tijden, zoals deze informante doet, is waarschijnlijk universeel. Tegelijkertijd wijst zij op negatieve gevolgen uit het verleden. Ook anderen noemen opvallende patronen in de postslavernij-maatschappij. Zo wordt regelmatig het hoge percentage eenoudergezinnen en de onder Afro-Antillianen overheersende matrifocale gezinsstructuur in verband gebracht met het verleden, waarin slaven geen gezinnen mochten stichten. Ook het niet zo nauw nemen met de huwelijkstrouw, het verschijnsel *byside* (concubine) en *yu di afó* (onwettig kind) lijken verband te houden met een samenleving waarin voor rijke (witte) mannen (zwarte) maîtresses een vanzelfsprekende plek hadden naast (witte) echtgenotes.

Omdat Afrika vanuit westers perspectief het 'verloren continent' is geworden, vormt het feit dat ze afstammen van Afrikanen voor velen geen bron van trots. Ook mensen met een heel donkere huidskleur vertellen graag dat ze niet zuiver zwart zijn, en dat ze er anders uitzien dan Afrikanen. 'Ik ben geen Afrikaan, wat mensen ook zeggen, dat zie je aan mijn handpalmen. Een echte Afrikaan heeft donkerder handpalmen.' Een kleine groep heeft dat vooroordeel voor zichzelf overwonnen en probeert juist een gevoel van trots te putten uit het rijke, maar weinig bekende Afrikaanse verleden. Het ophalen van die Afrikaanse geschiedenis, die zo weinig aan bod komt, is voor hen een belangrijk doel.

Bovengenoemde tegenstelling, het willen aansluiten bij de westerse norm versus het willen achterhalen van de 'eigen' achtergrond, is ook zichtbaar bij Antilliaanse organisaties in Nederland. Een bescheiden aantal (een of twee dozijn) groepen is op zeer uiteenlopende manieren bezig met het mentale erfgoed van het slavernijverleden.[18] Aan de ene kant van het spectrum staat Nos Derechonan (letterlijk: 'onze rechten'), dat van mening is dat Antillianen en Arubanen er baat bij hebben zo snel mogelijk te integreren en zich geaccepteerd te maken als Nederlandse staatsburgers. Daarin past geen monument ter herdenking van de slavernij, omdat Nederlanders die beschuldigende

---

[18] Het aantal wisselt sterk, sommige groepen bestaan slechts korte tijd en bloeden dan dood, en een aantal personen kom je in meerdere groepen tegen. Als oorzaak van de instabiliteit wordt genoemd het gebrek aan financiële middelen om activiteiten te organiseren.

vinger naar hun fouten in het verleden niet zullen waarderen. Anderzijds zijn ze tegen het gebruik van het woord slaaf, omdat geen Afrikaan gekozen heeft slaaf te worden, maar mensen onvrijwillig tot slaaf gemaakt zijn. Nos Derechonan zou het liefst de hele geschiedenis zoals we die kennen, overboord gooien en de Antillianen in Nederland opnieuw laten beginnen als mede-Nederlanders. Zeer zeker niet als allochtonen, want die term verfoeien ze; die zien ze als uiting van een nieuwe vorm van slavernij.

Aan de andere kant zijn er organisaties zoals de Amsterdamse Antilliaanse stichting Amador Nita, die openlijker opkomt tegen sociaal onrecht uit het verleden en in de huidige maatschappij. Zij eist excuses en financiële genoegdoening voor de slavernij. Organisaties als De Eerste Wereld Alliantie streven daarbij meer diepgang na. Zij zoeken naar het vergeten Afrikaanse erfgoed en willen zwarte mensen daarmee 'heropvoeden', hun bijbrengen wat zij in hun westers georiënteerde opvoeding ontbeerd hebben. 'Een Afrikaan blijft een Afrikaan, waar hij ook geboren wordt', betoogt een vertegenwoordiger van deze groeperingen, '... ik *ben* helemaal geen Antilliaan of Surinamer!' Een ander zegt:

> Er wordt nu in Antilliaanse kring ook veel gediscussieerd over wie we zijn. Dat er te weinig zelfvertrouwen en zelfrespect is. Die discussie is prima. Vroeg of laat, onherroepelijk, kom je dan bij de bron uit, het verleden. Want de puzzel is niet compleet: men kent zijn eigen verleden, zijn eigen identiteit niet. Dan heb je ook geen zelfrespect en -vertrouwen. Het gevaar schuilt slechts daar in, dat de weg naar zelfrespect afgesloten wordt. Dat men ook geen respect meer zal hebben voor de Nederlanders om ons heen, en dat we dan ook geen respect voor onszelf kunnen afdwingen. De eigen identiteit is verloren gegaan.

Naast de eigen identiteitskwestie is voor velen uit de overzeese gebiedsdelen een pijnpunt dat de gemiddelde Nederlander zo weinig weet over 'dat andere stukje Nederland'. De Antillen zijn immers onderdeel van het Nederlandse koninkrijk? De informanten ervaren het als een belediging dat er op de Antilliaanse scholen erg veel geleerd wordt over *hier* (Nederland), terwijl het onderwijs in Nederland geen aandacht besteedt aan *daar* (de Antillen). In het verlengde hiervan wordt door wat radicalere Antillianen gesteld dat Nederlanders ook niet geschikt zijn om de overzeese geschiedenis, en zeker het slavernijverleden, te onderzoeken en te beschrijven:

> Zij kunnen onze geschiedenis niet schrijven, zoals de Engelsen niet over de Ieren kunnen schrijven, zoals Hitler niet over de Joden kan schrijven. Je vraagt toch ook niet aan een Duitser om te vertellen over de Tweede Wereldoorlog? Je kunt degene in de gaskamers toch niet vragen objectief te zijn? Als het aan mij ligt moeten onderzoekers naar het slavernijverleden een Afrikaans perspectief hebben. Want het ligt niet alleen aan je huidskleur, ook Afrikanen kunnen eurocentrisch geschoold zijn. Dat witte verhaal hebben we nu wel gehoord.

Enkele informanten vertelden dat er in buitenlandse bibliotheken en archieven veel cultureel erfgoed Nederlands slavernijverleden te vinden zou zijn dat hier verdwenen of verduisterd zou zijn. Dit kon via internet niet bevestigd worden.[19] Dat neemt echter niet weg dat buitenlands (dus niet-Nederlands of niet in Nederland aanwezig) materiaal een aanvulling zou kunnen leveren om het beeld van het Nederlandse verleden te completeren. Dat erkennen ook westers gerichte onderzoekers.

Mentaal erfgoed wordt, terecht of onterecht, in verband gebracht met maatschappelijke problematiek. Die van sociaal-economische ongelijkheid, bijvoorbeeld. Zwarte mensen behoren vaker tot de volksklasse en zijn van oudsher niet degenen die winkels bezitten. Mentaal erfgoed dat in dit verband veel door informanten genoemd is, zijn de vooroordelen dat zwarte mensen lui zouden zijn, geen ondernemersgeest zouden kennen en niet genoeg hun best zouden doen om vooruit te komen in de maatschappij. Deze worden gezien als

> een direct overblijfsel uit de slaventijd. Om de *shon* (plantagehouder) dwars te zitten, werkte men zo sloom mogelijk. En dat, terwijl de slaven toch ook werkten voor hun eigen voedsel. Er was immers niks anders. Tot nu toe hoor je mensen zeggen: 'Ai no mi yu, no kansa bo kurpa muchu' (maak je niet te druk/moe). Iedereen klaagt altijd: 'Mi ta kansá' (ik ben zo moe). Mensen zien niet in dat ze zichzelf tegenwerken.

Uitgaande van de bovenbedoelde negatieve erfenis pleit een aanzienlijke groep Afro-Antillianen ervoor vooruit te kijken, in plaats van om te kijken. 'Je kunt geen slachtoffer blijven', zegt een moeder. 'De mensen van nu hebben het niet meegemaakt', beaamt haar tienerzoon nuchter: 'houden zo.' Het los willen laten is tevens een van de redenen waarom Antillianen ondervertegenwoordigd zijn in de huidige maatschappelijke discussie rondom het slavernijverleden.

Een andere reden daarvoor is dat Antillianen (het gevoel hebben dat ze) weinig bagage hebben, te weinig over de geschiedenis weten. 'Je hoort wel eens wat, maar vroeger op school vertelden de nonnen vooral over Nederland, de winter, treinen, schepen – over slavernij en het Caraïbisch gebied werd niet verteld.' Vanwege hun vermeende gebrek aan kennis laten ze de discussie dan liever over aan de 'mondigere' Surinamers. Overigens niet altijd zonder mokken, want Surinamers zouden zich daarbij ook subsidies toe-eigenen die voor de Antilliaanse organisaties bedoeld zijn.

'De slavernij was bij ons lang zo erg niet als in Suriname', verdedigt een aanzienlijk deel van de informanten het feit dat Surinamers van nu actiever bezig zijn met het slavernijverleden dan Antillianen.

[19] Er is gezocht in de Manuscripts, Archives and Rare Books Division op de website van het Schomburg Center for Research in Black Culture, New York (www.nypl.org/research/).

Fig. 37. Zilveren emancipatiefeest op Curaçao. Tekst op de erepoort voor het stadhuis: '1863 Heil den Koning 1888' (Collectie Tropenmuseum, nr. 0005 0746)

Daar waren de grote plantages, bij ons was het allemaal veel kleiner. En als je zo dicht op je slaven leeft, als je grootgebracht bent aan de borst van een *yaya* [min, slavin] ga je als meester je slaven niet al te erg mishandelen. In Suriname waren de economische belangen ook veel groter, op het droge Curaçao wilde niet veel groeien dus was er ook geen reden je slaven zo op te jagen.

Toch zijn er ook weer informanten (onder wie gespecialiseerde wetenschappers) die vraagtekens zetten bij dat relativeren: 'Hoe bepaal je welk regime wreder is dan een ander? Is het wreder dat de slaven op de Antillen vaker honger leden (in droge tijden) of dat er in Suriname meer lijfstraffen gegeven werden? Heeft het zin, te bepalen wat wreder was?'

Nog een specifiek Antilliaans kenmerk: de voorkeur voor het herdenken van de grootste slavenopstand in plaats van de emancipatie. Organisaties die zich met herdenken bezighouden – zowel in Nederland als op de Antillen – kiezen daarvoor 17 augustus en niet 1 juli zoals tot ver in de twintigste eeuw wel gebruikelijk was. Het herdenken van de heldenmoed van vrijheidsstrijder Tula verschaft meer voldoening en meer eigenwaarde dan het vrijlaten van de tot slaaf gemaakte mensen door koning Willem III. Dat de eilanden geen Marroncultuur hebben die in Suriname diezelfde behoefte vervult (namelijk het idee tegenstand geboden te hebben), zal daar wellicht mee te maken hebben. Degenen die uit de slavernij ontsnapten, vluchtten van de eilanden weg, bijvoorbeeld van Curaçao naar Coro, Venezuela (Dalhuisen et al. 1997, Lampe et al. 1991). Het gevolg is dat de 'Antilliaanse Marrons' geen Antillianen meer zijn ... en de eilanden dus geen 'levend erfgoed' van verzet hebben.

Slavernijerfgoed Suriname

Materieel erfgoed

Surinaamse kunst
Kunstvoorwerpen die sommige Afro-Surinamers in huis hebben, beperken zich meestal tot houtsnijwerk van de Marrons of Indiaans (Inheems) vlechtwerk. Schilderijen zijn we bij onze Afro-Surinaamse informanten nauwelijks tegengekomen, laat staan schilderijen die verwijzen naar de slavernij. Wel zijn er enkele kunstschilders die het slavernijverleden impliciet of expliciet in hun schilderijen verwerken, onder wie Frank Creton, Rinaldo Klas, Erwin de Vries, Cliff San A Jong, Armand Baag en wijlen Nola Hatterman. Zij waren allen vertegenwoordigd op de grote overzichtstentoonstelling over hedendaagse Surinaamse beeldende kunst in het Stedelijk Museum in Amsterdam in 1995 ter gelegenheid van twintig jaar Surinaamse onafhankelijkheid (zie ook Faber en Van Binnendijk 1995).

Surinaamse klederdracht
Bepaalde klederdrachten uit de slaventijd, zoals de *koto* (kostuum), de *angisa* (hoofddoek) en de *panji* (lendedoek), zijn vandaag de dag nog alomtegenwoordig. Sommige oudere vrouwen in Nederland en Suriname kleden zich in het dagelijkse leven nog met *koto* of *angisa*, maar de meeste vrouwen bewaren deze uitdossing voor feesten, voor welke gelegenheid men dan ook alle kostuums uit de kast trekt.

Er zijn tientallen verschillende kostuums, hoofddoeken en lendedoeken die elk een eigen naam en symboliek hebben. Het is bekend dat slaven met de hoofddoeken onderling communiceerden. Zo gaf men elkaar met een bepaalde hoofddoek het teken voor een ontmoeting op de hoek.

Via overdracht tussen generaties en door cursussen wordt deze traditie levend gehouden. Op de Modo Skoro (modevakschool) van Eugene Falix in Amsterdam Zuidoost leert men bijvoorbeeld hoe men Surinaamse en Antilliaanse kostuums in elkaar moet zetten. Het maken van een kostuum is weliswaar kostbaar (minimaal honderd euro), maar elke zichzelf respecterende vrouw die zichzelf als nazaat beschouwt, heeft tenminste één *koto*, één *angisa* en één *panji* in huis. Daarmee toont ze respect voor de Afro-Surinaamse cultuur en geeft ze uiting aan haar spiritualiteit.

IV Individuen en Afro-Caraïbische organisaties 125

Fig. 38. Afro-Surinaamse vrouwen in klederdracht, circa 1900 (Collectie Koninklijk Instituut voor Taal-, Land- en Volkenkunde, nr. 4691)

Documenten en objecten

De meeste ondervraagden bezitten nauwelijks voorwerpen van hun voorouders uit de slaventijd, evenmin verzamelen ze authentieke objecten. Eén organisatie had ooit een schenking van oude prenten gekregen, maar die was verloren gegaan. Twee personen meenden dat de koopakte van een plantage ergens in Suriname in familiebezit was. Een 82-jarige vrouw vermoedt dat ze ergens nog een oud kostuum (*koto*) bezit dat ooit toebehoorde aan haar oma, een ex-slavin. Maar ze denkt dat die nu verpulverd is doordat de stof was bewerkt met stijfsel. Een informant meldde dat een neef in Suriname nog oude trommels had die in de slaventijd waren gebruikt door hun voorouders, die destijds muzikanten waren. Een ander had bij graafwerkzaamheden op de familieplantage een aantal bijzondere flessen gevonden, waarvan hij vermoedde dat ze uit de slaventijd stammen. Een vrouw heeft de originele manumissiebrief van een voorouder ingelijst.

Sommigen kopen incidenteel voorwerpen uit het slavernijverleden bij antiquariaten. Zo kocht een man in de jaren zestig in Nederland vier originele delen van *Reize naar Surinamen, en door de binnenste gedeelten van Guiana* van J.G. Stedman (1799-1800). Maar hij leende ze jaren geleden uit aan een broer, bij wie ze waarschijnlijk verloren zijn gegaan. Een andere informant kocht ooit een exemplaar van het boek *De hut van oom Tom* van H. Beecher-Stowe (achtste druk).

Een kleine, selecte groep kunnen we echte verzamelaars noemen. Ze kopen systematisch op beurzen en bij antiquariaten of lopen veilingen af. Bij een verzamelaar troffen we beide delen van *Plakaten, ordonnantiën en andere wetten uitgevaardigd in Suriname, 1667-1816* (De Smidt 1973), een roman getiteld *Bruine Mina* van J.G. Spalburg (1913) en *Les habitants de Suriname; Notes recueillies à l'exposition coloniale d'Amsterdam en 1883* (Bonaparte 1884).

Een bijzondere Surinaamse verzamelaar
Een Surinaamse verzamelaar, die in het centrum van Amsterdam het antiquariaat Buku exploiteert, legde in de loop der tijd een grote collectie Surinamica aan. Deze omvat ongeveer vijfhonderd onderwerpen, die (nog) niet in een databestand zijn opgenomen. Deze collectie bestaat onder meer uit munten, ansichtkaarten, brieven, boeken, kunst- en andere voorwerpen. Een bescheiden greep: een muntje van de Sociëteit van Suriname; de originele werken van Hartsinck (1770), Stedman (1796), Benoit (1839) en Kappler (1854), evenals een Deense uitgave van Stedmans dagboek uit 1818. Daarnaast bezit deze verzamelaar zwarte egodocumenten zoals het beroemde levensverhaal van de Afrikaan Olaudah Equiano (1989) en de Leidse dissertatie van de zwarte dominee Jacobus Elisa Joannes Capitein (1742), waarin deze de slavenhandel verdedigt.

Een andere bijzondere verzameling is die van een in België woonachtige Surinamer. Zijn collectie is in 1995 reeds onder de aandacht gebracht van een groot publiek in een tentoonstelling in de Stedelijke Openbare Bibliotheek Brugge en in de bijbehorende catalogus van Boumann (1995).

Surinaams culinair erfgoed
De Surinaamse keuken bestaat voor een deel uit eenpansrecepten die rechtstreeks uit de slaventijd stammen, zoals *heri heri, anitri-beri*[20] en *krontobana*. Afro-Surinamers gebruiken daartoe nog steeds hetzelfde soort keukengerei als hun voorouders, zoals de *mata* (grote vijzel) en de kalebas. Opmerkelijk is dat de ingrediënten tijdens en na de slaventijd spotgoedkoop waren, maar nu zo duur zijn dat deze gerechten de status van delicatesse hebben bereikt. Er zijn, vooral in de Randstad, vele restaurantjes en toko's waar men slavernijgerelateerde Afro-Surinaamse gerechten kan eten.

Sommige culinaire verwijzingen zijn wrang. De beroemde pepersoort Madame Jeanette is volgens de overlevering genoemd naar de vrouw van een

---

[20] *Anitri-beri* betekent letterlijk Hernhutterse begrafenis. Geheel volgens de Hernhutterse voorschriften kleedden de zwarten zich in het wit om hun dierbaren te begraven. Naar dit beeld van een zwart-witte begrafenisstoet is het gerecht genoemd: het bestaat uit rijst, kokosmelk en veel zwarte peper.

slavenhouder, die als straf een prut van deze peper in de vagina van slavinnen duwde. De soort is desalniettemin zo populair dat ze niet mag ontbreken in de creoolse keuken.

Kenmerkend voor de Afro-Surinaamse keuken (ook voor de Antilliaanse) is de grote voorkeur voor zoute vis en zoutvlees (in het Sranan *switi mofo*). Dit is een rechtstreekse erfenis van de slavernij, toen ingezouten vlees en vis van overzee werden aangevoerd voor de periodieke uitdelingen van extra voedsel aan slaven (Van Stipriaan 1993:350-7). Het is niet ondenkbaar dat een relatie bestaat tussen het hoge zoutgehalte in het Afro-Surinaams eten en de veel voorkomende hoge bloeddruk onder Afro-Surinamers, die ook als erfgoed aangemerkt zou kunnen worden (Wilson en Grim 1992).

Immaterieel erfgoed

Taal
Sranantongo is de taal die iedere Surinamer spreekt. Ze is ontstaan in de slaventijd, als omgangstaal tussen Afrikanen uit verschillende taalgebieden en tussen slaven en Europeanen. Deze creoolse taal bestaat onder meer uit Afrikaanse, Engelse, Nederlandse, Duitse, Joodse, Franse en Portugese invloeden. Ze is anno 2002 in Nederland nog zo populair dat ze in de hedendaagse straattaal van de multiculturele jeugd een voorhoedeplaats heeft ingenomen.

Naast het Sranan hebben de verschillende Marrongroepen, eveneens gedurende de slavernij, hun eigen talen ontwikkeld, zoals het Saramaka en het Ndyuka. Deze zijn verwant aan het Sranan maar niettemin afzonderlijke talen. Ook deze talen worden in Nederland gesproken, louter door Marrons.

Tot slot is er het Surinaams-Nederlands waarvoor ook al tijdens de slavernij de basis werd gelegd, waarschijnlijk vooral door de omgang tussen slaveneigenaren en (huis)slaven in de stad. Door de migratie komt deze variant van het Nederlands ook op grote schaal in Nederland voor.

Sommige aspecten van het Sranantongo lijken door te dringen tot het standaard-Nederlands.[21] Het behoeft dan ook geen verbazing te wekken dat Suriname in 2004 toetrad tot de Nederlandse Taalunie. Hiermee werd een groot aantal woorden uit het Sranantongo of uit het Surinaams-Nederlands erkend als behorend tot het officiële Nederlands.

---

[21] Zo is de term 'buitenvrouw', mede door de gelijknamige roman van Joost Zwagerman (1994), ook bij een niet-Surinaams publiek bekend geraakt. Verder gebruiken niet-Surinamers in toenemende mate het werkwoord 'gaan' voor de toekomstige tijd, in plaats van het gebruikelijke 'zullen' ('ik ga zeker komen').

Zang, dans en muziek
Veel vormen van zang, dans en muziek komen voort uit de slaventijd. Hedendaagse cultuuruitingen die tradities uit de slaventijd voortzetten, zijn liederen als *lobisingi* (lofzangen), *dedesingi* (rouwliederen), *setdansi* (setdansen) en muziekvarianten waaronder *kaseko, bigipoku, kawinapoku, aleke, bazuin(koor)* en *soko psalm*.

Zodra de kinderen het huis uit zijn, organiseren veel oudere Surinaamse vrouwen zich van oudsher in verenigingen om zich met deze cultuuruitingen bezig te houden. Er bestaan in Nederland tientallen van dit soort verenigingen die sterk bijdragen aan het behoud van culturele tradities. Ze dienen vooral als vrijetijdsbesteding. Zo telt de Afro-Surinaamse gemeenschap talloze culturele zang- en dansverenigingen als Abaisa, Tabita, Krinde Stari, De Doorzetters, Gezellig Samenzijn.

Ook voor rituele rouw zijn groepen Afro-Surinamers actief, onder namen als Neutraal, Passensi, Moniya, Jozef en Trouw. Enkele verenigingen houden zich bezig met setdansen. De namen van die verenigingen lijken veelzeggend: Vooruitstreven Is Ons Doel (VIOD), Tot Ons Plezier Is Dit Opgericht (TOPIDO). Tot slot telt de gemeenschap hier talrijke muziekgroepen, teveel om op te noemen. Momenteel zijn de bekendste Yakki Famiri, Sukru Masters, Kaseko Masters, Zonnebloem, Klein maar Fijn, Boeing 747 en Aptijt.

Fig. 39. Begrafenis op een plantage, getekend door opzichter Theodore Bray, circa 1850 (Collectie Koninklijk Instituut voor Taal-, Land- en Volkenkunde, nr. 36C 339)

Begrafenisrituelen

Van groot belang voor zeer veel Afro-Surinamers zijn de rituelen rond begrafenissen, ontstaan tijdens de slavernij. Zo kennen de broederschappen van lijkbewassers eigen, geheime rituelen die een mengeling zijn van christelijke en Afrikaanse elementen (naast de christelijke god spelen ook geesten en voorouders een rol). In het sterfhuis wordt open huis gehouden (*dede oso*), op de achtste dag (*aiti dey*; op de Antillen: *ocho dia*) nog eens. Bij die gelegenheden worden allerlei traditionele verhalen verteld – al lijkt dat tegenwoordig plaats te maken voor algemenere verhalen (*gi tori*) –, er wordt gegeten en gedronken. De christelijke gezangen van het begin van de avond maken na middernacht vaak plaats voor Afro-religieuze liederen en ritmes, waarbij het kan voorkomen dat een van de aanwezigen in trance raakt ('winti krijgt') doordat die wordt bezeten door de geest van een overleden voorouder.

De orale cultuur – het mondelinge verhaal en de kunst van het vertellen – is van groot belang voor Afro-Surinamers en Antillianen. Waarschijnlijk was dit al in Afrika het geval. Zeker is dat de omstandigheden tijdens de slavernij deze cultuur konden versterken. Nog steeds draagt meesterschap in de vertelkunst bij aan iemands status binnen een groep. Vertellen is theater waarbij het hele lichaam wordt gebruikt en het publiek er op alle mogelijke manieren bij wordt betrokken. Niet voor niets begint een verhaal vaak met de opmerking 'kijk luister ....'

Al deze vormen van immaterieel cultureel erfgoed kunnen door de oppervlakkige toeschouwer worden afgedaan als folkore. In feite gaat het hier echter om rituelen die een centrale plaats vervullen in het alledaagse leven en een rechtstreekse verbinding vormen met het slavernijverleden.[22]

Boeken en films

We vroegen onze informanten welke boeken of films over slavernij hen persoonlijk het meeste aanspreken. De boeken *Wij slaven van Suriname* van Anton de Kom (oorspronkelijk 1934) en *Hoe duur was de suiker?* van Cynthia McLeod (1987) zijn het meest genoemd. Daarnaast kwamen *De negerhut van oom Tom* van Harriet Beecher-Stowe en *Vaarwel Merodia* van Cynthia McLeod (1993) ter sprake. Een enkeling noemde *Van Priary tot en met De Kom* van Sandew Hira (1982), *De Boni-oorlogen* van Wim Hoogbergen (1985) en Vincent Soekra's documentaire film *Slave route Number One: Pelgrimage Ghana* (2002). Tot slot noemden sommigen Amerikaanse werken zoals *Beloved* van de eerste zwarte vrouwelijke Nobelprijswinnares Toni Morrison (1987), terwijl op filmgebied de meeste indruk was gemaakt door de verfilming van Alex Haley's *Roots* (1977), Steven Spielberg's *Amistad* (1997) en *Nightjohn* van Charles Burnett (1996).

---

[22] Overigens wordt folkore tegenwoordig ook erkend als cultureel erfgoed van de categorie *living history*.

In hun motivering waren de informanten niet per se positief over deze werken. Een van hen vindt het boek van De Kom 'niet toegankelijk', hoewel ons niet duidelijk werd waarom. Voor een ander is dit boek dé bron van kennis over slavernij: 'Zijn analyses aan de hand van voedsel, rantsoen en straffen zijn goed. Ik zou dat boek als bron gebruiken voor mijn werk. Het ook aanbevelen aan iemand die nog niets over de slavernij heeft gelezen.'

Een ander, die erg gecharmeerd is van de boeken van McLeod, licht toe: 'Dat ze bereikt dat mensen die voorheen geen belangstelling hadden voor slavernij dat wel krijgen. Haar werk is van onschatbare waarde.' Maar een criticus vindt haar werk te 'zoet': 'In *Hoe duur was de suiker?* kregen slaven voor het eerst een naam, werden hun karakters uitgeschreven zodat je meer hoorde dan historische feiten. Mijn bezwaar is wel de romantisering van de slavernij in dit boek. Het gaat te weinig over de pijn van de slaven.'

Het boek *De negerhut van oom Tom* speelde een blijvende rol in de belevingswereld van deze informant:

> Mijn zus las het me voor toen ik nog heel jong was. Wat me bijblijft, is een plaatje uit dat boek waarop een zwarte vrouw met baby over ijsschotsen liep op weg naar vrijheid in Canada. Aan de overkant wachtten blanke mannen met honden haar op. Het onrecht van de slavernij werd me wel duidelijk, ook de boodschap uit het boek dat witten toch heel goed waren. In dat verhaal werd de zwarte slavin Topsy die toch maar loog en stal door haar witte meesteres beschaving bijgebracht. Dit boek was mijn eerste boek over slavernij.

Films over de slavernij worden bijna altijd emotioneel beleefd. Verschillende ondervraagden vertelden dat ze hun tranen niet konden bedwingen en na afloop van de voorstelling nog aangeslagen waren. De films *Roots* en *Amistad* zijn door velen gezien; de laatste roept woede op. Dat komt volgens een informant 'omdat Afro's dat nog zo voelen vanwege de discriminatie'. Een enkele ondervraagde verwerpt beide films:

> *Roots* kwam als erg populair naar voren, hoewel het sterk geromantiseerd is. Dat geldt ook voor de film *Amistad* waar ik dus niet naar kan kijken. De romantiek droop zo van *Roots* af dat iedere zwarte op school Kunta Kinte werd genoemd. Het is jammer dat in deze films de verwerking ondergeschikt wordt gemaakt aan het exotisme.

Surinaamse verhalen, liedjes en zegswijzen
De Surinaamse cultuur kent een rijke orale traditie, waarin verhalen, sterke verhalen (*switi tori*), liedjes, woorden, spreuken, zegswijzen en begrippen een plaats hebben. Een deel van deze traditie dreigt, als gevolg van de migratie naar Nederland, door de veranderde tijd en plaats te worden aangetast. Deze uitingen moeten dus zo snel mogelijk worden vastgelegd. Een inspirerend voorbeeld van orale traditie die in een boek is verwerkt, biedt Wim

Fig. 40. Illustratie uit een Anansivertelling, opgetekend begin twintigste eeuw
(Van Cappelle 1926: tegenover p. 312; foto Elsbeth Tijssen)

Hoogbergens *Het kamp van Broos en Kaliko* (1996). Ook zijn veel verhalen verzameld door Michiel van Kempen in *Mama Sranan; 200 jaar Surinaamse verhaalkunst* (1999).

Een groot deel van de Surinaamse orale traditie is gericht op (lering en) vermaak. Het bekendst zijn de verhalen over Ba Anansi of Broer Spin, die als tricksterfiguur ook een bijzondere rol speelt in de West-Afrikaanse verhaaltraditie. Anansi-verhalen zijn inmiddels in boekvorm uitgebracht, zoals *Surinaamsche negervertellingen; Bijdrage tot de kennis van West-Indische negerfolklore* van H. van Cappelle (1916), *Sranan Anansi Tori* van H. Hecbert (1983) en *Het grote Anansiboek* van Johan Ferrier (1986). Op ceremoniële familiebijeenkomsten vertellen Afro-Surinamers elkaar nog steeds de kostelijke Anansitori.[23]

Daarnaast circuleren er diverse verhalen die direct verwijzen naar de slaventijd. Een kanttekening hierbij is dat sommige verhalen zo diep in het geheugen zijn geworteld dat men zich deze als het ware heeft toegeëigend: het verhaal van een planterszoon die al dansend op de rand in een pot met gloeiendhete, kokende suiker viel, wordt verteld alsof de overgrootmoeders van de nazaten het zelf hebben meegemaakt.

Het belangrijkste 'verhaal' in deze traditie is dat alle Surinamers met Afrikaanse voorouders zich zien als nazaten van slaven. Dit verhaal wordt aan elke generatie doorgegeven: men hoort het van familie, kennissen, via het onderwijs of de media. Dat er tijdens de slavernij vrije zwarten waren, van wie ook zij mogelijk afstammen, maakt nauwelijks deel uit van dit collectieve geheugen.

Een aantal verhalen concentreert zich rond het eerder besproken idee dat slaven beter geen zout konden eten. Afrikanen zouden magische krachten bezitten waardoor ze konden vliegen. Maar door zout te eten zouden ze deze krachten vernietigen. Helaas kregen ze aan boord van de slavenschepen zoveel zout te eten dat ze nooit meer konden terugvliegen naar Afrika. Een paar slaven wisten echter toch terug te vliegen, omdat ze het gezouten voedsel hadden geweigerd. Deze verhalen over zout zijn extra intrigerend wegens het verband dat wetenschappelijk onderzoek legt tussen zoutconsumptie in de slaventijd en hypertensie bij nazaten van slaven.

Volgens een ander verhaal waren sommige slaven in staat de erbarmelijke omstandigheden op de plantages op een andere manier te ontvluchten: door geen zout te eten konden ze zichzelf in bomen veranderen. Deze bomen worden op een aantal familieplantages nog steeds aanbeden. Een informante van 83 jaar wier oma slavin is geweest, vertelt het volgende verhaal:

---

[23] Tijdens Bijnaars veldonderzoek naar informele spaar- en kredietarrangementen in Suriname en Nederland bleken bijna alle informanten een Anansi-verhaal te kunnen vertellen (Bijnaar 2002).

IV Individuen en Afro-Caraïbische organisaties 133

Ik hoor van mensen dat die mensen van vroeger vlogen. Maar of het waar is of niet, ik weet het niet. Die mensen van mij hadden ook plantage Brokodyinti. Maar een tante van mij noemde die plantage Walapakriki, maar ik weet nu niet welke naam de echte naam is. Maar ik hoorde dat je daar ook bomen had. Vroeger mochten die mensen geen zout eten, want ze zijn uit Afrika gekomen en die blanken gaven hen zout. En wie geen zout wilde eten veranderde zichzelf tot boom. Want als ze zout zouden eten, konden ze niet meer vliegen. Dus daar op die plantage kan je nog geluiden horen terwijl je niemand ziet.

Boeiend zijn ook de verhalen die niet in het collectieve geheugen zijn opgenomen, maar deel uitmaken van de persoonlijke familiegeschiedenis. Een Marron vertelde dat hij het slavernijverleden volkomen vanzelfsprekend meekreeg bij zijn opvoeding thuis. De verhalen over de heroïsche daden van zijn voorouders maken dat hij met een trots gevoel 'terugkijkt', zoals hij zelf zegt:

In mijn jeugd hoorde ik van familie veel verhalen over slavernij. Ik groeide op in het binnenland, in het dorp Moitaki aan de Boven-Tapanahonirivier. Mijn vader nam me vaak mee wanneer hij hout ging kappen en bij de splitsing van de Commewijnerivier en de Cotticarivier wees hij me het kanaal dat gegraven is door slaven dat nu als *boropasi* [sluiproute] dient. Dat soort verhalen vertelde mijn vader me. Hij vertelde hoe mijn voorvaderen vochten in moerassen, hoe ze gedood werden, hoe ze sneuvelden, dat ze steeds moesten vluchten of verhuizen voor de *bakra's* [witten]. De plaatsen waar we nu nog rituelen houden voor onze voorouders kan ik je zo aanwijzen.

Ik hoorde van meer Marrons dat ze met trots terugzien op het slavernijverleden:

Mijn voorouders hebben zich niet neergelegd bij het slechte leven op de plantages. Ze liepen weg, plunderden, doodden hun meesters, dwongen hen hen vrij te maken. Daarom vieren wij niet 1 juli, de dag dat de Hollanders ons vrij maakten, maar 10 oktober 1763, toen vrede werd gesloten met ons Marrons!

Een andere Marron, die zijn jeugd ook doorbracht in het binnenland, luisterde altijd gretig naar de verhalen over de manier waarop zijn voorouders de bakra's te slim af waren:

We zijn van de plantage Roorak. Mijn voorouders, ze waren gevluchte slaven, hadden hun dorp zo gemaakt dat je door een riviertje moest om die plantage te bereiken. Zo konden die *bakra's* er niet komen, want mijn vader vertelde dat je over de ruggen van grote kaaimannen moest stappen om er te komen. Als jongetje herinner ik me dat nog. Ik vond het eng. Dus wanneer mijn vader naar het dorp ging, moest hij dat ook doen. Hij tilde me op, maar ik was toch bang.

Tijdens de slavernij ontstonden veel liedjes, die nu verloren dreigen te gaan. De teksten hadden vaak een dubbele laag (*adyersi tori*). Veel Surinamers praten nog steeds in dubbele betekenissen, wat men in het Sranantongo *koti odo* noemt: via een omweg iemand fijntjes op iets wijzen.

Een aantal liedjes wordt nog steeds gezongen, maar we constateren dat veel Surinamers (ook ouden van dagen) vaak niet goed (meer) weten wat sommige teksten of woorden precies betekenen. Er wordt aangenomen dat in de teksten verborgen aanduidingen waren opgenomen om het leven en werken op de plantages te bekritiseren. Deze verborgen hints verloren na de slavernij hun betekenis, zodat ze in de loop der tijd uit het dagelijkse spraakgebruik verdwenen. Deze liedjes zijn in een paar kinderboekjes vastgelegd, zoals Mavis Noordwijks *Alonki; Een verzameling Surinaamse volksliedjes* (1976) en Ramon Williams' *Sranan kondre singi; Een bundel Surinaamse melodieën* (1976).

Fig. 41. Marrons in Suriname, circa 1920 (collectie Koninklijk Instituut voor Taal-, Land- en Volkenkunde, nr. 8836)

Het lied 'Faya siton, no bron mi so; Adyen Masra Jantji kiri wan sma pikin' (Vuursteen, brandt me niet zo; Alweer vermoordt Meester Jantje een kind), is naar de mening van sommigen zo'n lied met een dubbele betekenis, een verborgen hint. Volgens de algemene uitleg gaat het over het brandmerken van slaven bij aankomst in Suriname, maar volgens anderen gaat het om verkrachting: vuursteen verwijst naar de penis van de Europese slavenhouders waarmee zij jonge slavinnetjes bruut penetreerden.

In het dagelijkse spraakgebruik bestaat een aantal woorden en zegswijzen dat direct of indirect naar de slaventijd verwijst. Sommige Surinamers noemen bijvoorbeeld de achterdeur of zijdeur van hun huis nog spottend negerdeur (*nengredoro*). De negerdeur was een aparte deur voor slaven, die het erf niet via de hoofdingang mochten betreden.

Wie zijn mond voorbij praat, krijgt het verwijt dat zijn mond zo groot is als de enorme suikerpot (*kapa*) waarin tijdens de slaventijd suikerrietsap werd bewerkt: 'Yu mofo bigi leki kapa'. Wanneer ouders hun kinderen tot de orde willen roepen, dreigen ze met een Spaanse bok (*pansboko*, een manier van afranselen waarbij de polsen aan de enkels werden gebonden, soms met behulp van een stok, om het slachtoffer in een optimale bukpositie te dwingen).

Ouders die hun kind een *pansboko* geven, laten het zo ver mogelijk voorover bukken opdat het de afranseling intens 'beleeft'.

Een informante herinnerde zich een vergelijkbare waarschuwing van haar moeder omdat ze zo stout en lui was: 'Ik hoorde in mijn omgeving wel over slavernij, want mijn moeder zei altijd tegen mij: "Efu yu ben de na srafu ten, den ben kiri yu keba!"' ('Indien jij tijdens de slavernij had geleefd, hadden de slavenmeesters je al gestraft met de dood!').

Religie
Religie hangt in de Surinaamse gemeenschap nauw samen met de slavernij. De slaven hebben vanuit de verschillende Afrikaanse herkomstgebieden goden en religieuze systemen meegenomen. Grotendeels buiten het zicht van de Europeanen versmolten deze tradities langzamerhand tot een geheel, met een zeer gemêleerd godenpantheon en een belangrijke plaats voor de voorouders. Deze religie wordt aangeduid met de term winti. Daarnaast onderwezen missie en zending de slaven vanaf de laatste decennia van de slavernij in de christelijke leer.

Ook nu zijn veel Surinamers met meerdere van deze religies tegelijk opgevoed. Als gevolg hiervan komt in de winti-praktijk een aantal christelijke elementen voor, terwijl het Afro-Surinaamse christendom een eigen karakter heeft. Winti neemt een belangrijke plaats in in de alledaagse sociale werkelijkheid van velen: van expliciete rituelen bij geboorte, ziekte of overlijden tot aan winti ontleende gedragscodes, waarden en normen (zoals het geloof in de heilzame werking van een dagelijks gewassen lichaam), het taboe om etenswaren op de vloer te zetten en het taboe op orale seks, tot en met de spiritualiteit van waaruit mensen leven (zie ook fig. J middenkatern).

Mentaal erfgoed

Het is moeilijk empirisch aan te tonen of, hoe en in welke mate Afro-Surinaamse en witte Nederlandse nazaten nu nog gevolgen ondervinden van de slavernij. Toch zullen weinig Afro-Surinamers ontkennen dat slavernij nog steeds deel uitmaakt van hun belevingswereld: ze ervaren een structureel onbehagen dat voortkomt uit maatschappelijke achterstanden en achterstelling in onderwijs en op de arbeidsmarkt, de ervaring gediscrimineerd te worden en gevoelens van inferioriteit; factoren die doorgaans worden gezien als gevolgen van de slavernij.

Een groot aantal Surinaamse organisaties, waaronder Bun Tranga, Radio The Voice, Memre Den, SSCJ, Ebu-Akademya Amsterdam, Masusa en Stichting Eer en Herstel Betalingen Slachtoffers van Slavernij in Suriname, houdt zich expliciet bezig met dit structurele onbehagen door de nadruk te leggen op zwart bewustzijn. Ze willen Afro-Surinamers hun zelfvertrouwen en zelfrespect 'teruggeven' door hen bewust te maken van verschillende vormen van discriminatie en achterstelling. Ook informeren ze hen over het slavernijverleden via lezingen en radioprogramma's.

Sommige organisaties pakken dit radicaal aan door herstelbetalingen of excuses van de koningin te eisen, anderen willen alleen maar de discussie in Nederland over het slavernijverleden op scherp stellen. De voorzitter van zo'n organisatie legt uit dat ze 'eigenlijk een soort breekijzerorganisatie zijn. We schrijven bijvoorbeeld brieven naar de overheid met woorden als "idioot" of zinnen als "behandel ons niet als honden" omdat we een shockeffect teweeg willen brengen, omdat we boos zijn!' De bouw van een winti-tempel is voor deze organisatie een belangrijk actiepunt, omdat ze ervan uitgaat dat Nederland tijdens de slavernij de religie van Afro-Surinamers heeft afgepakt.

Andere Afro-Surinaamse organisaties willen dat Nederland zich rekenschap geeft van zijn daden:

> We zijn expliciet bezig met het slavernijverleden. Dat doel is in de loop der jaren niet veranderd, wel het inzicht dat daadwerkelijke betaling aan nazaten niets oplost. We eisen nu dat Nederland de verantwoordelijkheid neemt voor de sociaal-culturele ontwikkeling van Suriname.

Centraal staat werken aan de eigen emancipatie. In de vorm van lezingen, voorleessessies en radioprogramma's houden Afro-Surinaamse organisaties hun achterban op de hoogte van de geschiedenis van en de recente ontwikkelingen rond het onderwerp slavernij. Emancipatie door verzet is voor hen een efficiënte strategie. Een ander doel is het creëren van een 'eigen cultuur' als protest tegen de opgelegde cultuur in de koloniale tijd. Ook verzetten zij zich tegen het gebruik van woorden die tijdens de slavernij zijn ontstaan. Woorden als 'neger', 'creool', 'boslandcreool', 'weggelopen slaaf' en 'Indiaan' zijn koloniale uitvindingen die als denigrerend worden ervaren. De ultieme uiting van dit verzet was de klacht aan de Commissie Gelijke Behandeling, begin 2002, over het opnemen van de woorden 'neger' en 'creool' in de *Van Dale*. Deze klacht werd afgewezen. Wel werd in de nieuwe uitgave (2005) aan de omschrijving toegevoegd dat 'neger' door sommigen als scheldwoord wordt ervaren.

Ook is voorgesteld bestaande feesten op alternatieve data te vieren. Zo viert een aantal organisaties de afschaffing van de slavernij niet op 1 juli, maar op 30 juni of op 2 juli. De voorzitter van zo'n organisatie legt uit: '1 juli is immers de dag die is gekozen door de kolonisator Nederland'.

'Back to the African roots' is een thema dat veel van deze organisaties aanspreekt. Ze vereenzelvigen zich met het gedachtegoed van de Afrocentristische beweging die in de Verenigde Staten is ontstaan, een gedachtegoed dat voor de zwarte gekoloniseerde mens bevrijdend zou werken. Vooral jongeren voelen zich hierdoor aangesproken:

IV Individuen en Afro-Caraïbische organisaties

We organiseren jaarlijks een excursie naar Engeland naar de Black History Month met als thema de bijdrage van de zwarte mens aan de beschaving. Sinds vorig jaar vieren we kwanza. Kwanza betekent oogst, eten. Kwanza is een soort kerstfeest als verzet tegen het westerse kerstfeest.

Door het gebruiken van woorden uit het Swahili of Afrikaanse *nicknames* geven deze Afro-Surinamers verder uitdrukking aan hun nieuwe identiteit: Kaikoesi, Boni, Quasiba, Ede, Adyuba.

Deze groep kritische Afro-Surinamers is ook een groot tegenstander van het typisch Nederlandse cultureel erfgoed, voor zover daarin afro-elementen niet of negatief worden gepresenteerd. Zo geldt de knecht van Sinterklaas, Zwarte Piet, als het ultieme stereotype van de historisch gegroeide raciale verhoudingen in het Nederlandse koninkrijk. En hoe meer witte Nederlanders tegen hen zeggen dat dit alles niet zo serieus genomen moet worden, hoe meer deze zwarte Nederlanders daardoor bevestigd zien dat zijzelf en het slavernijverleden niet serieus genomen worden.

Een aantal Surinamers merkt op dat het slavernijverleden de zwarte gemeenschap binnen de Afrikaanse diaspora niet verbindt, maar juist splijt. Grofweg kun je twee groepen Afro-Surinamers onderscheiden: een groep die zich niet zo bezighoudt met het slavernijverleden en de erfenis ervan tegenover een groep die zich juist sterk vereenzelvigt met het leed van hun voorouders. De eerste groep erkent haar slavernijverleden, maar meent dat sterke preoccupatie daarmee de individuele ontplooiing belemmert:

> Stel je voor dat ik er steeds op moet letten hoe ik gediscrimineerd wordt en welke beeldvorming, stereotypen en vooroordelen er steeds over me zijn. Dan heb je geen leven meer. Ik keer het liever om: maak iets van je leven hier, dan vallen die zwart-witverschillen minder op!

Voor deze Afro-Surinamers is persoonlijke ontplooiing belangrijk, zij willen graag maatschappelijk presteren. Een gedegen opleiding en een goed inkomen leiden volgens hen pas tot daadwerkelijke emancipatie. Uit deze groep hoor je ook vaker dat het slavernijmonument 'hun niets zegt' of dat ze de drukte rond het gebruik van de woorden 'neger' of 'creool' sterk overtrokken vinden. Dergelijke uitspraken worden afgestraft door uitsluiting door Afro-Surinamers aan het andere eind van dit spectrum, die hen afschilderen als verraders, *blaka bakra* ofwel zwarte blanken die zijn 'gehersenspoeld door de kolonialisering'.

De meeste Afro-Surinamers bewegen zich tussen deze twee uitersten. In de praktijk identificeert iedereen zich op zijn eigen manier met het slavernijverleden. Maar wie onvoldoende getuigt van slachtofferschap, wordt verketterd door de groep die de slavernij centraal stelt, wat de indruk wekt dat de laatste stroming het slavernijdebat monopoliseert. De Nederlandse me-

Fig. 42. De publieke discussie over het slavernijverleden zet aan tot veranderingen
(Foto: Elsbeth Tijssen, 2005)

dia springen gretig in op deze verscheurdheid binnen de Afrogemeenschap. Zo kopte de Volkskrant van 1 juli 2003: 'Slavernijverleden splijt Surinaamse gemeenschap'. Diezelfde krant repte vervolgens met geen woord over de opening van Nederlands eerste slavernij-instituut, het Nationaal instituut Nederlands slavernijverleden en erfenis (NiNsee).

Op de vraag of het slavernijverleden nu nog doorwerkt in het doen en denken van Surinamers gaven de meeste informanten een bevestigend antwoord. Slechts een enkeling ziet de slavernij als een afgesloten hoofdstuk waarvan geen sporen meer over zijn. Een van onze oudste informanten wist dat de slavernij gruwelijk was. Ze is blij met het monument en vindt dat Nederland zou moeten terugbetalen wat het uit Suriname heeft gestolen, zoals goud. Maar naar haar mening heeft de slavernij geen mentale sporen nagelaten: 'We vieren nog steeds *manspasi* [emancipatie], maar gevolgen kan ik niet noemen, weet ik niet'.

IV Individuen en Afro-Caraïbische organisaties

De meeste Afro-Surinamers hebben een scherp besef van de geschiedenis van slavernij en koloniale uitbuiting. Voor sommigen blijven Nederlanders onbetrouwbaar. Een informant licht toe: 'Ik stond vorig jaar met een stand op het Kwakoefestival met antiquarische boeken en dan kwamen Surinamers naar me toe met de vraag of ik een boek had over de slavernij, maar dat mocht niet door een blanke zijn geschreven, maar door een zwarte'.

Het wantrouwen tegen Nederland(ers) kan inhouden dat ze discrimineren, stereotypen in stand houden, de geschiedenis verdraaien, Afro-Surinamers aan een nieuw soort slavernij van uitsluiting onderwerpen, hun kennis uitbuiten etcetera. Het bewijs hiervoor ligt volgens een informant bij Surinaamse onderzoekers: 'Er zijn veel archieven met gegevens over slavernij, maar het is allemaal ontoegankelijk. Ik hoor veel Surinaamse wetenschappers die daarover klagen.'

Een andere veelgehoorde mening luidt dat Nederlanders willen bepalen volgens welke regels de reflectie op het slavernijverleden moet geschieden. Een zwarte columnist ervaart dit regelmatig:

> Zodra zwarten met hun geschiedenis bezig zijn, worden ze uitgemaakt als 'te emotioneel'. Nederlanders hebben hun eigen geschiedenis goed beschreven en nu *wij* ons perspectief willen laten zien is het moeilijk. Ze dwingen ons in een positie dat wij ons daarvoor gaan verontschuldigen of gaan verklaren.

Het gevoel in rang nog steeds onder witte Nederlanders te staan heerst bij veel, ook succesvolle Afro-Surinamers: 'Elke Surinamer kent het onbehagen wanneer je aan een loket wordt gevraagd om je nationaliteit, "Nederlands"; en vervolgens wordt gevraagd naar je geboorteplaats en je "toegeeft" Suriname. Je voelt een soort schaamte, je voelt je bedreigd.' Gevoelens van inferioriteit tegenover de superieur geachte Nederlanders sluiten hier nauw bij aan: 'Je ziet het aan hoe Surinamers zich gedragen tegenover witten. In hun eigen groep hebben ze een grote mond, maar ze worden opeens heel klein in het bijzijn van witten.'

Maar de hebi's (lasten) van slavernij uitten zich niet alleen in relatie tot witte Nederlanders. Ook Afro-Surinamers wantrouwen elkaar dikwijls. Een wantrouwen dat in de slaventijd zou zijn ontstaan als gevolg van de koloniale verdeel- en heerspolitiek. Dit gegeven stemt menig informant triest:

> De slavernij heeft nu nog gevolgen: bijvoorbeeld onderling wantrouwen onder Surinamers, het feit dat ze geen eenheid vormen, dat ze een krabbenmentaliteit hebben [het misgunnen en tegenwerken van andermans succes of vooruitgang]. Dat vind ik zo pijnlijk. Daarom komen Surinamers als groep niet vooruit. Er is veel zelfhaat, zoals het pistoolgeweld onder zwarte jongeren in de VS.

Een aspect van dit structurele wantrouwen is het taboe op streven naar maatschappelijk succes. Ambitieuze slaven werden kort gehouden door hun lotgenoten middels boycot en roddel, een praktijk die volgens velen nog dagelijks voorkomt:

> Ook gunnen zwarten andere zwarten geen succes. Ze zijn jaloers en zeggen dan 'dat je het hoog hebt in je bol'. Dat is zo jammer, dat wanneer iemand zelfverzekerd door het leven gaat dat je dan vijandig wordt bejegend. Je hebt *bigifasi*. Let wel: *bigifasi* [arrogantie] en *sakafasi* [nederigheid] zijn woorden die in de slaventijd zijn ontstaan.

Een artiest ondervond dit aan den lijve toen zijn boek internationaal veel succes had geoogst. Een groep Afro-Surinamers benaderde hem om het product te gebruiken voor een toneelstuk, maar er zou geen geld zijn om hem te betalen. Daarop besloot hij als 'bun Srananman' (rechtgeaarde Surinamer) de zaak te steunen. Vervolgens kwam hij erachter dat andere artiesten wel werden beloond. Hij raakte daarvan behoorlijk overstuur. Toen hij voor de première niet eens een uitnodiging kreeg, raakte hij in een diepe depressie:

> Ik ben daar zo ziek van geworden, een maand of twee waarin ik vijf kilo afviel. Dit zie ik ook als een gevolg van slavernij. Dat zelfbenoemde voormannen je naar onderen trappen om er zelf maar beter van te worden. Er is maar plaats voor één persoon om met de eer te strijken, net zoals er op de plantages ook maar één plaats was voor de *basja* [slavenopzichter].

Ook op andere gebieden zouden Afro-Surinamers in hun gedrag 'slavernijtrekken' vertonen. Veelgenoemde voorbeelden zijn alleenstaande moeders, afwezige vaders, buitenvrouw, buitenkind en voorkind. Minachting voor een donkere huidskleur of kroeshaar lijkt een uiting van zelfhaat. Dit kan volgens deze informant ver gaan:

> Ik heb vermoedens dat de slavernij nog doorwerkt in alledaagse levens, maar zoiets kun je nooit hard maken. Een voorbeeld is dat ik geloof dat langdurige onderdrukking roomser maakt dan de paus uit vrees voor straf. Zo heb je in Suriname van die hele donkere families die zo wit leven dat ze hun eigen Afrocultuur verloochenen.

Maar ook de autoritaire opvoeding van kinderen wordt vaak genoemd als erfenis van slavernij: 'Mijn opa was alcoholist en mishandelde zijn kinderen. Dat kon ook niet anders want zijn vader was *basja* die slaven moest straffen en eventueel vermoorden. Ik geloof erin dat je trauma's erft.' Een andere informant ziet ook dit verband:

> Ons erf lag te Frimangron in Paramaribo. Men zegt dat de vrijgekochte slaven die daar woonden met de blanke slavenhouders heulden, maar daar geloof ik niets van. Dit erf is gekocht door mijn overgrootmoeder bij een Jood. Mijn overgrootmoeder was slavin bij de Jood Julius Jozef Muskiet. Hij verliet zijn vrouw en kreeg acht kinderen, zeven meisjes en een zoon met mijn oma, die Valies heette. Bij zijn dood ging de hele erfenis naar de kinderen uit zijn vorige huwelijk, want met mijn

oma was hij niet getrouwd. Wat me nogal dwarszit is niet alleen dat hij mijn oma geheel onverzorgd heeft achtergelaten, maar dat hij zijn eigen zoon bij wijze van straf de handen aan een tak van een boom vastbond en hem stevig afranselde. Zijn eigen zoon! Mijn moeder heeft ons in onze jeugd ook ontzettend hard geslagen; dan ga je je afvragen: wat heeft slavernij hiermee te maken?

Het rotsvaste geloof in educatie als middel om de sociale ladder te bestijgen[24] en het meer dan gemiddelde onderlinge wantrouwen[25] zijn volgens sommigen gedragspatronen die in verband staan met het slavernijverleden. Vaak wordt in dit soort bespiegelingen over het hoofd gezien dat er in de anderhalve eeuw sinds 1863 veel is veranderd, terwijl andere elementen waarschijnlijk al voor de slavernij bestonden. Niettemin wordt dit alles door een aantal mensen als erfenis van het slavernijverleden ervaren, waarmee dit iets zegt over de impact van dit verleden op hun bewustzijn.

Tot slot wijzen enkele informanten op de ambivalente gevoelens bij veel Afro-Surinamers. Enderzijds zetten ze zich af tegenover Nederland(ers), anderzijds omarmen ze die. Die houding zie je dagelijks: 'Je hebt van die fanatieke anti-mensen, die foeteren tegen alles wat Nederlands is, maar eindstand: ze hebben een *bakra*-partner [een witte Nederlandse partner]. Of kijk naar al die Surinamers die hier zijn voor studie, werk. Ze klagen over Nederland, maar gaan ook niet terug.'

Surinamers reageren op dit structurele onbehagen op verschillende manieren, die in de praktijk door elkaar lopen. Sommigen nemen er bewust of onbewust zozeer afstand van dat ze zich volledig vereenzelvigen met de Nederlandse cultuur (de *blaka bakra*). Anderen staan ervoor open, maar willen zich er niet door uit het veld laten slaan. Voor een aantal Surinamers is dit onbehagen zo deprimerend dat ze alles haten wat Nederlands is.

Erfgoed in zwart-wit: een tussenbalans

Welke mentale gevolgen de slavernij voor witte nazaten van het slavernijverleden in Nederland heeft gehad, is wetenschappelijk nog grotendeels braakliggend terrein. Er zijn wel al aanzetten gegeven, bijvoorbeeld met de suggestie dat niet alleen nazaten van slaven getraumatiseerd zijn, maar ook

---

[24] Vrije zwarten en zogenaamde mulatten die tijden de slavernij een opleiding kregen, maakten soms stormachtig carrière (zie o.a. Vrij 1998). Vooral direct na de afschaffing van de slavernij legde de overheid nadruk op (basaal) onderwijs met het oog op disciplinering van de voormalige slaven (zie Van Stipriaan 1998:57-86).

[25] Dit zou veroorzaakt zijn door het eeuwenlange verdeel- en heersbeleid dat slaveneigenaren voerden, waarbij verraad werd beloond. Bovendien woonden paren veelal op verschillende plantages, zodat ze elkaars echtelijke trouw niet konden controleren.

Fig. 43. Sommige ouderen herinneren zich nog goed hun oma die in slavernij heeft geleefd (poster Stichting Kroesje uit 2004)

nazaten van slavenhouders.²⁶ Zij zouden het Nederlandse slavernijverleden zo diep hebben weggestopt dat het een historisch taboe is geworden met traumatische kantjes. Nu er niet langer gezwegen kan worden, uit dit taboe zich vooral in een poging de meest negatieve kanten van de geschiedenis te verdoezelen of vooral ook de Nederlandse betrokkenheid te relativeren ('zoveel landen deden aan slavernij'; 'in die tijd was dat alles heel gewoon').

Maar de ultieme mentale erfenis van de slavernij is misschien wel wat Van Stipriaan (2001) omschreef als de witte angst voor 'het zwarte gevaar', een geïnternaliseerd beeld van zwarte onberekenbaarheid en agressie. In de discussies rondom de oprichting van een slavernijmonument kwam dit duidelijk tot uiting. Illustratief waren ook de hoge, met zwart plastic afgedekte dranghekken bij de onthulling van dit monument, waardoor het massaal opgekomen zwarte publiek ver van de ceremonie werd gehouden.²⁷ Foto's waarop een woedende zwarte menigte stond afgebeeld, haalden vervolgens de voorpagina van vele kranten. Het beeld was opnieuw bevestigd. Daar staat tegenover dat tegelijkertijd, juist door de actieve aanwezigheid van zwarte nazaten in de Nederlandse samenleving, het slavernijtaboe ook wordt doorbroken en een groeiende groep witte Nederlanders ook kritisch naar zichzelf en hun geschiedenis begint te kijken.²⁸

Onder onze witte informanten kwamen wij dan ook een heel scala aan verschillende houdingen tegenover het slavernijverleden tegen: van (het koesteren van de) onwetendheid over de zwarte bladzijde in de Nederlandse geschiedenis, tot plaatsvervangende schaamte voor wat hun voorouders hebben aangericht en van racistische superioriteitsgevoelens tot oprechte belangstelling voor de Afro-Caraïbische culturen in Nederland. Over het algemeen lijken de witte nazaten zich echter toch veel minder bezig te houden met het slavernijverleden dan zwarten. 'Dat komt', formuleert een informant,

---

²⁶ Alex van Stipriaan deed dit bijvoorbeeld tijdens een 1 juli-conferentie (ter gelegenheid van de jaarlijkse slavernijherdenking) in 2000, in een voordracht getiteld 'Tussen trauma en taboe; Nederlanders en hun slavernijverleden', die later grotendeels werd verwerkt in een publicatie in Trouw (Van Stipriaan 2001).
²⁷ Dit werd door de autoriteiten gelegitimeerd met de aanwezigheid van de koningin en andere hoogwaardigheidsbekleders, maar bij andere publieke gebeurtenissen, van Koninginnedag tot officiële werkbezoeken, wordt de koningin nooit op een dergelijke manier afgeschermd.
²⁸ Dat bleek bijvoorbeeld uit de enquête van het *Historisch Nieuwsblad* (oktober 2004). Na het kolonialisme in zijn algemeenheid en meer in het bijzonder de politionele acties in Indonesië, was de transatlantische slavenhandel de historische gebeurtenis waarvoor Nederlanders zich het meest schaamden. Vergeleken met een enquête met dezelfde strekking, vier jaar eerder, was het percentage zelfs verdubbeld van acht naar zestien procent van de ondervraagden.

Fig. 44. Emoties bij de onthulling van het slavernijmonument in het Amsterdamse Oosterpark, 1 juli 2002

doordat derde-generatiedaderschap niet bestaat, derde-generatieslachtofferschap wel. Er zijn geen schuldigen, geen daders meer aan te wijzen, 'schuldgevoel' wordt niet doorgegeven. Gevoelens van betrokkenheid en slachtofferschap worden wel van ouder op kind overgedragen, die zetten zich voort in verhalen.

Waar witte Nederlanders in hun geboorteland zich kennelijk na enkele generaties aan hun betrokkenheid met het slavernijverleden kunnen onttrekken, is dat voor degenen wier voorouders naar 'de West' trokken, wat moeilijker. Voor informanten uit die categorie, met name witte Antillianen, was het plaatsen van de familiegeschiedenis in het kader van de algemene geschiedenis pijnlijk. Toegeven dat er slavernij is geweest, is één ding, toegeven dat je eigen voorouders slaven bezaten, iets anders. Vaak probeerden ze het verleden te nuanceren door te benadrukken dat niet elke witte familie uit die tijd een uitbuitersfamilie was. Zo zei iemand: 'In die tijd was het hebben van een slavin gewoon, dat moet je zien als het hebben van een dienstmeisje nu. En er waren in die tijd ook genoeg blanken op het eiland die niet welgesteld waren.'

Voor veel medewerkers van bewaarinstellingen in Nederland, die beroepshalve met het slavernijverleden te maken kregen, was het een eye-opener dat het slavernijverleden nog leeft onder nazaten van tot slaaf gemaakte mensen. Typerend is dan ook dat weinig witte informanten weten of hun voorouders een actieve rol hebben gespeeld in de slavernijgeschiedenis. Sterker nog, sommige witten zeggen dat hun voorouders net zo goed werden uitgebuit en dat zij daarom helemaal niets met de slavernij te maken hebben. Dat is deels zeker het geval geweest, al moeten we niet vergeten dat gedurende de slavernij vele honderdduizenden uit alle lagen van de Nederlandse samenleving op een of andere wijze betrokken zijn geweest bij het transatlantisch slavernijsysteem. Maar bovenal lijkt uiteindelijk toch de gehele samenleving doordrenkt te zijn geraakt met de mentale erfenis van de slavernij. Stereotype beelden van witte superioriteit tegenover zwarte inferioriteit die via het onderwijs, de kerk, de politiek en de massamedia voortdurend werden ge(re)produceerd hebben daar sterk aan bijgedragen. Tot de dag van vandaag zingen Nederlandse kinderen uit volle borst: ook al is de knecht van Sinterklaas zwart als roet, tóch meent hij het wel goed (zie ook fig. H middenkatern).

Inmiddels vindt het slavernijdebat in Nederland in verschillende vormen en op verschillende fronten plaats, met deelnemers van uiteenlopende maatschappelijke achtergronden. Er worden boeken geschreven, bijeenkomsten en lezingen georganiseerd, er wordt in de media gedebatteerd en er worden films en tentoonstellingen geproduceerd. Al deze vormen vinden hun weg in verschillende circuits. Het ene kan worden gekenmerkt als het witte, of reguliere circuit van gevestigde instellingen met het grootste bereik, gedomineerd door voornamelijk witte beleidsmakers en producenten, maar met een niet geheel wit publiek. Het andere circuit is zwart, bevindt zich meer in de marge en vrijwel alle betrokkenen, producenten én publiek, zijn zwart.

Zo'n tweedeling in kleur is inmiddels zeer gebruikelijk in het maatschappelijk debat en ook wij passen hem als typologie toe in dit onderzoek. Het vergemakkelijkt de beschrijving en analyse, zeker als het gaat om zoiets lastigs als mentaal cultureel erfgoed. Toch dienen we ons op z'n minst eerst afgevraagd te hebben of zo'n zwart-wit dichotomie inderdaad het meest geschikte instrumentarium is om álle mentaal erfgoed van het slavernijverleden boven tafel te krijgen. Er bestaat namelijk een gevaar dat slavernijerfgoed (= zwart) vooral wordt gezien als slavenerfgoed, dat dus alleen op de nazaten van de slaven betrekking heeft. Daarnaast zou er dan wit erfgoed zijn dat alleen de witte nazaten zou aangaan. Zij die zichtbaar Afrika 'in hun genen hebben', behoren dan tot de erfgenamen van het zwarte verhaal, zij die dat niet hebben tot de erfgenamen van het witte verhaal. Dat er in dergelijke zwart-wit schema's wordt gedacht, kan enerzijds strategisch zijn in de emancipatiestrijd, anderzijds kan het zelf een typische erfenis van het slavernijverleden zijn. In ieder geval verhult het de erfenis die bestaat uit de onontwarbare verknooptheid van beide 'verhalen' en het creëert het gevaar dat de witte Nederlander het slavernijverleden nog minder ziet als iets dat ook van hem is.

Tegelijk gaat het voorbij aan de complexe genuanceerdheid van de (historische) werkelijkheid, zoals de feitelijke 'samenstelling' van de nazaten in de

Fig. 45. Politicus, arts en schrijver (onder andere van *Mijn zuster de negerin*) Cola Debrot (midden), hier op bezoek in het Tropenmuseum, circa 1955 (Collectie Tropenmuseum, bedrijfsfotoarchief)

(voormalige) koloniën, die misschien wel vaker van beide partijen afstammen dan van één. Die gemengde nazaten kunnen zeer uiteenlopende huidskleuren hebben, van op het oog zuiver zwart tot op het oog zuiver wit en alles wat daartussen valt.[29] Een ander deel van die werkelijkheid is het feit dat er zwarten waren die reeds vóór de emancipatie vrij waren en soms zelf slaven bezaten. Op Curaçao kochten reeds in 1717 vrije zwarte ambachtslieden pas aangekomen 'piezas de India', 'kwaliteitsslaven', waarschijnlijk om voor hen

[29] Zie bijvoorbeeld het eerder aangehaalde verhaal van Jaap Verseput, ogenschijnlijk een 'witte' Nederlander, die ontdekte af te stammen van de familie van Elisabeth Samson (Verseput 2002).

IV Individuen en Afro-Caraïbische organisaties 147

te werken (interview Han Jordaan). In Suriname was een aanzienlijk deel van de negentiende-eeuwse plantage-eigenaren niet-wit. Een zwart-wit schema is dus te beperkt om de historische werkelijkheid en de erfenis daarvan geheel in beeld te krijgen. Toch neigen we er vanwege het (politieke?) gemak relatief snel toe.

Een Antilliaanse informant van deels Surinaamse komaf vertelt over het 'partij kiezen' tussen de 'zwarte' en de 'witte' zijde:

> De mengrassen zijn echt een lacune in de wetenschap. In de discussie worden ze totaal gemarginaliseerd. Als 'dubbelbloed' word je vaak gedwongen een keuze te maken. Het westen accepteert ons niet, maar de zwarten ook niet. Ik heb eens tegen een granman gezegd: 'Jullie met je voorouderverering, wat willen jullie dat ik doe? Ik hoor toch *ook* mijn witte voorouders te vereren? Waar zijn jullie nou mee bezig?' Ik vind dat als je wit bloed in je aderen hebt stromen en je ontkent dat, dan bevestig je de witte cultuur juist.

Deze informant wil dus zowel zijn zwarte als zijn witte voorouders erkennen, maar voelt zichzelf van 'zwarte zijde' niet altijd erkend. Is hij namelijk wel zwart genoeg? Worden lichtgekleurde mensen wel toegelaten in het kamp?

> Ik zat eens in een panel waar Spike Lee ook inzat (hij is absoluut tegen rassenmenging, zie zijn film *Jungle fever*) en ik zei tegen de 'dubbelbloedjes' in de zaal: 'Acknowledge your white ancestors, even though they don't acknowledge us'. Geen reactie. Je kon een speld horen vallen in de zaal. Voor dat publiek ben je zwart, ook al heb je maar een achtste deel zwart bloed in je stromen. Later, in de pauze, kwamen er mensen naar me toe die zeiden: 'We voelen wel aan wat je bedoelde, hoor'. Maar mij publiekelijk bijvallen, ho maar.

Waar de een dus zegt: 'Ik ben gekleurd, niet blank of zwart, anders zou ik een deel van mij niet erkennen' en de volgende: 'Ik ben geen halfbloed, ik ben een heel mens, van dubbele afkomst, een dubbelbloed!', staat weer een ander in interne tweestrijd. Een kleindochter van een dochter van een slavin die trouwde met een zoon van een slavenhouder: 'Ik praat liever over mijn oma dan mijn opa. Als ik mijn opa's kant van de familie nu herstelbetalingen kon laten betalen voor hun wandaden, dan deed ik dat.'

Toch zijn er ook mensen met een dubbele afstamming die dit juist als een voordeel ervaren.

> Als moksimeti heb ik een breder inlevingsvermogen naar beide partijen toe, niet alleen naar het slachtoffer of de *boogieman*. Ik als link blijf beide groepen aanspreken. De huidige discussie gaat over een onverwerkt cultureel trauma. Maar wie is nu de patiënt en wie de psychiater? Want de patiënt is zwart, maar ook wit. Het lijkt me niet dat die dan ook de psychiater kunnen zijn. Zwarte mensen vinden vaak dat zij de enigen zijn die erover mogen praten, maar het zijn wij, de moksies, de afstammelingen van slaven én slavenhouders (en niet uitzonderlijk uit liefde gemaakt) die de rol van psychiater op ons kunnen nemen en de brug kunnen slaan.

En in het recentere *Slaaf en meester* (2002) ziet Carel de Haseth de interactie tussen wit en zwart tijdens de slavernij zelfs niet eens als louter negatief:

> Natuurlijk zijn er onacceptabele wreedheden gebeurd, die de mens in deze tijd van afgrijzen vervullen. Maar er was ook een menselijke band. Ze leefden in de kleine gemeenschap van stad of plantage; vaak ging het maar om een handjevol mensen. De kinderen van slaven en meesters groeiden met elkaar op; ze raakten vertrouwd met elkaars leefgewoonten en leerden van elkaar.

De complexiteit van de verstrengeling van zwart en wit is ook al langere tijd hoofdthema in diverse romans. De ultieme vorm daarvan beschreef de Antilliaanse auteur Cola Debrot in zijn klassieker *Mijn zuster de negerin* (1935, tevens verfilmd). Daarin blijkt de begeerde zwarte Maria uiteindelijk de zuster te zijn van de witte hoofdpersoon, zoon van een *shon* (landgoedeigenaar).

Hoe verschillend de beleving onder nazaten ook lijkt, feit is dat een groot deel van deze 'dubbelheid' is ontstaan tijdens de slavernij door toedoen van witte mannen. Al was het dan noodgedwongen, zij hadden omgang met zwarte vrouwen en hanteerden vervolgens voor hun nageslacht een hiërarchische, raciale categorisering die een verdeel-en-heers-beleid vergemakkelijkte.[30] Deze categorisering (hoe witter van kleur en sluiker van haar, hoe mooier) werd langzamaan geïnternaliseerd en werd tevens een paspoort voor maatschappelijk succes. Kleur en klasse werden onontwarbaar verbonden identificaties die de nazaten van slaven verdeeld hielden (zie Hoetink 1985)[31] en die deels ook meegenomen werden naar Nederland.

Daar werd echter iedereen van wie ook maar enigszins te zien was dat er Afrikaanse voorouders in het spel waren geweest, zonder onderscheid van kleurschakering onder één noemer geschaard: Surinamer dan wel Antilliaan. En dat betekende in eerste instantie voor de meesten ook slechts één klassepositie: onder aan de maatschappelijke ladder.[32] Een gevolg is dat Surinamers

---

[30] 'De kleurlingvrouw, beschouwt zich meerder als hare zwarte moeder, omdat zij tot de blanken nadert, welke als eijgenaren en meesters der kolonie beschouwd worden'. En 'de kinderen van de Mulattin met een blanke voortgeteelt, beschouwen zich al weder als meer veredelt en zo vervolgens' (Lammens 1982:58). De meest gebruikelijke categorisering die werd gehanteerd was: wit met zwart geeft mulat, wit met mulat geeft mesties, wit met mesties geeft kasties en wit met kasties geeft poesties, en dan zijn er 'de Kabougres, uit de vereeniging van een Kleurling met een Negerin, wanneer de kleur weder verdonkert, en zoms zo zwart is als bij veel negers' (Lammens 1982:99). Zie ook noot 31 en 33.

[31] De complexiteit van deze combinatie werd nog veel groter toen als gevolg van de afschaffing van de slavernij Chinese, Hindostaanse (Brits-Indische) en Javaanse contractarbeiders werden ingevoerd waardoor het tijdens de slavernij opgezette etnische verdeel-en-heersbeleid navenant kon worden uitgebreid en verder geïnstitutionaliseerd. Ook dit kan als erfenis van de slavernij worden opgevat.

[32] Opmerkelijk genoeg is dat niet altijd zo geweest. Tot in de jaren vijftig van de twin-

en Antillianen sinds de grote migratiestromen die in de tweede helft van de twintigste eeuw op gang kwamen, in Nederland verhoudingsgewijs meer in de lagere maatschappelijke strata terechtkwamen dan in de hogere, al begint dit inmiddels wel te veranderen. Dit droeg ertoe bij dat sommige Afro-Caraïbiërs juist in Europa hun zwarte identiteit begonnen te (her)ontdekken.

Tegelijkertijd liepen en lopen Afro-Caraïbiërs in Nederland ook vaak op tegen wat onder zich emanciperende vrouwen 'het glazen plafond' wordt genoemd: in principe is alles voor iedereen bereikbaar en toch kom je er als buitenstaander niet tussen, met name in de hogere sociaal-economische echelons, daar waar de beslissingen worden genomen. Zo valt onder zwarte onderzoekers in Nederland wel het verwijt te horen dat zij moeilijker toegang hebben tot de betere onderzoeksposities en tot de fondsen voor wetenschappelijk onderzoek. Zij kunnen daarom blijven steken in een gemarginaliseerd, etnisch bepaald circuit. Van witte kant wordt hen daarentegen soms overgevoeligheid en slachtoffergedrag verweten.

Feit is dat het overgrote deel van het onderzoek naar het slavernijverleden en de publicaties daarover door witte wetenschappers worden geproduceerd. Dat dit bewust anti-zwart beleid zou zijn, lijkt niet erg waarschijnlijk. Maar dat witte wetenschappers en beleidsmakers elkaar op alle mogelijke manieren gemakkelijker weten te vinden dan hun zwarte collega's is zeker geen fictie, alleen wel lastig hard te maken. Dat typeert de weerbarstigheid van de koloniale erfenis. Er is moeilijk een vinger achter te krijgen, maar uit gesprekken en discussies hierover blijkt dat het door degenen die zich buitengesloten voelen, wel degelijk als een harde realiteit wordt ervaren. Het is bovendien verontrustend dat de aanwas van jonge zwarte historici stagneert. Zoals de meeste migrantenkinderen lijken Afro-Surinaamse en Antilliaanse studenten eerder voor carrièregerichte wetenschappelijke disciplines te kiezen dan voor het onzekerder perspectief van historicus.

Als gevolg van dit alles bestaat er soms aan zwarte kant een zekere angst zich al te openhartig over het slavernijverleden te uiten. Volgens een informant bedenken sommigen zich wel twee keer voordat ze zich in het publieke debat mengen: 'Ik kom zwarten tegen die het onderwerp slavernij niet willen bespreken, omdat ze zeggen dat Nederlanders dat weer tegen je kunnen gebruiken [...]. Dat soort mensen zegt dan tegen mij: "Jij hebt het toch niet nodig, want jij hebt succes!"'

Overigens wordt het zwart-witschema soms ook doorbroken door emotionele betrokkenheid aan witte kant. Een conservator die veel belangstelling heeft voor het slavernijverleden maar zich niet direct verantwoordelijk voelt omdat haar Duitse familie daar niet bij betrokken was, onthulde: 'Ik vind het

---

tigste eeuw bestond een groot deel van de (nog kleine groep) Surinaamse migranten in Nederland uit studenten. Zij werden vooral als exotisch gezien, en vielen als student toch al enigszins buiten de samenleving (zie Oostindie en Maduro 1986).

verschrikkelijk dat slavernij heeft plaatsgevonden, met name wanneer ik me in de slaaf verplaats. Dan voel ik absoluut schaamte, hoewel mijn voorouders daarin geen aandeel hebben gehad. Op lezingen over het onrecht dat slaven Hoe het ook zij, alle discussies naar aanleiding van de komst van een slavernijmonument maakten wel duidelijk dat velen, op heel verschillende manieren, emotioneel gevangen zitten in (de erfenis van) het slavernijverleden en dat het ontdekken van de verknooptheid van de zwarte en witte geschiedenis nog in de kinderschoenen staat.

Daar komt nog een complicerende factor bij. Weliswaar zijn de Surinaamse en Antilliaanse samenleving vrijwel geheel uit de grond gestampt als onderdeel van het transatlantisch slavernijsysteem, dat betekent nog niet dat alle groepen in die samenlevingen zich op eenzelfde manier verbonden voelen met dat slavernijverleden, of dat Afro-Surinamers en Antillianen in Nederland vanwege het slavernijverleden automatisch met elkaar omgaan. Dat er Aziaten en andere groepen zijn aangevoerd als gevolg van de afschaffing van de slavernij en dat hun arbeid vaak wordt aangeduid als een nieuwe vorm van slavernij, wil nog niet zeggen dat zij eenzelfde erfenis meedragen als de nazaten van Afrikanen, noch dat zij door diezelfde nazaten als mede-erfgenamen van het slavernijsysteem worden erkend.

Typerend is de observatie van de Hindostaans-Surinaams-Nederlandse socioloog Ruben Gowricharn die terugblikt op de 1 juli-viering, Keti Koti, gedurende zijn jeugd in de Paramaribose volkswijk Poelepantje:

> De dag waarop de afschaffing van de slavernij wordt gevierd in Suriname, de eerste juli, is geen gewone vrije dag, maar een feestdag. Dat is vooral te merken op de kleine markt. Muziekbandjes met creoolse muziek en dansende creoolse vrouwen in traditionele kotomissie-dracht domineren het beeld. Karakteristiek zijn ook de hand- en spandiensten verlenende mannen en de talloze Surinaamse frisdranken en hapjes die elke bezoeker gratis krijgt uitgedeeld. Ook de Hindoestanen, Chinezen en Javanen die naar het spektakel kijken, maar vaak op een eerbiedige afstand blijven. Want hoe vertrouwd het allemaal ook mag zijn, de viering van de afschaffing van de slavernij blijft [voor hen] een beetje vreemd aandoen. De afschuwelijke verhalen over de slavernij kenden we van school, niet van de familie of op een andere directe manier. De afstammelingen van de Aziaten arriveerden na de afschaffing van de slavernij in Suriname. Zelfs een gewilde identificatie met dat historisch verleden bleef hierdoor onvolkomen. Bovendien was er sindsdien niet bijster veel contact tussen de bevolkingsgroepen. (Gowricharn 2000:61.)

Wat Surinamers en Antillianen vooral gemeen hebben, is een verleden met dezelfde kolonisator. Het was dan ook opmerkelijk om bij de onthulling van het slavernijmonument in Amsterdam tussen de overgrote meerderheid van Afro-Nederlanders toch ook een klein aantal Hindostanen, Chinezen en Javanen te zien. Kennelijk is het slavernijverleden voor hen deel van het gemeenschappelijk nationaal verleden geworden.

IV Individuen en Afro-Caraïbische organisaties 151

Fig. 46. Hindostaans- en Afro-Surinaamse toeschouwers bij Koninginnedagparade in Paramaribo, circa 1900 (Collectie Tropenmuseum, nr. 0004 8016)

Eens te meer geldt dat wellicht voor de grote groep die van gemengde afkomst is en meestal ook wel een Afrikaanse voorouder heeft.[33] Het zou interessant kunnen zijn te onderzoeken hoe deze groepen zich tot het slavernijverleden verhouden. Voelen zij er net zo'n band mee als directe nazaten van Afrikanen, of is het bij hen meer een bewuste keuze? Voelen zij zich gedwongen 'kleur te bekennen' of is het slavernijverleden niet meer etnisch gebonden, maar behoort het tot de gemeenschappelijke historische canon van een gehele natie? Geldt dat dan in gelijke mate voor Surinamers, Antillianen en Arubanen? En wat betekent dat dan voor de Nederlandse historische canon in dit opzicht? Prikkelende vragen voor verder onderzoek.

Slachtofferschap of eigen kracht?

In de antwoorden die wij van onze respondenten kregen op vragen naar de mentale erfenis van de slavernij, kwamen nogal eens emoties naar boven die, zeker in geschreven vorm, het beeld oproepen van slachtofferschap. Deels is

---

[33] Zo spreekt men in Suriname van *krioro*, *malata* en *kabugru* (creool, mulat, karboeger, verzamelnamen voor mensen van gemengde afkomst, met in ieder geval Europese en Afrikaanse voorouders), *dogla* (van gemengd Afrikaans-Hindostaanse afkomst), *blaka jampanesi* (Afrikaans-Javaans) en *blaka snesi* (Afrikaans-Chinees).

dat beeld juist en voelen velen zich inderdaad slachtoffer van een geschiedenis en van structuren die hen al eeuwen in het verdomhoekje plaatsen. Toch is dat maar deel van het verhaal. In de eerste plaats worden die gevoelens vaak verwoord op een toon en met een intensiteit die eerder als woede en verzet dan als slachtofferschap kunnen worden aangemerkt. In de tweede plaats blijken veel van diezelfde respondenten tegelijk de geschiedenis ook te gebruiken als bron van inspiratie en kracht, het tegenovergestelde van slachtofferschap.

Steeds meer Surinaamse en Nederlandse families met een koloniaal verleden zijn bijvoorbeeld nieuwsgierig geworden naar hoe de eigen voorouders in Suriname terecht zijn gekomen. Is de voorouder bijvoorbeeld als Afrikaan tot slaaf gemaakt, reisde die als Europese slavenhouder of soldaat af naar Suriname of is die uit Azië gehaald en vervolgens op de boot naar Suriname gezet als contractarbeider?

Fig. 47. Jan Wicherides (1775-1802), de in Nederland gevestigde zoon van gouverneur J.G. Wichers en de zwarte Adjuba van Hesterslust
(Collectie Iconografisch Bureau/Stichting Rijksbureau voor Kunsthistorische Documentatie, Den Haag)

Zij kunnen sinds 2001 terecht bij de Stichting voor Surinaamse Genealogie (www.stisurgen.nl). Daar krijgen (beginnende) onderzoekers richtlijnen bij het zoeken, verzamelen, documenteren, analyseren en interpreteren van historisch (familie)materiaal. *Wi Rutu* is het eigen tijdschrift waarin leden de resultaten van boeiend familieonderzoek onder de aandacht brengen van een breed publiek.

Ook is er grote belangstelling voor de helden van het slavenverzet. Iedereen kent de namen van Boni, Baron, Jolicoeur, Tula en Karpata. Zij zijn als een soort historische rolmodellen gaan fungeren en regelmatig komt het voor dat ouders hun kinderen aanmoedigen een schoolwerkstuk, spreekbeurt, of scriptie aan deze helden of het verzet in het algemeen te wijden. Het probleem is dan vaak dat velen niet weten waar ze informatie daarover kunnen vinden.

In het verlengde van laatstgenoemde tendens is er nog een derde aspect dat eveneens tot de mentale erfenis van het slavernijverleden behoort en juist het tegenovergestelde van slachtofferschap laat zien, namelijk het cultuurnationalisme. Niet alleen zijn velen trots op de eigen taal en cultuur, al of niet bewust gekoppeld aan het slavernijverleden, maar bovendien is het al heel lang een bron van verzet tegen de witte dominantie.

Al zeker een eeuw lang zijn er mensen die strijden voor een volwaardige plaats voor c.q. erkenning van het Sranan en het Papiamentu, naast of in plaats van het Nederlands. Ieder van hen heeft op eigen wijze het idee van witte superioriteit bestreden en de witte machtsstructuren pogen te ondergraven. Zo groeide er in sommige kringen een strijdbaar klimaat van zwart zelfbewustzijn, dat zich uiteindelijk ook weer terugvertaalde naar de Surinaamse en Antilliaanse politieke en culturele wereld. Anton de Kom, Papa Koenders, Eddy Bruma en Frank Martinus Arion zijn daar enkele van de bekendste exponenten van.

Tegelijk zijn zij ook illustratief voor het feit dat een deel van die strijd en dat groeiend zelfbewustzijn of cultuurnationalisme plaatsvond en -vindt in Nederland. Behalve Koenders hebben zij allemaal een deel van hun leven in Nederland doorgebracht en daar hun gedachtegoed (verder) ontwikkeld. De Kom (zie ook fig. K middenkatern) schreef er – in ballingschap – zijn beroemde *Wij slaven van Suriname*, Bruma het toneelstuk *De dood van Boni* en Frank Martinus zijn bestseller *Dubbelspel*. Deze en nog vele andere cultuurproducten behoren inmiddels tot de canon van de Surinaamse respectievelijk Antilliaanse literatuur en soms ook van de Nederlandse.[34]

Koenders is nooit buiten Suriname geweest, maar wordt wel als de vader gezien van de (cultuur)nationalistische beweging Wi Egi Sani (Ons eigen

---

[34] Zo zijn de boeken van Cynthia McLeod die zich voor een groot deel in de slaventijd afspelen, bestsellers aan beide zijden van de oceaan.

Fig. 48. Het Nationaal instituut Nederlands slavernijverleden en erfenis, NiNsee, een van de weinige in zijn soort in Europa (Foto: Elsbeth Tijssen, 2005)

(erf)goed) die begin jaren vijftig met name door Afro-Surinaamse studenten in Amsterdam werd opgericht. Het cultuurnationalisme dat toen door deze vooral intellectuele voorhoede deels in Nederland werd gesmeed, is inmiddels gemeengoed geworden onder veel bredere lagen van de nazaten van het slavernijverleden.

Geleidelijk aan komt nu ook via de verschillende cultuurcircuits, zwart én wit, het slavernijverleden het witte Nederlandse bewustzijn binnen. In diverse recente romans speelt het thema een rol, verschillende filmproducties werden eraan gewijd en de tentoonstellingen en theaterproducties zijn inmiddels zelfs niet meer op twee handen te tellen.[35] Het hoogtepunt van al deze producties lag rond de 130-jarige herdenking van de afschaffing van de slavernij in 2003. Het is te hopen dat het geen hype van voorbijgaande aard was, maar dat het inderdaad deel wordt van het Nederlands historisch en cultureel besef en daarmee van een nieuw soort gemeenschappelijk erfgoed. In ieder geval tonen zij het brede palet aan emoties, attitudes en vragen tussen de posities van slachtoffer en beul, verzet en collaboratie. De producties zélf vormen alleen al een teken van grote creativiteit en kracht, en soms ook van zwart-witte samenwerking.

Nationaal Monument en Nationaal instituut Nederlands slavernijverleden en erfenis

De toegenomen belangstelling voor het Nederlandse slavernijverleden hoeft geen hype te zijn. Sinds enkele jaren kent Nederland twee plaatsen waar het slavernijverleden zichtbaar en permanent een plaats is gegeven, met de bedoeling dit verleden op structurele wijze te verwerken. Met de oprichting van een slavernijmonument (2002) en een slavernij-instituut (2003) kan nu het Nederlandse slavernijverleden blijvend onder de aandacht worden gebracht.

De totstandkoming van monument en instituut heeft veel voeten in de aarde gehad. Halverwege de jaren negentig ontstonden diverse initiatieven bij een aantal Afro-Caraïbische organisaties in Nederland om maatschappelijke erkenning te eisen voor de slavernij waar hun voorouders onder hadden

[35] Een recente greep: boeken van Cynthia McLeod, Lydia Rood, John de Bye en Nelleke Noordervliet; films van Frank Zichem (waaronder een serie voor schooltelevisie, bekroond met een prestigieuze prijs in Japan), Vincent Soekra en Leon Giesen; tentoonstellingen in het Nederlands Scheepvaartmuseum Amsterdam, Wereldmuseum Rotterdam, Tropenmuseum (Amsterdam), Afrika Museum (Berg en Dal), NiNsee (Amsterdam), Zeeuws Archief (Middelburg), Artoteek Zuidoost (Amsterdam), Museon (Den Haag) en Foam Fotografiemuseum Amsterdam; toneelstukken gebaseerd op de levens van John Gabriel Stedman, Maria Susanna Duplessis, Joannes Capitein (*De kleur van droes*), Baron, Boni en Jolicoeur, een bewerking van Helmans beroemde *Stille plantage*, twee zogenaamde du-theaterproducties (Afro-Surinaams 'totaaltheater' ontstaan in de slaventijd), kindertoneel *Mama Afrika* en het multimediaspektakel Fort Amsterdam Slavernij Mo(NU)ment.

geleden en de erfenis daarvan waar zij zelf dagelijks mee te maken hebben. Uiteindelijk werden in 1999 die initiatieven gebundeld in het Landelijk Platform Slavernijverleden (LPS). Hierin was een groot aantal organisaties verenigd van Afro-Surinamers, Antillianen en Arubanen, Ghanezen en Inheemsen, die zich beijverden voor de oprichting van een monument en een instituut.

Na jaren van krachtig onderhandelen met de Nederlandse overheid kwam het Nationaal Monument Nederlands Slavernijverleden er. Het werd gemaakt door de Surinaamse kunstenaar Erwin de Vries. Precies een jaar na de onthulling werd op 1 juli 2003, vlakbij het monument, ook Nederlands eerste slavernij-instituut geopend, het Nationaal instituut Nederlands slavernijverleden en erfenis (NiNsee). Ook dit wordt door de Nederlandse overheid gesubsidieerd. Met het financieren van monument en instituut heeft de Nederlandse regering duidelijk een gebaar willen maken, al zijn er ook mensen die het beschouwden als een goedkope manier van afkopen om daarna weer over te gaan tot de orde van de dag.

Sinds de opening is in het NiNsee permanent een tentoonstelling over slavernij te zien. In die tentoonstelling wordt getoond hoe het systeem van slavenhandel en slavernij in elkaar zat. Veelzeggend zijn daarbij de grote portretten van Nederlandse kopstukken die aansprakelijk waren voor de slavenhandel. Ook besteedt de tentoonstelling aandacht aan verzet. Met name het verzet van slaven tegen hun onderdrukkers en de creatie van een (verzets)cultuur worden belicht. Maar daarnaast wordt ook het protest getoond dat in die tijd in sommige Nederlandse kringen bestond, zoals bij vrouwenverenigingen die op een eigen manier protesteerden tegen het onrecht van slavernij. De tentoonstelling is tot 2008 te bezichtigen.

Ook op andere manieren houdt het NiNsee zich bezig met het Nederlandse slavernijverleden. Wetenschappelijk onderzoek, creatieve en educatieve projecten, wisseltentoonstellingen, lezingencycli en specifieke discussiebijeenkomsten met groepen nazaten vormen daar onderdeel van (zie ook www.ninsee.nl). Al deze activiteiten hebben ten doel de stilte te doorbreken, een nieuw licht te laten schijnen op het slavernijverleden en de Nederlandse samenleving ervan bewust te maken dat dit een integraal onderdeel is van haar eigen geschiedenis.

Met de totstandkoming van het monument en een slavernij-instituut heeft Nederland een belangrijke stap gezet naar erkenning van het leed dat het Afrikanen in de slaventijd heeft aangedaan en van de erfenis die daar het gevolg van is. Maar dat is niet vanzelf gegaan. Daar hebben nakomelingen van slaven lang en vasthoudend voor gevochten.

HOOFDSTUK V
Op zoek naar de stilte

> History is the fruit of power, but power itself is never so transparent that its analysis becomes superfluous. The ultimate mark of power may be its invisibility; the ultimate challenge, the exposition of its roots. (Trouillot 1995:25.)

Stiltes in materieel erfgoed

Een opvallende uitkomst van het onderzoek is het verschil tussen het aangetroffen erfgoed afkomstig uit Suriname en dat uit de Nederlandse Antillen en Aruba. Hoewel deze gebieden alle drie heel lang kolonie van Nederland zijn geweest en alledrie als onderdeel van het transatlantisch slavernijsysteem zijn 'ontstaan', is er ook een aantal verschillen dat mogelijk van invloed is geweest op het in Nederland aanwezige erfgoed van deze gebieden. Zo was Suriname een eindstation voor Afrikanen en vormden Curaçao en Sint Eustatius veel meer een doorvoerstation. Suriname was dan ook een typische plantage-economie, volledig ingericht voor de productie ten behoeve van Nederland. De Antillen waren veel meer een handelskolonie gericht op handel in de Amerika's (zie bijvoorbeeld Klooster 1998).

Een consequentie daarvan is dat Suriname zich van het begin af aan meer in een isolement ontwikkelde en in feite alleen op Nederland georiënteerd was, terwijl de Antillen meer gericht waren op de eigen regio. Daardoor is de belangstelling van Nederland ook altijd groter geweest voor Suriname dan voor de Antillen, en omgekeerd is daardoor ook de Surinaamse aanwezigheid in Nederland ouder en groter dan de Antilliaanse. Alleen al de twintigste-eeuwse migratiegeschiedenis getuigt daarvan.

Paradoxaal genoeg is Suriname tegelijkertijd Afrikaanser gebleven – en daarmee in Nederlandse ogen exotischer – dan de Antillen en Aruba. Dit hangt samen met de grootte van het land, het langdurige isolement van de plantages en de relatief omvangrijke en eveneens tamelijk geïsoleerde Marrongemeenschappen. Dit alles heeft tot gevolg gehad dat naar de Surinaamse slavernij en Afro-Surinaamse cultuur veel meer onderzoek is gedaan dan naar de Antillen, en dat Nederlandse particulieren en musea wel Surinamica hebben verzameld, met name van Marrons, maar nauwelijks Antilliana.[1]

In de tijd waarin het verzamelen van exotica begon op te komen, was de slavenhandel met Afrika al afgeschaft en leidden de Nederlandse bezittingen op de Afrikaanse kust, voor zover nog aanwezig, een zieltogend bestaan. Vandaar dat Afrika-collecties in Nederland niet of nauwelijks een relatie hebben met het slavernijverleden en dat de recente migratie van West-Afrika naar Nederland niet met dat verleden in verband staat.[2]

Dat betekent dat er alleen al door de geografische onevenwichtigheid in het slavernij-erfgoed grote stiltes zitten. Deze hebben onder andere tot gevolg dat het slavernijverleden, voor zover bekend, vooral in verband wordt gebracht met Suriname en dat grote groepen witte Nederlanders iedereen met een Afrikaans uiterlijk als 'Surinamer' aanduiden.[3] De stiltes maken dat we er niet van uit kunnen gaan dat wat voor het ene gebied geldt, automatisch ook voor het andere opgaat. Noch dat wat in Nederland aan erfgoed wordt aangetroffen, representatief is voor alle betrokken Caraïbische landen.

Bibliotheken en archieven

Wanneer we nu de Nederlandse archieven en bibliotheken in ogenschouw nemen, dan blijkt het slavernijverleden daar, zeker voor de professionele onderzoeker, niet al te moeilijk op te sporen; soms blijkt er zelfs een overvloed aan materiaal te zijn. Het gaat daarbij vrijwel zonder uitzondering om materiaal geproduceerd door de kolonisator ofwel de slavenmaker. Grote delen hiervan zijn al gebruikt voor publicaties over de slavernijgeschiedenis. Dat neemt echter niet weg dat daarmee die geschiedenis nog lang niet ook maar enigszins volledig in kaart is gebracht.

In de eerste plaats is er de grote geografische onevenwichtigheid: over Suriname is vrij veel gepubliceerd, over de Antillen, Afrika en de transatlantische slavenhandel weinig. In de tweede plaats is er een grote onevenwichtigheid in het perspectief: in de meeste publicaties overheerst een soort macroperspectief, van buiten- en/of bovenaf. Voor zover nazaten van dit verleden bekend zijn met deze (merendeels tamelijk recente) literatuur, is het voor hen vaak moeilijk 'zichzelf' daarin te herkennen. Laat staan dat die literatuur dui-

---

[1] Naast de Marronculturen is door etnografen en verzamelaars in Suriname ook altijd veel aandacht geschonken aan de Inheemse volken, en ook die zijn op de Antillen en Aruba nauwelijks meer aanwijsbaar aanwezig.

[2] Al heeft Nederland wel een status-gerelateerd imago in West-Afrika. Zo zijn *Dutch wax* (prachtig bedrukte, in Helmond geproduceerde kledingstoffen) en *Dutch schnapps* (Schiedamse jenever), allebei producten die ook al ten tijde van de slavenhandel tot de belangrijkste ruilgoederen behoorden, er zeer populair.

[3] In het algemeen denken heel veel witte Nederlanders bij 'Surinamer' ook alleen aan een Afro-Surinamer en niet aan een Hindostaans, Javaans of Chinees Surinamer.

delijk maakt welke erfenissen zij van deze geschiedenis met zich meedragen. Vrijwel zonder uitzondering lopen deze beschrijvingen tot 1863. In de derde plaats is nog zeer weinig geprobeerd dit bronnenmateriaal te combineren met andersoortige bronnen, met als uitzonderingen interessante studies als die van Richard Price (1983, 1990) en Wim Hoogbergen (1996). En tenslotte drong tot voor kort de in deze studies verzamelde kennis nauwelijks door tot een groter publiek – wit of zwart – en was er ook in de schoolboekjes opmerkelijk weinig van terug te vinden.

Kortom, ondanks de relatief grote hoeveelheid materiaal zitten er nog steeds grote stiltes in de representatie van het slavernijverleden. Dit is mede een gevolg van de eenzijdigheid van de gebruikte bronnen. Te weinig wordt daarbij ook de vraag gesteld: wat wordt hier *niet* verteld? Daarnaast zijn de stiltes een gevolg van het (onbewuste) idee dat de slavernij als thema ophoudt in 1863. Debet daaraan is wellicht de omstandigheid dat het merendeel van de auteurs van deze historische studies nazaat is van de slavenmakers en niet van de tot slaaf gemaakten.

Ook het feit dat het wetenschappelijk onderzoek te weinig voor het grote publiek is 'vertaald', heeft stiltes doen ontstaan, of liever: laten bestaan. Daarvoor was het misschien een te 'ongemakkelijke' geschiedenis, die niet paste in het nationale zelfbeeld van een al vroeg moderne natie met een hoge mate aan tolerantie en vrijheidsdrang. Een laatste verklaring is dat het lange tijd ging om een ver-van-mijn-bed-geschiedenis in een 'onbeduidende uithoek' van de wereld – niet alleen in de tijd, maar vooral ook in geografische afstand. Pas met de komst van grote groepen Surinamers en Antillianen naar Nederland – en wellicht ook door het sterk toegenomen toerisme naar het Caraïbisch gebied – kwam ook hun geschiedenis dichterbij.

Musea

In musea blijkt het opsporen van cultureel erfgoed van het slavernijverleden een stuk moeilijker. Door de hiervoor beschreven stiltes is slavernij tot voor kort nooit een thema geweest in musea. Hun collecties zijn dus niet op dit thema ontsloten en bij conservatoren heeft het in het algemeen weinig aandacht. Zij gaan er dan ook nogal eens van uit dat zij op het gebied van het slavernijverleden niets in huis hebben. Dat er vrijwel geen zwarte conservatoren zijn in Nederland, zal waarschijnlijk ook niet erg bevorderlijk zijn (geweest) voor de aandacht met betrekking tot dit onderwerp.

Zelfs in musea met belangrijke collecties uit Suriname en West-Afrika – zoals gezegd is er nergens echt op 'Antillen' gecollectioneerd – kwam tot voor kort nooit het idee op specifiek aandacht aan de slavernijgeschiedenis te besteden. Dat begint nu langzaam te veranderen. Er bleek zelfs een netwerk van musea te zijn gevormd dat slavernij tot gemeenschappelijk speerpunt heeft gemaakt voor een aantal tentoonstellingen.[4]

Dat neemt niet weg dat er nog veel meer musea zijn waarin erfgoed van het slavernijverleden moet kunnen worden aangetroffen. De casus Leeuwarden liet dat al zien. Onlangs bleek bijvoorbeeld ook het gemeentemuseum het Burgerweeshuis in Arnhem over twee kelkglazen te beschikken waarvan het ene, uit 1764, versierd is met een gravure van de Surinaamse plantage Kleinslust, inclusief enkele slaven, en het andere, van omstreeks 1745, met een 'Curaçao's vaarder', een koopman en een Indiaan. Alweer wat langer geleden stelde de conservator van het Gemeentemuseum Helmond een boek samen over slavernij naar aanleiding van haar vondst in het plaatselijk gemeentearchief van slavernijgerelateerde documenten van een voormalige plantage-eigenaar uit deze stad (Brommer 1993). Arnhem noch Helmond zijn plaatsen die snel in verband gebracht zullen worden met de slavernij; toch blijkt er dus van alles over het onderwerp te vinden.

Deze directe verwijzingen naar de slavernij zijn echter nog maar het topje van de ijsberg. Voor musea geldt in nog sterkere mate dan voor archieven dat vooral de vraag gesteld moet worden wat er NIET getoond of verteld wordt. Dat betekent dat bestaande collecties nooit het enige uitgangspunt kunnen zijn voor de representatie van het verleden. Die laten namelijk voornamelijk zien wat de interesse en optiek is van schilders, etnografen en opdrachtgevers in de tijd waarin het object gemaakt is en/of van degene die de objecten aan de collectie heeft toegevoegd. Datgene wat nooit in beeld is gebracht, geen directe sporen heeft achtergelaten dan wel nooit verzameld is, komt in het verhaal niet voor.

Een collectie zoals die van het Rijksmuseum laat dus eigenlijk alleen zien hoe er heel lang naar de Nederlandse geschiedenis is gekeken. Deze is dus de verbeelding van hoe Nederlanders zichzelf graag wilden zien. Over de 'werkelijke' geschiedenis zegt ze weinig. Zo'n collectie toont niets van de complexiteit, de veelzijdigheid, laat staan de veelstemmigheid van de geschiedenis. Welk verhaal vertellen bijvoorbeeld de ruimen van de schepen die we op al die geschilderde zeventiende- en achttiende-eeuwse zeetaferelen zien? Wie zijn toch die zwarte bedienden op verschillende regentenstukken en wat is hun verhaal? Wat is het grotere verhaal achter het schelpenkabinet van Job Baster? Welke verhalen horen bij al die havengezichten van Willemstad of Paramaribo's Waterkant? Hoe komt het eigenlijk dat de weinige artefacten door slaven gemaakt vaak alleen zijn gerubriceerd onder 'Suriname' of 'Bosneger', of nog erger, verdwaald zijn onder collecties 'Afrika' of zelfs 'Azië'?[5] Welk ver-

---

[4]   Zie hiervoor de paragraaf over het Scheepvaartmuseum in hoofdstuk III.
[5]   Zeer verhelderend in dit opzicht zijn de speurtochten die Sally en Richard Price (1979) en Susan Legêne (1998) ondernamen naar de Suriname-collecties van respectievelijk John Stedman en Gaspar van Breugel.

haal vertelt de genealogie van zo'n object en van zijn bezitter, wat is de betekenis van de genealogie van een specifieke collectie of de genealogie van een specifiek museum? Zijn al deze niet-vertelde verhalen, deze stiltes en de reden waarom ze bestaan, niet evenzeer erfgoed van de slavernij?

Op deze manier gaan kijken vereist nieuwe vraagstellingen, die vooral naar boven kunnen komen door te rade te gaan buiten de muren van de eigen museale instelling, zowel bij professionals uit andere disciplines als bij nazaten van de betreffende geschiedenis. Iedereen zit namelijk tot op zekere hoogte vast aan zijn eigen 'collectie', of dat nu museale objecten, documenten en boeken, of orale tradities en overgeleverde mentaliteiten zijn. Elkaar daarop bevragen, aanvullen en becommentariëren en visies combineren zal eerder leiden tot het doorbreken van stiltes en tonen van een meerstemmige geschiedenis dan blijven 'hangen' aan de eigen collectie.

Daarbij dient overigens niet te worden onderschat hoezeer instellingen en hun collecties ook vastzitten in een eigen ordening en logica die zijn ontstaan, of liever gezegd, gemaakt in het koloniale tijdperk door mensen die geen idee hadden van de stiltes waarover wij het nu hebben. En aangezien 'bewaarders' van collecties, zoals archivarissen en conservatoren, geneigd zijn uit te gaan van de onaantastbare autonomie van 'hun' collectie, wordt die koloniale logica veelal nog steeds gereproduceerd ('we hebben nu eenmaal niets van de slaven'; 'er is nu eenmaal veel meer over Suriname dan over Curaçao'; 'over de Oost valt nu eenmaal zoveel meer te vertellen'). Er zou dus veel actiever gestreefd kunnen worden naar uitbreiding en herordening van collecties, op een manier die de verzwegen erfgenamen van de geschiedenis meer tot hun recht doet komen. De recent sterk toenemende belangstelling voor het verzamelen op het gebied van orale geschiedenis en volkscultuur bij veel bewaarinstellingen getuigt overigens van belangrijke veranderingen op dit terrein.

Daarnaast is het van belang dat collecties op nieuwe manieren ontsloten en geïnterpreteerd gaan worden. Zoektermen, trefwoorden, inventarisaties, catalogi en verwijssystemen vertonen soms nog steeds sporen van de koloniale agenda, zoals hiërarchiseringen ('primitief'), verouderde terminologie ('Bosneger') of een sterk etnografische gerichtheid. Degene die anno 2007 op zoek is naar sporen van het slavernijverleden vanuit een ander dan het koloniale perspectief, kan daardoor gemakkelijk de weg kwijtraken.

Nog voordat het materiaal zelf kan worden gepresenteerd en geïnterpreteerd, is het dus de schijnwerper van de bewaarinstelling die bepaalt wat er zichtbaar wordt gemaakt en op welke wijze, en ook wat er dientengevolge in de schaduw blijft. Er zullen dus instrumenten ontwikkeld moeten worden om die stiltes van institutionele logica en ordening te doorbreken. Een eerste vereiste daarvoor is het te rade gaan bij degenen die op zoek zijn naar hun verzwegen geschiedenis, hun naar *hun* 'logica' te vragen en te onderzoeken wat zij missen of wat zij anders toegankelijk gemaakt zouden willen zien.

Stilte als erfgoed is overigens ook inherent aan de slavernij zelf. Een slaaf had per definitie nauwelijks bezit, hij of zij was zelf bezit, en mocht niet leren schrijven, noch zijn eigen godsdienst beleven. In vergelijking met vrije mensen kon hij dan ook weinig erfgoed nalaten. Maar bovendien was stilte en onzichtbaarheid zélf deel van het overlevingsproces in de slavernij. Hoe onzichtbaarder een slaaf was, hoe minder hij kon worden lastiggevallen. Een groot deel van het slavenleven, in het bijzonder de cultuur, ontwikkelde zich dan ook onzichtbaar (zie Van Stipriaan 1994). Niet voor niets kreeg een belangrijke studie over het slavenleven op Jamaica de titel *Searching for the invisible man* (Craton 1978).

Die strategie van onzichtbaarheid lijkt in sommige opzichten deel van de cultuur geworden. Er lijkt al tijdens de slavernij een externe dimensie te zijn ontstaan, bedoeld om gezien te worden, en een interne cultuurdimensie, alleen bedoeld voor de eigen groep. Al begint het nu te veranderen, toch is bijvoorbeeld het lidmaatschap van een christelijke kerk voor de meeste Afro-Caraïbiërs een veel openbaarder aangelegenheid dan deelname aan een Afro-religieuze bijeenkomst. Om dit onzichtbaarder erfgoed van de stilte op te sporen is dus het initiatief en de medewerking van zwarte nazaten zelf van cruciale betekenis, evenals respect, vertrouwen en geduld van witte kant.

Stiltes in mentaal erfgoed

Andere stiltes die tot het erfgoed van de slavernij horen, zijn stiltes die bewust of onbewust gekoesterd worden door zowel zwarte als witte nazaten van het slavernijverleden. Beide groepen zijn doordrenkt van mentale beelden van de ander en zichzelf – en zij handelen daar ook naar. Deze beelden stammen rechtstreeks af van het slavernijverleden, zonder dat dit ook zo benoemd wordt. Enerzijds geven veel Afro-Antillianen en Afro-Surinamers aan trots te zijn op hun eigen cultuur. Maar dat die cultuur in belangrijke mate in slavernij is ontstaan, blijft bij sommige nazaten liever onbesproken. Daarvoor lijkt een soort schaamte te bestaan.

Voor de Afro-Surinaamse nazaten lijkt dat overigens veel minder opgeld te doen dan voor de Antilliaanse. Onder de laatstgenoemden lijken slechts weinigen de (slavernij)geschiedenis als uitgangspunt voor mentale kracht te nemen. Wie verder wil komen in deze samenleving, kijkt niet om maar vooruit, en schakelt, zeker in het contact met de buitenwereld, over naar de Nederlandse cultuur. Het idee dat zwarten inferieur zijn aan witten, dat er sinds de slavernij is ingepompt, is bij velen een diepgeworteld trauma. En trauma's behoren tot het gebied van de stilte: daar praat je niet over, die stop je weg.

Toch uiten deze trauma's zich op andere manieren, bijvoorbeeld in een grote kleurgevoeligheid onder Afro-Caraïbiërs. Men kent hele reeksen termen, veelal tijdens de slavernij geïntroduceerd om het etnische verdeel-en-heers te vergemakkelijken, die nog steeds gebruikt worden om er de verschillende tinten bruin en zwart van elkaars haar- of huidskleur mee aan te duiden. Het *straighten* van haar is een bezigheid waaraan veel vrouwen enorm veel tijd en geld besteden – al lijkt het inmiddels wat af te nemen – en het motto 'verbeter je kleur' door kinderen te krijgen met een lichter gekleurde partner was tot voor kort wijd verbreid.

Veel witte Nederlanders zien zichzelf als kleurenblind en begrijpen weinig van de kleurgevoeligheid van de ander. Vaak vinden ze die 'overgevoelig'. Zeker als daarbij hun eigen cultureel erfgoed in het geding is, zoals bij de discussie over de figuur van Zwarte Piet in het Sinterklaasfeest of over de term 'neger' (zie Heilbron 1998). Ook die ongevoeligheid is bij uitstek mentaal erfgoed van het slavernijverleden, omdat ze nog steeds getuigt van paternalisme en een gebrek aan bereidheid met een open blik te onderzoeken welke sporen het verleden bij 'de ander' en bij 'zichzelf' heeft getrokken.

Tegelijkertijd is er een aanzienlijke groep die voor zichzelf de stilte van het trauma al lang doorbroken heeft. Zij zijn 'de schaamte voorbij' en proberen systematisch en publiekelijk de erfenis van het verleden te analyseren. Dat leidt zowel tot bijvoorbeeld het blootleggen van de wortels van hedendaags racisme als tot het benadrukken van de eigen kracht. Ook voor het laatste wordt geput uit het verleden. Niet alleen, zoals sommigen doen, door een sterk afrocentrisch tegenover een eurocentrisch geschiedbeeld te plaatsen, maar misschien nog wel meer door inspiratie te zoeken bij alle vormen van verzet,[6] de kracht van de zelf opgebouwde cultuur en de voorbeeldfunctie van al diegenen die gedurende de afgelopen eeuwen op alle mogelijke manieren het heft in eigen hand hebben genomen. Voor deze groep is het verleden juist een handvat om de toekomst te veroveren.

Ook de witte Nederlander herbergt mentaal erfgoed van het slavernijverleden. Niet alleen is deze samenleving niet vrij van racisme, tot niet zo heel lang geleden nog bijbels en wetenschappelijk gelegitimeerd, het erfgoed is veel dieper geworteld. Stereotype beelden van de primitiviteit van de Afrikaan, die tegelijk aantrekkelijk (sexy en swingend) en afstotend (onberekenbaar en agressief) is, worden dagelijks in de omgang gehanteerd en bijvoorbeeld in films en reclames gereproduceerd. Is dit louter erfgoed van het slavernijverleden? Nee, hoogstwaarschijnlijk niet. Ook vóór de slavernij bestonden er bij Europeanen al specifieke, in de loop der tijd veranderende beelden van Afrikanen.

---

[6] Typerend in dit opzicht is bijvoorbeeld het feit dat in Antilliaanse kring niet zozeer 1 juli wordt gevierd, ter herdenking van de dag waarop uit naam van koning Willem III de slavernij werd afgeschaft (in 1863), maar 17 augustus, ter herdenking van de dag waarop slaven onder aanvoering van Tula hun vrijheid opeisten (in 1795).

Toch is er door de transatlantische slavernij en de voortdurende pogingen die te legitimeren een 'mentaal landschap' ontstaan dat ruim baan gaf aan het wetenschappelijk racisme waarin Afrikanen op de onderste sporten van de beschavingsladder werden geplaatst. Inmiddels zijn er nog maar weinigen die een dergelijke hiërarchisering wetenschappelijk legitiem vinden en de meesten onderschrijven de principiële gelijkheid van alle mensen op aarde. Toch is het opmerkelijk hoe vaak in relatie tot zwarte mensen het woordje 'nog' in het vocabulaire voorkomt: 'zij zijn nog...'. Dat duidt op een hiërarchische manier van denken.[7] Ook was het opmerkelijk hoe in de discussie over het slavernijmonument soms het argument werd gebruikt om het verleden maar te laten rusten – want 'daar komt alleen maar ellende van', zoals een redacteur van *de Volkskrant* stelde (Trommelen 1999) – en liever naar de toekomst te kijken.[8] Waar komt die angst voor het verleden vandaan? Heeft dat wellicht te maken met overgeleverde beelden van gevaarlijke zwarten?

Waarom toch die stilte?

Het begint steeds merkwaardiger te worden waarom het zo lang stil is gebleven over het Nederlands slavernijverleden, terwijl er toch genoeg over te vinden was in Nederlandse bibliotheken en archieven en erover werd gepubliceerd. Soms is dit zelfs ronduit verbijsterend. Zo verscheen vlak voor de publieke discussie over een nationaal slavernijmonument het inmiddels door honderdduizenden gelezen *De eeuw van mijn vader* van Nederlands 'wandelend geheugen', de journalist/historicus Geert Mak (1999). Deze (familie)geschiedenis van Nederland sinds het eind van de negentiende eeuw getuigt van de brede historische kennis en grote belezenheid van de auteur. Dat geldt ook ten aanzien van de geschiedenis van Indonesië, waar zijn ouderlijk gezin een aantal jaren woonde. Naar aanleiding daarvan maakt Mak, bij zijn bespreking van de contractarbeid op de rubberplantages van Deli, Sumatra, eind negentiende eeuw, een veelzeggende vergelijking met de slavernij:

---

[7] Andersom kan misschien eenzelfde stereotypering van witten in zwarte kring worden aangetroffen, te omschrijven als 'nog steeds-denken'. Ook dat is dan een erfenis van de slavernij.
[8] Gedurende de discussie verschenen er meer van dergelijke stukken in de dagbladen, met een ondertoon van angst, zoals alleen al enigszins blijkt uit de koppen: 'Zwarte waarheid mag witte niet vervangen' (*NRC Handelsblad* 29-6-2002), 'Discussie over slavernij is onvruchtbaar' (*Volkskrant* 7-9-2001), 'Excuses voor ver verleden zijn moreel onzinnig' (*Volkskrant* 1-9-2001), 'Nazaten van slaven kopen niets voor spijt' (*NRC Handelsblad* 5-9-2001).

V Op zoek naar de stilte

De positie van de Delische contractkoelie was in alle opzichten te vergelijken met een horige in het tsaristisch Rusland of een zwarte slaaf in het zuiden van de Verenigde Staten, met dit verschil dat in Amerika de slavernij al was afgeschaft toen de Nederlanders er met hun Koelie-ordonnantie nog eens aan begonnen.

Mak had aan één boek genoeg om op de hoogte te zijn van de misstanden die enige decennia de plantages van Deli hebben beheerst,[9] maar tientallen recente publicaties[10] noch honderdduizenden zwarte landgenoten waren voldoende om het idee te laten doordringen dat Nederland al tweeëneenhalve eeuw slavernijervaring had toen de contractarbeid als moderne vorm van slavernij in Sumatra én Suriname (!) werd ingevoerd. Slavernij is kennelijk alleen iets van de Verenigde Staten, niet van Nederland. Mak vormt in deze manier van denken geen uitzondering. *De hut van oom Tom*, de televisieserie *Roots* en de Amerikaanse historische beeldcultuur in het algemeen hebben een plek in het Nederlands collectief geheugen gekregen en belemmeren in zekere zin het zicht op het eigen verleden. Ook had dat eigen verleden nauwelijks een plaats gekregen door het voortgaande proces van natievorming dat Nederland in de tweede helft van de negentiende eeuw, net als veel andere Europese staten, nog volop bezighield. Het nationaal zelfbeeld dat daaruit gevormd werd, bood geen plaats aan de minder mooie gebeurtenissen uit de geschiedenis, maar benadrukte vooral die zaken 'waarin een klein landje groot kan zijn'. Het is het typerende vooruitgangsoptimisme van Europa in de negentiende eeuw dat tot aan de dekolonisatie bleef doorklinken. Suriname en de Antillen behoorden toen al lang tot de marge van het Koninkrijk der Nederlanden en alleen Nederlands-Indië kreeg een tamelijk prominente plaats in het nationaal historisch besef.

Op zich is deze ontwikkeling niet uitzonderlijk. Benedict Anderson (1992) concludeerde al eerder dat een samenleving die zich als nationale gemeenschap aan het ontwikkelen is, per definitie lijdt aan geheugenverlies. Episodes waar men niet trots op kan zijn en die zich bovendien ook nog eens grotendeels ver buiten de eigen grenzen hebben afgespeeld, worden niet gemakkelijk deel van het nationaal zelfbeeld.

Het gevolg van dit alles is geweest dat de kennis die er wel degelijk over het eigen slavernijverleden was, hoe eenzijdig wellicht ook, tot een kleine groep beperkt bleef. Deze kennis werd geen onderdeel van het nationaal historisch bewustzijn en drong daardoor tot voor kort in Nederlandse schoolboekjes, musea, romans, films etcetera niet of nauwelijks door.

---

[9] De geruchtmakende studie van Breman (1987).
[10] Volgens een eigen telling zijn er tussen 1970 en 2000 rond de zestig boeken verschenen met betrekking tot (aspecten van) het Nederlandse slavernijverleden en zeker het driedubbele aantal daarvan aan artikelen.

Dat nu dan toch de stilte wordt doorbroken is vooral het gevolg van de omstandigheid dat de nazaten van de tot slaaf gemaakten sinds enige tijd binnen de Nederlandse grenzen zijn komen wonen en hun plaats opeisen in de Nederlandse geschiedenis. Daarmee wordt eindelijk benadrukt hoezeer slavenhandel en slavernij hier 'gewoon' deel van zijn. Langzamerhand wordt duidelijk hoezeer die geschiedenis verknoopt is met andere geschiedenissen en hoezeer er kennelijk een taboe op heeft gerust.

Dit taboe is waarschijnlijk nog niet eens echt doorbroken en omvat meer dan de stilte alleen. Daartoe hoort bijvoorbeeld ook de bovengenoemde houding van liever niet te lang bij het verleden stil willen blijven staan. En ook het wegrelativeren van de eigen historische rol behoort daartoe, met veel gehoorde argumenten als 'je moet die slavernij wel in zijn eigen tijd verstaan', 'arbeiders in Europa hadden ook een zwaar bestaan', 'andere landen deden ook aan slavernij', of 'Afrikanen dreven zelf handel in slaven'.

Hoe waar op zichzelf misschien ook, veelal worden deze uitspraken niet als context-informatie gebruikt, maar als relativering die een kritische blik op het eigen verleden en de erfenis daarvan in de weg staat. En zelfs zelfkritiek kan soms zo dominant gebracht worden dat hij vertroebelend werkt. Door de schijnwerper op de 'eigen' verwerpelijke rol in het verleden te richten, kunnen de geschiedenis en het erfgoed van degene die niet in de geschiedenisboekjes terechtkwam, opnieuw in de schaduw komen te staan.

Nog verder kan de stilte worden doorbroken. Vier nog onbesproken vormen daarvan laten dat zien. De eerste, die al enkele malen vergeefs is genoemd, is de stilte die te maken heeft met wat men vanzelfsprekend vindt. Sommige zaken zijn zo vanzelfsprekend een erfenis van de slavernij dat niemand er eigenlijk nog bij stil staat en ze dus ook niet (meer) zo benoemt.

Een goed voorbeeld hiervan zijn de namen die de nazaten van tot slaaf gemaakte Afrikanen tot op de dag van vandaag dragen en die dus deels hun identiteit bepalen. Slaven kregen officieel alleen voornamen – vaak heel bizarre – opgelegd, en pas op het moment waarop zij door manumissie of vanwege de afschaffing van de slavernij vrij werden, kregen zij allemaal ook een familienaam. Vooral in Suriname leidde dat tot een soort namen (soms overigens heel poëtisch: Nooitmeer, Kogeldans) dat de nazaten tot de dag van vandaag herkenbaar maakt. Zo blijft tot in lengte van dagen de slavernij deel van de (opgelegde) identiteit en kan een naam een drukkend stuk erfgoed zijn.

Toch is dit maar een deel van het verhaal, want tegelijkertijd fungeert tot op de dag van vandaag in het dagelijks leven van de meeste Afro-Caraïbiërs, ook in Nederland, een heel ander, informeel systeem van naamgeving en (bij)namen dat waarschijnlijk veel bepalender is voor de identiteit. Heel duidelijk blijkt dat uit rouwaankondigingen. Nadat eerst de officiële naam van de overledene wordt genoemd, wordt daar vaak meteen aan toegevoegd 'meer bekend als ...', waarna de (straat)naam volgt waaronder iedereen hem of haar kent. Niemand denkt bij dit soort verschijnselen nog aan de slavernij. Toch zijn ze daar een directe erfenis van, met de typerende dubbele dimensie van een formele 'buitenkant' en een niet voor iedereen bestemde 'binnenkant' (zie ook Van Stipriaan 2004). Waarschijnlijk zullen het vooral relatieve buitenstaanders moeten zijn die door hun nieuwsgierigheid de stilte van de vanzelfsprekendheid van dit soort erfgoed doorbreken.

Een tweede stilte die genoemd moet worden, is er een die door de onderzoekers van deze studie tegen wil en dank in stand is gehouden. Het is de stilte rond de orale geschiedenis van de slavernij. Natuurlijk is in dit boek gewezen op het werk dat verricht is op het gebied van de orale Marron-geschiedenis, en in de gesprekken met nazaten kwamen allerlei verwijzingen naar boven naar Anansi-verhalen, spreekwoorden en liederen. Maar persoonlijke verhalen uit de eigen familie over de slavernijervaring kwamen nauwelijks boven water, terwijl het nu juist een van de uitgangspunten van dit onderzoek was om daar enig zicht op te krijgen.

Betekent dat dan dat ze er niet zijn? Nee, daarvoor zijn er teveel aanwijzingen van het tegendeel, met misschien als 'hardste' bewijs de gepubliceerde verhalen van Aleks de Drie (1984, 1985). Als een ding duidelijk is geworden in dit onderzoek, is het dat je orale geschiedenis niet 'erbij' kunt doen. Binnen de zeer beperkte kaders van dit onderzoek ging veel tijd zitten in de meer traditionele soorten erfgoed in musea en archieven, waar we eenvoudig niet omheen konden omdat het onderzoek een van de eersten is in zijn soort. Bij dergelijke instellingen is het wel mogelijk binnen die beperkte kaders van tijd en geld de soorten erfgoed redelijk in kaart te brengen. Bij persoonlijke, mondeling overgeleverde verhalen uit de eigen familie is dat veel moeilijker, althans, wanneer men dat wil doen op een respectvolle en kritisch-degelijke manier. Lang niet iedereen kent zulke verhalen en lang niet iedereen wil zijn verhalen 'zomaar' kwijt. Dat betekent dat er langdurig geïnvesteerd moet worden in het opbouwen van een netwerk van informanten en van een vertrouwensband met hen. Dat laatste betekent bijvoorbeeld dat de informanten duidelijkheid geboden moet kunnen worden wat er met hun verhalen gebeurt, nadat ze aan de band zijn toevertrouwd.

De kleinschaligheid van dit project bood die mogelijkheden niet. Er waren onvoldoende tijd, kennis, mensen en geld voorhanden om dergelijke investeringen te doen. Wij betreuren dat, maar geven het meteen als misschien wel de belangrijkste aanbeveling mee: investeer in orale geschiedenis als bron van cultureel erfgoed, maar doe het alleen als aan de randvoorwaarden van tijd, geld en mensen voldaan is. En laten we het snel doen, want het is net als met de griotten (vertellers) in West-Afrika: iedere griot die tegenwoordig sterft is als een bibliotheek die in vlammen opgaat.

De twee laatste – potentiële – stiltes die wij willen noemen, zijn vooral voor de toekomst van belang. Heel belangrijk is dat we ons bewust moeten blijven van het feit dat geschiedenis altijd een selectie is, gemaakt door degene die haar – vanuit een bepaald belang – presenteert. Dat geldt natuurlijk ook voor degenen die de geschiedenis en het erfgoed op een nieuwe manier willen gaan presenteren. Wie voorheen een misdadiger heette en nauwelijks aandacht kreeg, wordt nu misschien gepresenteerd als een verzetsheld en vooraan in de spotlights geplaatst. Tegenover de eenzijdigheid van de koloniale historische 'waarheid' wordt soms een onwrikbare nieuwe historische 'waarheid' geplaatst. Dat kan tot nieuwe stiltes leiden. Het zijn juist de verschillende verhalen, verteld vanuit verschillende perspectieven, die samen een geschiedenis maken die we achteraf moeten proberen te begrijpen.

Daarnaast kunnen er nieuwe stiltes ontstaan door nieuwe vanzelfsprekendheden of door nieuwe bescheidenheid. Zo wordt in dit onderzoek misschien wel opmerkelijk weinig gezegd over erfgoedonderdelen als Afro-Caraïbische religie, geneeskunde of beeldende kunst. En wellicht is ook de kennisproductie van zwarte wetenschappers minder prominent aan bod gekomen dan verwacht. Dat is ten dele een gevolg van het feit dat bijvoorbeeld winti-religie al zo bekend is en ten dele ook erkend wordt, dat het al bijna te vanzelfsprekend is om er heel lang bij stil te staan. Tegelijk speelt hier ook een nieuwe bescheidenheid: over Antilliaanse Afro-religies is maar heel weinig bekend, dus houden we het voorlopig over Afro-Surinaamse religie ook maar bescheiden.

Het verabsoluteren van de informatie die Antilliaanse, Surinaamse en Arubaanse informanten kunnen geven, draagt ook het risico op nieuwe stiltes met zich mee. Als zij iets niet noemen, hoeft dat immers nog niet te betekenen dat het er niet is. Dingen kunnen voor hen zo vanzelfsprekend – of zo persoonlijk – zijn dat ze ongenoemd blijven.

Daarnaast blijkt, en dat is zeker iets dat aandacht behoeft, dat het werk dat zwarte wetenschappers inmiddels hebben verricht nauwelijks bekender is bij de meeste informanten dan dat van witte wetenschappers en dus ongenoemd bleef. Slechts een kleine groep is op de hoogte van het werk van onderzoekers als Lamur, Paula, Dragtenstein, Siwpersad of Rosalia.

Aanbevelingen

Laten wij nu, tot slot, nog eenmaal in vogelvlucht het soort erfgoed de revue laten passeren dat het slavernijverleden heeft achtergelaten in Nederland en bezien hoe daarmee om te gaan. De plaatsbepaling alleen al leidt tot een eerste aanbeveling. Erfgoed van het slavernijverleden in Nederland kan nooit op zichzelf staan, maar staat altijd in relatie tot de geschiedenis en het erfgoed van Suriname, de Antillen en Aruba en West- en Centraal-Afrika. Geschiedenis noch erfgoed houdt bij de nationale of etnische grenzen op, daarvoor is het teveel verknoopt geraakt met geschiedenissen van 'de ander'. Er is natuurlijk specifiek Afrikaans erfgoed van de slavernij (bijvoorbeeld bepaalde trommels) en er is specifiek Europees/Nederlands erfgoed van de slavernij (bijvoorbeeld schilderijen van plantages), maar een groot deel van het erfgoed heeft zowel Afrikaanse, als Europese, als Inheemse elementen in zich (bijvoorbeeld taal), waardoor we meer in termen van 'wij' dan in termen van 'zij' zullen moeten gaan denken, kijken, luisteren en voelen.

Aangezien we zo'n houding nooit aangeleerd hebben, zal dat alleen kunnen in kritische dialoog met elkaar. Dat is niet gemakkelijk en vaak pijnlijk, maar wel noodzakelijk om nieuwe wegen in te kunnen slaan. Heel concreet betekent dat bijvoorbeeld dat in ieder project dat wordt aangevat, structureel en substantieel plaats moet zijn voor 'de ander'. Alleen al de aanwezigheid van zwarte nazaten in witte instituties kan de stilte ten aanzien van het erfgoed doorbreken en kan een signaal zijn dat 'de ander' en zijn geschiedenis serieus genomen worden. Tegelijkertijd zal het noodzakelijk zijn dat witte onderzoekers betrokken worden bij 'zwarte' projecten, bijvoorbeeld over orale geschiedenis, om vanuit nieuwe perspectieven te leren kijken en nieuwe gevoeligheden te ontwikkelen.

Dan zal blijken dat het stedelijk landschap, maar bijvoorbeeld ook familiegeschiedenissen in Nederland vol zitten met aanwijzingen en verhalen die iets vertellen over het slavernijverleden. Dan zal ook blijken hoeveel verhalen er nog niet verteld zijn in de musea of op basis van archief- en bibliotheekmateriaal. 'Wat wordt hier NIET verteld' zal dus voortdurend de leidraad moeten zijn, evenals de vraag waarom dat zo is.

Dat betekent onder meer dat we ons niet alleen tot specifieke artefacten (schilderij, document, boek, gevelsteen, lied, gerecht, oraal verhaal) kunnen beperken, maar dat we ons ook steeds moeten afvragen hoe en waarom het op de specifieke plaats is gekomen waar we het aantreffen. De genealogie van het artefact, de genealogie van de context van het artefact en de genealogie van het denken over het artefact zijn minstens zo veelzeggend en behoren minstens zozeer tot het erfgoed als het artefact zelf.

Dat betekent ook dat bestaande conventies, categoriseringen en hiërarchiseringen ten aanzien van (definities van) erfgoed losgelaten, of op z'n minst kritisch onder de loep genomen moeten worden. Zo blijkt bijvoorbeeld uit dit onderzoek dat de eigen aard van de slavernijgeschiedenis met zich brengt dat de traditionele opvatting van cultureel erfgoed als vooral iets materieels, onvoldoende en eenzijdig is. Betrekken we er de immateriële en mentale dimensie bij, dan is de oogst veel groter en het verhaal veel rijker en pluriformer. Bij een deels verborgen geschiedenis zoals die van de slavernij toont het echte erfgoed zich pas als alle vindplaatsen aan elkaar gekoppeld worden. Die vindplaatsen blijken minstens zozeer in de hoofden en harten van mensen te zitten als bij formele bewaarinstellingen.

Voor alles geldt dat voor de zoektocht naar dit soort erfgoed een zekere voorkennis en medewerking van 'professionals' – van archivaris tot winti-specialist of verteller – onontbeerlijk is. Niet alleen hebben zij het overzicht over wat zij 'in huis hebben', maar ze vormen ook de wegwijzers in de eigen logica van de vindplaats. Dat neemt niet weg dat zeker in de formele vindplaatsen de toegankelijkheid sterk verhoogd dient te worden, juist om in staat te zijn de verschillende soorten erfgoed (materieel, immaterieel en mentaal) met elkaar te verbinden. Nieuwe ingangen maken, zoals andere categoriseringen of websites, zijn daartoe een eerste stap. Kijken buiten de eigen muren door te verwijzen en samen te werken een volgende. Ook is voorkennis – en een grote dosis doorzettingsvermogen – vereist om erfgoed te vinden op plaatsen die minder voor de hand liggen. Het onderhavige onderzoek liet zien dat er vaak veel meer is dan op het eerste gezicht lijkt.

Daarnaast is duidelijk geworden dat op sommige terreinen al meer gedaan is dan op andere. In het algemeen geldt dat over Afro-Surinaams erfgoed veel meer bekend is dan over het Antilliaanse. Dit is een gevolg van zowel meer Nederlandse aandacht voor het Afro-Surinaamse als van een grotere bekommernis om en trots op de historische wortels van het eigene bij Afro-Surinamers, in vergelijking met de Antilliaanse situatie. Alleen daar al ligt dus een terrein braak.

Verder is er nog weinig gedaan aan het verzamelen van immaterieel erfgoed. Het onderzoek laat zien dat dit ook niet eenvoudig is, maar wel zeer vruchtbaar. Door het vastleggen van verhalen, muziek, gewoontes en rituelen, wordt voor velen onbekend, nieuw erfgoed geproduceerd. Wel dient er goed nagedacht te worden waar dat dan bewaard moet worden en hoe, mede in verband met de toegankelijkheid.

Het verzamelen van mentaal cultureel erfgoed staat nog helemáál in de kinderschoenen. Definiëring ervan zal nog heel wat discussie vergen. Toch is het juist die discussie die zal leiden tot nieuwe vragen en interpretaties. Bovendien is het juist de onzichtbaarheid van het mentale erfgoed die dwingt tot dialoog, meerstemmigheid en koppeling van bronnen. En laten we niet vergeten dat het mentale in feite een dimensie is van alle cultureel erfgoed: het is de context waarin dat erfgoed functioneert en wordt geïnterpreteerd, en daarmee maakt het evenzeer deel uit van een artefact als het materiaal waarvan het gemaakt is.

Literatuurlijst

Anderson, Benedict
1992   *Imagined communities; Reflections on the origin and spread of nationalism.* London: Verso. [Eerste editie 1983.]
Arogundade, Ben
2000   *Black beauty.* London: Pavilion Books.
Baker, T. Lindsay en Julie P. Baker
1997   *Till freedom cried out; Memories of Texas slave life.* College Station, Tex.: Texas A & M University Press.
Baly, Camille
2001   'Tete en Massa Yaya (1965); Een verhaal verteld door Tonton Butty en naverteld door Camille Baly', in: Wim Rutgers (red.), *Tropentaal; 200 jaar Antilliaanse vertelkunst,* pp. 41-6. Amsterdam: Contact.
Banham, Martin, Errol Hill en George Woodyard (red.)
1994   *The Cambridge guide to African and Caribbean theatre.* Cambridge: Cambridge University Press.
Bartelink, E.J.
1916   *Hoe de tijden veranderen; Herinneringen van een ouden planter.* Paramaribo: Van Ommeren.
Beckman, Thea
1998   *Vrijgevochten.* Rotterdam: Lemniscaat.
Beecher-Stowe, Harriet
2004   *De hut van oom Tom.* [Vertaald door Francine Schregel-Oustein.] Bilthoven: Solo. [Vertaling van *Uncle Tom's cabin or, life among the lonely,* oorspronkelijk uitgegeven 1852.]
Beeldsnijder, Ruud
1994   *'Om werk van jullie te hebben'; Plantageslaven in Suriname, 1730-1750.* Utrecht: Culturele Antropologie Universiteit Utrecht. [Bronnen voor de Studie van Afro-Suriname 16.]
Ben-Jochannan, Yosef A.A.
1988   *Africa mother of western civilization.* Baltimore: Black Classic Press. [Oorspronkelijke uitgave 1971.]
Benoit, P.J.
1980   *Reis door Suriname; Beschrijving van de Nederlandse bezittingen in Guyana.* [Vertaald uit het Frans.] Zutphen: Walburg Pers. [Vertaling van *Voyage à Surinam,* oorspronkelijk uitgegeven 1839.]
Blakely, Allison
1993   *Blacks in the Dutch world; The evolution of racial imagery in a modern society.* Bloomington: Indiana University Press.

Blom, A.
1787 *Verhandeling van den landbouw in de Colonie Suriname.* Amsterdam: Smit.
Boer, Inge de en Clazien Medendorp
2006 *Verhalen van de Wilde Kust; Topstukken uit de Suriname-collectie.* Amsterdam: Universiteitsbibliotheek Amsterdam.
Boer, Lia de
1998 *Verzamelaars en verzamelingen; Koninklijke Bibliotheek 1798-1998.* Zwolle: Waanders Uitgevers.
Bonaparte, Roland
1884 *Les habitants de Suriname; Notes recueillies à l'exposition coloniale d'Amsterdam en 1883.* Paris: Quantin.
Boumann, Kenneth
1995 *Catalogus en lezingen bij de tentoonstellingen over Suriname in de Stedelijke Openbare Bibliotheek 'De Biekorf'.* Brugge: Kruispunt.
Breman, Jan
1987 *Koelies, planters en koloniale politiek; Het arbeidsregime op de grootlandbouwondernemingen aan Sumatra's oostkust in het begin van de twintigste eeuw.* Dordrecht: Foris.
[Brenneker, Paul]
1969-75 *Sambumbu; Volkskunde van Curaçao, Aruba en Bonaire.* Curaçao: Brenneker. Tien delen.
Brinkman Inge en Axel Fleisch
1999 *Grandmother's footsteps; Oral tradition and south-east Angolan narratives on the colonial encounter.* Köln: Köppe.
Brommer, Bea (red.)
1993 *Ik ben eigendom van ...; Slavenhandel en plantageleven.* Wijk en Aalburg: Pictures Publishers.
Buijse, J.A.
1993 'Soortsamenstelling en herkomst van tropische kauri's in gebruik bij een oud Zeeuws gezelschapspel', *Basteria* 57:115-24.
Bijnaar, Aspha
2002 *Kasmoni; Een Surinaamse spaartraditie in Suriname en Nederland.* Amsterdam: Bert Bakker.
Cappelle, H. van
1916 Surinaamsche negervertellingen; Bijdrage tot de kennis van West-Indische negerfolklore. Batavia: Bataviaasch Genootschap van Kunsten en Wetenschappen.
1926 *Mythen en sagen uit West-Indië.* Zutphen: Thieme.
Caribbean Abstracts
1991-2002 *Caribbean Abstracts.* Leiden: KITLV Press.
Conradi, Henriëtte
1913 'De koloniale vrouw in West-Indië', in: A. van Hogendorp et al., *Van vrouwenleven, 1813-1913; Ontwikkelingsgang van het leven en werken der vrouw in Nederland en de koloniën*, pp. 207-25. Groningen: Römelingh.
Coomans-Eustatia, Maritza en Lucille Haseth (red.)
1990 *Catalogus van werken van en over Elis Juliana verschenen van 1956 tot 1989.* Curaçao: Universiteit van de Nederlandse Antillen.

Craton, Michael
1978 *Searching for the invisible man; Slaves and plantation life in Jamaica.* Cambridge Mass./London: Harvard University Press.
Criens, S.R. (red.)
1985 *Literatuuroverzicht van de Nederlandse Antillen.* Amsterdam: STICUSA.
Cuenta di Nansi
1899 'Cuenta di Nansi; Curaçaose volkssprookjes', *Jaarlijksch verslag van het Geschied-, Taal-, Land- en Volkenkundig Genootschap* 3:94-119.
Daalder, R., A. Kieskamp en Dirk J. Tang (red.)
2001 *Slaven en schepen; Enkele reis, bestemming onbekend.* Leiden: Primavera Pers.
Dalhuisen, L. et al.
1997 *Geschiedenis van de Antillen; Aruba, Bonaire, Curaçao, Saba, Sint Eustatius, Sint Maarten.* Zutphen: Walburg Pers.
Dapper, O.
1676 *Naukeurige beschryvinge der Afrikaensche gewesten van Egypten, Barbaryen, Libyen, Biledulgerid, Negroslant, Guinea, Ethiopiën, Abyssinië [...].* Amsterdam: Jacob van Meurs. [Oorspronkelijke uitgave 1668.]
Debrot, Cola
1935 *Mijn zuster de negerin.* Rotterdam: Nijgh en Van Ditmar.
Derkx, Jo
1996 *Netherlands Antilles and Aruba; A bibliografy 1980-1995.* Leiden: KITLV Press.
Derkx, Jo en Irene Rolfes
1990 Suriname; A bibliography 1980-1989. Leiden: Royal Institute of Linguistics and Anthropology, Department of Caribbean Studies.
Diekmann, Miep
1965 *Marijn bij de lorredraaiers; Een gevaarlijke liefde in de slavernij.* Den Haag: H.P. Leopolds Uitgeversmaatschappij.
Dors, Henry G.
2002 'De kleine geschiedenis van de slavernij; Sporen in Amsterdam', in: Renske de Jong en Annet Zondervan (red.), *De kleine geschiedenis van de slavernij; Sporen in Amsterdam*, pp. 10-20. Amsterdam: KIT Publishers.
Dorsman, Leen, Ed Jonkers en Kees Ribbens
2000 *Het zoet en het zuur; Geschiedenis in Nederland.* Amsterdam: Wereldbibliotheek.
Dragtenstein, Frank
2002 '*De ondraaglijke stoutheid der wegloopers*'; *Marronage en koloniaal beleid in Suriname, 1667-1768.* Utrecht: Culturele Antropologie Universiteit Utrecht. [Bronnen voor de Studie van Suriname 22.]
2004 'De opstand op Palmeneribo', *Oso; Tijdschrift voor Surinaamse Taalkunde, Letterkunde, Cultuur en Geschiedenis* 23-2:214-35.
Drie, Aleks de
1984 *Wan tori fu mi eygi srefi.* Paramaribo: Ministerie van Onderwijs, Wetenschappen en Cultuur.
1985 *Sye! Arki tori!* Paramaribo: Ministerie van Onderwijs, Wetenschappen en Cultuur.

Dunn, J.P.
1899   *Indiana; A redemption from slavery.* Boston en New York: Houghton, Mifflin. [American Commonwealths 12.] [Oorspronkelijk uitgegeven 1888.]

Duparc, F.J.
1975   *Een eeuw strijd voor Nederlands cultureel erfgoed.* 's-Gravenhage: Staatsuitgeverij.

Eersel, Hein
2002   'Lees maar, er staat niet wat er staat; De "kleine geschiedenis" van slaven en slavenmeesters', in: Hein Eersel, *Taal en mensen in de Surinaamse samenleving; Verzamelde artikelen over taal, geschiedenis en identiteit, 1985-2001*, pp. 185-95. Paramaribo: Stichting Wetenschappelijke Informatie.

Ellison, Ralph
1947   *Invisible man.* Harmondsworth: Penguin.

Emery, Lynne Fauley
1998   *Black dance; From 1916 to today.* [Revised edition.] London: Dance Books. [Oorspronkelijk uitgegeven 1972.]

Emmer, P.C.
1974   *Engeland, Nederland, Afrika en de slavenhandel in de negentiende eeuw.* Leiden: Brill. [Proefschrift Universiteit van Amsterdam.]
1998   *The Dutch in the Atlantic economy, 1580-1880: trade, slavery and emancipation.* Aldershot: Ashgate.
2000   *De Nederlandse slavenhandel 1500-1850.* Amsterdam: De Arbeiderspers.

Enthoven, Victor and Johannes Menne Postma (red.)
2003   *Riches from the Atlantic commerce: Dutch transatlantic trade and shipping, 1585-1817.* Leiden: Brill.

Equiano, Olaudah
1989   *The life of Olaudah Equiano, or Gustavus Vassa, the African.* Harlow: Longman. [1789.]

Everaert, Hubertus Alphonsus Maria
1999   *Een zoektocht naar de aard van man-vrouw relaties onder Surinaamse slaven; De suikerplantages Fairfield, Breukelerwaard, Cannewapibo en La Jalousie in de periode voorafgaand aan de emancipatie.* Z.p.: z.n. [Proefschrift Universiteit van Amsterdam.]

Faber, Paul en Chandra van Binnendijk
1995   *Twintig jaar beeldende kunst in Suriname, 1975-1995/Twenty years of visual arts in Suriname, 1975-1995.* Paramaribo: Stichting Surinaams Museum.

Fanon, Frantz
1973   *De verworpenen der aarde.* Utrecht: Bruna.
1984   *Zwarte huid, blanke maskers.* Amsterdam: Kritiese Bibliotheek Van Gennep/Novib.

Ferrier, Johan
1986   *Het grote Anansi boek.* Paramaribo: Vaco.

Frossard, B.J.
1790   *De zaak der negerslaaven, en der inwooneren van Gunéa; ingeleverd bij het gerechtshof der gerechtigheid, van den godsdienst, en der staatkunde: of, historie van den handel, en de slavernij der negers, bewijzen van derzelver onwet-*

tigheid, middelene om die te vernietigen, zonder de coloniën of de colonisten te benadeelen. Den Haag: Isaac van Cleef.
Garmers, Sonia
1988   De Antilliaanse keuken. 's-Gravenhage: BZZTôH.
Gerding, Michiel
2001   'Geschiedenis in het midden', in: Ineke Strouken en Albert van der Zeijden (red.), Het verhaal achter het erfgoed; Regionale geschiedenis en volkscultuur als bindmiddel, pp. 23-8. Utrecht: Nederlands Centrum voor Volkscultuur.
[Gordijn, W. (red.)]
[1972]   Bibliografie van Suriname. [Zesde druk.] Amsterdam: [STICUSA].
Goslinga, Cornelis Ch.
1971   The Dutch in the Caribbean and on the Wild Coast. Assen: Van Gorcum.
1985   The Dutch in the Caribbean and in the Guianas 1680-1791. Assen: Van Gorcum.
1990   The Dutch in the Caribbean and in Surinam 1791/5-1942. Assen: Van Gorcum.
Gowricharn, Ruben
2000   Andere gedachten over de multiculturele samenleving. Budel: Damon.
Hamelberg, J.H.J.
1979   De Nederlanders op de West-Indische eilanden. Amsterdam: Emmering. [Oorspronkelijke uitgave 1901-03, twee delen.]
Hartsinck, J.J.
1770   Beschryving van Guiana, of de Wilde Kust in Zuid-America [...]. Amsterdam: Tielenburg. [Twee delen.]
Haseth, C. de
2002   'Slaaf en meester', in: Cynthia McLeod, Slavernij en de Memorie en Carel de Haseth, Slaaf en Meester, pp. 125-68. Schoorl: Conserve. [Oorspronkelijke uitgave 1998.]
Hecbert, Heloise
1983   Sranan Anansi Tori. Paramaribo: Instituut voor Taalwetenschap.
Heilbron, W.
1992   Colonial transformations and the decomposition of Dutch plantation slavery in Surinam. Amsterdam: AWIC/ASC, University of Amsterdam.
1998   'Sinterklaas in identiteitscrisis', in: Lulu Helder en Scotty Gravenbergh (red.), Sinterklaasje kom maar binnen zonder knecht, pp. 98-107. Berghem: Epo.
2001   'Aanzet tot inventarisatie van cultureel erfgoed minderheden slavernijverleden'. Amsterdam: NiNsee. [Onderzoeksopzet voor de Nederlandse Museum Vereniging.]
2006   'De toekomst van het verleden; Reflecties over Nederland's slavernijverleden en –erfgoed'. Amsterdam: Museum Suriname.
Hellendoorn, J. (red.)
1899   Schenking-Diedericht. Amsterdam: De Bussy.
Helmig, M.H.
1827   Nieuwe en vrolijke verzamelaars voor de leergierige jeugd met acht gekleurde plaatjes. Amsterdam: z.n.

Herlein, J.D.
1718   Beschryvinge van de volk-plantinge Zuriname [...]. Leeuwarden: Meindert Injema.

Heijer, Henk den
1994   De geschiedenis van de WIC. Zutphen: Walburg Pers.
1997   Goud, ivoor en slaven; Scheepvaart en handel van de Tweede Westindische Compagnie op Afrika 1674-1740. Zutphen: Walburg Pers.

Hezewijk, Jos van
1986   De top-elite van Nederland; Leefwijze en familierelaties, ondernemingen en dubbelfuncties van de meest invloedrijke mensen van ons land. Amsterdam: Balans.
1988   De netwerken van de top-elite; Invloedsferen van bedrijven, commissarissen, banken, overheid, universiteiten, adel, Rotary en familieclans. Amsterdam: Balans.

Hira, Sandrew
1987   Van Priary tot en met De Kom; De geschiedenis van het verzet in Suriname, 1630-1940. Rotterdam: Futile.

Hoetink, H.
1962   De gespleten samenleving in het Caribisch gebied; Bijdrage tot de sociologie der rasrelaties in gesegmenteerde maatschappijen. Assen: Van Gorcum.
1973   Slavery and race relations in the Americas; An inquiry into their nature and nexus. New York: Harper and Row.
1985   '"Race" and color in the Caribbean', in: Sidney W. Mintz and Sally Price (red.), Caribbean contours, pp. 55-84. Baltimore: Johns Hopkins University Press.
1987   Het patroon van de oude Curaçaose samenleving. Vijfde vermeerderde druk. Amsterdam: Emmering. [Eerste editie 1958.]

Hoëvell, W.R. van
1854   Slaven en vrijen onder de Nederlandsche wet. Zaltbommel: Noman. [Twee delen.]

Hoog, L. de
1983   Van rebellie tot revolutie; Oorzaken en achtergronden van de Curaçaose slaven-opstanden in 1750 en 1795. Willemstad: Universiteit van de Nederlandse Antillen.

Hoogbergen, Wim
1985   De Boni-oorlogen, 1757-1860; Marronage en guerilla in Oost-Suriname. Utrecht: Centrum voor Caraïbische Studies. [Bronnen voor de Studie van Afro-Amerikaanse Samenlevingen in de Guyana's 11.]
1996   Het kamp van Broos en Kaliko; De geschiedenis van een Afro-Surinaamse familie. Amsterdam: Prometheus.

Hove, Okke ten en Frank Dragtenstein
1997   Manumissies in Suriname 1832-1863. Utrecht: Culturele Antropologie Universiteit Utrecht. [Bronnen voor de Studie van Suriname 19.]

Hove, Okke ten, Heinrich Helstone en Wim Hoogbergen
2003   Surinaamse emancipatie 1863; Familienamen en plantages. Amsterdam: Rozenberg.

Hull, William Isaac
1935   *William Penn and the Dutch Quaker migration to Pennsylvania.* Swarthmore: Swarthmore College.
Japin, Arthur
1999   *De zwarte met het witte hart; Roman.* Amsterdam: De Arbeiderspers.
Jong, Renske de en Annet Zondervan (red.)
2002   *De kleine geschiedenis van de slavernij; Sporen in Amsterdam.* Amsterdam: KIT Publishers.
Jonker, Joost
1996   *Merchants, bankers, middlemen; The Amsterdam money market during the first half of the 19th century.* Amsterdam: NEHA.
Jonker, Joost en Keetie Sluyterman
2000   *Thuis op de wereldmarkt; Nederlandse handelshuizen door de eeuwen heen.* Den Haag: Sdu Uitgevers.
Joodse gemeenten
1985   'Joodse gemeenten', in: J.Ph. de Palm (red.), *Encyclopedie van de Nederlandse Antillen,* pp. 252-6. Tweede herziene druk. Zutphen: Walburg Pers.
Jordaan, Han
1997   'De eerste slaven op Aruba; Het plantage-experiment van 1715', in: Luc Alofs, Wim Rutgers en Henny E. Coomans (red.), *Arubaans akkoord,* pp. 117-26. Bloemendaal: Stichting Libri Antilliani.
1999   'De veranderende situatie op de Curaçaose slavenmarkt en de mislukte slavenopstand op de plantage Santa Maria in 1716', in: Henny E. Coomans en Maritza Coomans-Eustatia (red.), *Veranderend Curaçao,* pp. 473-501. Bloemendaal: Stichting Libri Antilliani.
Kappler, A.
1854   *Zes jaren in Suriname; Schetsen en tafereelen uit het maatschappelijke en militaire leven van A. Kappler.* Utrecht: Dannenfelser.
Kempen, Michiel van en Kees van Doorne
1995   *Suriname-catalogus van de Universiteitsbibliotheek van Amsterdam.* Amsterdam: Universiteitsbibliotheek Amsterdam.
Kempen, Michiel van
1999   *Mama Sranan; 200 jaar Surinaamse vertelkunst.* Amsterdam: Contact.
Kesler, C.K.
1926-27   'Naar aanleiding van "De neger en zijne cultuurgeschiedenis"', *De West-Indische Gids* 8-9:59-68.
1930-31   'Merkwaardige gevelsteenen te Amsterdam', *De West-Indische Gids* 12-13:113-8.
Klinkers, Elisabeth Maria Leonie
1997   *Op hoop van vrijheid; Van slavensamenleving naar Creoolse gemeenschap in Suriname, 1830-1880.* Utrecht: Culturele Antropologie Universiteit Utrecht. [Bronnen voor de Studie van Afro-Suriname 18.] [Proefschrift Rijksuniversiteit Leiden.]
Klooster, Wim
1998   *Illicit riches; Dutch trade in the Caribbean, 1684-1795.* Leiden: KITLV Press. [Caribbean Series 18.]

Kluit, M.E. (red.)
[1938]   Beknopte catalogus der Stichting Réveil-archief, Amsterdam. Amsterdam: Gemeentelijke Universitaire Bibliotheek.
1955   Catalogus der Stichting Réveil-archief 1930-1950. Amsterdam: Stichting Réveil-Archief.
Koenen, J.
1982   Jan Willem Gefken, het Réveil en de afschaffing van de slavernij. [Doctoraalscriptie Universiteit van Amsterdam.]
Kolfin, Elmer
1997   Van de slavenzweep en de muze; Twee eeuwen verbeelding van de slavernij in Suriname. Leiden: KITLV Uitgeverij. [Caribbean Series 17.]
Kom, Anton de
2001   Wij slaven van Suriname. Amsterdam: Contact. [Oorspronkelijke uitgave 1934.]
Kreps, Christina F.
2002   Liberating culture; Cross-cultural perspectives on museums, curation, and heritage preservation. London: Routledge.
Kuitenbrouwer, Maarten
1978   'De Nederlandse afschaffing van de slavernij in vergelijkend perspectief', in: Bijdragen en Mededelingen betreffende de Geschiedenis der Nederlanden 93-1:69-101.
Laan, Leo van der
1998   Verhalen in steen; Gevelstenen in Leeuwarden. Leeuwarden: Stadsherstel Leeuwarden.
Lammens, Adriaan François
1982   Bijdragen tot de kennis van de kolonie Suriname; Dat gedeelte van Guiana hetwelk bij tractaat ten jare 1815 aan het Koningrijk Holland is verbleven, tijdvak 1816 tot 1822 [...]. Amsterdam: Vrije Universiteit, Geografisch en Planologisch Instituut, Vakgroep Sociale Geografie van Ontwikkelingslanden. [Bijdragen tot de Sociale Geografie en Planologie 3.]
Lampe, Armando, Joop Vernooij en Ben Vocking
1991   De kracht van ons erfgoed. Oegstgeest: Week voor de Nederlandse Missionaris.
Lamur, Humphrey E.
1985   De kerstening van de slaven van de Surinaamse plantage Vossenburg 1847-1878. Amsterdam: Antropologisch-Sociologisch Centrum Universiteit van Amsterdam.
2004   Familienaam & verwantschap van geëmancipeerde slaven in Suriname; Zoeken naar voorouders. Amsterdam: KIT Publishers/NiNsee. Twee delen.
Lamur, H.E. en H.E. Helstone
2002   Namen van vrijgemaakte slaven 1816-1827. Amsterdam: Amsterdam Center for Caribbean Studies (ACCS/AWIC). [Caribbean Culture Studies 6.]
Lee, T. van der
1998   Curaçaose vrijbrieven 1722-1863; Met indices op namen van vrijgelatenen en hun voormalige eigenaren. Den Haag: Algemeen Rijksarchief.

Leeuwen, Boeli van
1990 Geniale anarchie. Amsterdam: In de Knipscheer.
Legêne, Susan
1998 De bagage van Blomhoff en Van Breugel; Japan, Java, Tripoli en Suriname in de negentiende-eeuwse Nederlandse cultuur van het imperialisme. Amsterdam: KIT Uitgeverij.
2000 'Gekooide levens; Een vrije interpretatie van een borduurwerk tegen de slavernij', Bulletin van het Rijksmuseum 48-4:281-94.
Lenders, Maria
1996 Strijders voor het lam; Leven en werk van Herrnhutterbroeders en -zusters in Suriname 1735-1900. Leiden: KITLV. [Caribbean Series 16.]
Lowenthal, David
1996 Possessed by the past; The heritage crusade and the spoils of history. New York: The Free Press.
McLeod, Cynthia
1987 Hoe duur was de suiker? Paramaribo: Vaco.
1993 Vaarwel Merodia; Kroniek van een Surinaamse familie 1820-1890. Paramaribo: Vaco.
1996 Elisabeth Samson; Een vrije zwarte vrouw in het achttiende-eeuwse Suriname. Derde druk. Schoorl: Conserve. [Oorspronkelijke uitgave 1993.]
2000 De vrije negerin Elisabeth; Gevangene van kleur. Schoorl: Conserve.
Mak, Geert
1999 De eeuw van mijn vader. Amsterdam: Atlas.
Martinus Arion, Frank
1973 Dubbelspel. Amsterdam: De Bezige Bij.
1996 The kiss of a slave; Papiamentu's West-African connections. Amsterdam: Centrale Drukkerij Universiteit van Amsterdam.
1999 'Een "beau geste"', in: Gert Oostindie (red.), Het verleden onder ogen; Herdenking van de slavernij, pp. 19-24. Den Haag: Arena/Prins Clausfonds.
Mateboer, J.
1997 Repertorium bijzondere collecties; Historische en moderne verzamelingen in universitaire bibliotheken, de Koninklijke Bibliotheek, de bibliotheek van de Koninklijke Akademie van Wetenschappen en de bibliotheken met wetenschappelijke steunfuncties. Den Haag: Koninklijke Bibliotheek.
Medendorp, Clazien
1999 Gerrit Schouten (1779-1839); Botanische tekeningen en diorama's uit Suriname. Amsterdam/Paramaribo: KIT Uitgeverij/Stichting Surinaams Museum.
Meeteren, N. van
1977 Volkskunde van Curaçao. [Fotomechanische herdruk.] Amsterdam: Emmering. [Oorspronkelijk uitgegeven 1947.]
Metz, Daniël
2002 Erkennen & herdenken; Het Nationaal Monument Nederlands Slavernijverleden gezien in de ontwikkeling van de Nederlandse herdenkingscultuur. [Doctoraalscriptie Universiteit van Amsterdam.]

Morrison, Toni
1987   *Beloved; A novel*. London: Chatto and Windus.
Nagelkerke, G.A.
1971   *Boeken, brochures, pamfletten en tijdschriftartikelen betreffende de slavernij, slavenhandel en emancipatie in Suriname; Bibliografie*. Leiden: z.n.
1972   *Literatuur-overzicht van Suriname tot 1940; Literatuur aanwezig in de bibliotheek van het KITLV te Leiden*. Leiden: Bibliotheek Koninklijk Instituut voor Taal-, Land- en Volkenkunde.
1974   *Slaven, slavenhandel, slavernij en emancipatie in Suriname en de Nederlandse Antillen; Literatuuroverzicht*. Den Haag: z.n.
1980   *Suriname; A bibliography 1940-1980*. Leiden: Department of Caribbean Studies of the Royal Institute of Linguistics and Anthropology.
1982   *Netherlands Antilles; A bibliografy 17th century-1980*. Den Haag: Smits Drukkerij-Uitgevers.
Nederveen Pieterse, Jan
1990   *Wit over zwart; Beelden van Afrika en zwarten in de westerse populaire cultuur*. Amsterdam: Koninklijk Instituut voor de Tropen.
Nettelbeck, Joachim
1987   *Lebensbeschreibung des Seefahrers, Patrioten und Sklavenhändlers Joachim Nettelbeck, von ihm selbst aufgezeichnet*. Nördlingen: Greno.
Noordwijk, Mavis
1976   *Alonki; Een verzameling Surinaamse volksliedjes*. Paramaribo: Bolivar.
Oostindie, Gert
1989   *Roosenburg en Mon Bijou; Twee Surinaamse plantages 1720-1870*. Dordrecht: Foris Publications. [Caribbean Series 11.]
Oostindie, Gert en Emy Maduro
1986   *In het land van de overheerser II; Antillianen en Surinamers in Nederland 1634/1667-1954*. Dordrecht: Foris.
Paula, A.F.
1967   *From objective to subjective social barriers; A historico-philosophical analysis of certain negative attitudes among the negroid population of Curaçao*. Curaçao: Paula.
1993   *'Vrije' slaven; Een sociaal-historische studie over de dualistische slavenemancipatie op Nederlands Sint Maarten, 1816-1863*. Zutphen: Walburg Pers.
Ploeg, F. van der
2000   *Cultuurnota 2001-2004*. Den Haag: SDU.
Postma, Johannes M.
1990   *The Dutch in the Atlantic slave trade 1600-1815*. Cambridge: Cambridge University Press.
2003   *The Atlantic slave trade*. Westport, Conn.: Greenwood Press.
Price, Richard
1983   *First time; The historical vision of an Afro-American people*. Baltimore: Johns Hopkins University Press.
1990   *Alabi's world*. Baltimore: Johns Hopkins University Press.
Price, Sally en Richard Price
1979   'John Gabiel Stedman's collection of 18-th century artifacts from Suriname', *De Nieuwe West Indische Gids* 53:121-39.

2000 *De kunst van de Marrons; Culturele vitaliteit in de Afrikaanse diaspora.* Amsterdam: KIT.

Priester, Laurens R.

1986 *De Nederlandse houding ten aanzien van de slavenhandel en slavernij 1596-1863; Het gedrag van de slavenhandelaren van de Commercie Compagnie van Middelburg in de 18e eeuw.* Middelburg: Commissie regionale Geschiedbeoefening Zeeland. [Scriptiereeks CRGZ, 2.]

1989 'De behandeling van slaven door de slavenhandelaren van de Middelburgse Commercie Compagnie', *Zeeuws Tijdschrift* 39-1:8-20.

Reinders Folmer-van Prooijen, C.

2000 *Van goederenhandel naar slavenhandel; De Middelburgse Commercie Compagnie, 1720-1755.* Middelburg: Koninklijk Zeeuwsch Genootschap der Wetenschappen.

Reinsma, R.

[1963] *Een merkwaardige episode uit de geschiedenis van de slavenemancipatie.* Den Haag: Van Goor.

Renkema, W.E.

1981 *Het Curaçaose plantagebedrijf in de negentiende eeuw.* Zutphen: Walburg Pers.

Richard, R.

1989 *Mr. Hendrik Jacob Koenen (1809-1974).* [Doctoraalscriptie Universiteit van Amsterdam.]

Rolfes, Irene

1989 *Boni; Een bibliografie.* Leiden: Irene Rolfes.

1992 *Women in the Caribbean; A bibliography; Pt. 3: 1986-1990.* Leiden: Department of Caribbean Studies, KITLV/Royal Institute of Linguistics and Anthropology.

1997 *Suriname; A bibliography 1989-1995; Caribbean bibliographies.* Leiden: KITLV Press.

Römer, René A. et al.

1977 *Cultureel mozaïek van de Nederlandse Antillen; Constanten en varianten.* Zutphen: Walburg Pers.

Rosalia, Rene Vicente

[1996] *De legale en kerkelijke repressie van Afro-Curaçaose volksuitingen; Een case-study van het tambú.* Z.p.: z.n. [Proefschrift Universiteit van Amsterdam.]

Rutgers, Wim (red.)

1997 *Tropentaal; 200 jaar Antilliaanse vertelkunst.* Amsterdam/Antwerpen: Contact.

Schenkman, J.

1907 *Sint Nicolaas en zijn knecht.* Amsterdam: J. Vlieger. [Oorspronkelijke uitgave 1850.]

Schulte Nordholt, Henk

2000 *Een staat van geweld.* Rotterdam: Erasmus Universiteit Rotterdam. [Inaugurele rede.]

Simpson, Moira

1996 *Making representations; Museums in the post-colonial era.* London: Routledge.

Smidt, J.Th. de (red.)
1973   Plakaten, ordonnantiën en andere wetten uitgevaardigd in Suriname, 1661-1816. Amsterdam: Emmering. Twee delen. [West Indisch Plakaatboek 1.]

Spalburg, J.G.
1913   Bruine Mina, de koto-missi. Paramaribo: Wekker.

Staal, G.J.
1928   'Uit den slaventijd', De West Indische Gids 10-II:168-73.

Steckel, Richard H.
1985   'Estimating neonatal mortality rates from the heights of children; The case of American slaves'. [Paper.]

Stedman, John Gabriel
1799-1800   Reize naar Surinamen, en door de binnenste gedeelten van Guiana. Naar het Engelsch. Amsterdam: by Johannes Allart. [Oorspronkelijk uitgegeven als: Narrative of a five years' expedition, against the revolted negroes of Surinam, in Guiana, on the wild coast of South America, from the year 1772 to 1777. London: Johnson and Edwards, 1796.]
1988   Narrative of a five years expedition against the revolted negroes of Surinam. Baltimore: Johns Hopkins University Press. [Eerste gedrukte uitgave 1796.]

Steijlen, Fridus (red.)
2002   Memories of 'The East'; Abstracts of the Dutch interviews about the Netherlands East Indies, Indonesia and New Guinea (1930-1962) in the Oral History Project Collection. Leiden: KITLV Press.

Stipriaan, Alex van
1993   Surinaams contrast; Roofbouw en overleven in een Caraïbische plantagekolonie, Suriname 1750-1863. Leiden: KITLV.
1994   'Een culturele Januskop; Afro-Surinaamse etniciteitsvorming tijdens de slavernij', Oso; Tijdschrift voor Surinaamse Taalkunde, Letterkunde, Cultuur en Geschiedenis 13-2:184-96.
1998   'Between state and society; Education in Suriname 1850-1950', in: Nico Randeraad (red.), Mediators between state and society, pp. 57-86. Hilversum: Verloren.
2001   '"Hunne vrijmaking zou zoo veel geld kosten"; De oorverdovende stilte over de slavernij in de Nederlandse geschiedenis', Trouw, 31-3-2001:49-50.
2004   'Slavernij en de strijd om Afro-Surinaamse identiteit', Tijdschrift voor Geschiedenis 117:522-42.

Stipriaan, Alex van en Ellen Bal
2002   'De VOC is een geloof. Kanttekeningen bij een populair Nederlands imago', in: Manon van der Heyden en Paul van de Laar (red.), Rotterdammers en de VOC, pp. 213-43. Amsterdam: Bert Bakker.

[Stolp, Marije]
1998   Catalogus Collectie Antilliana. Den Haag: Dienst Bibliotheek en Archief.

Tang, Dirk
1998   November 1862: De laatste slavenjacht in Suriname. [Doctoraalscriptie Rijksuniversiteit Leiden.]

Teenstra, M.D.
1835 *De landbouw in de kolonie Suriname voorafgegaan door eene geschied- en natuurkundige beschouwing dier kolonie.* Groningen: Eekhoorn. [Twee delen.]
1842 *De negerslaven in de kolonie Suriname en de uitbreiding van het christendom onder de heidensche bevolking.* Dordrecht: Lagerweij.
1844 *Bijdrage tot de ware beschouwing van de zoo hoog geroemde uitbreiding des christendoms onder de heidenen in de kolonie Suriname: toegewijd aan alle philantropen.* Amsterdam: Binger.
1846-52 *Beknopte beschrijving van de Nederlandsche overzeesche bezittingen voor beschaafde lezers uit alle standen, uit de beste bronnen en eigen ervaring in Oost- en West-Indiën geput.* Groningen: Oomkens. [Drie delen.]

Thiel, P.J.J. van
1978-92 *All the paintings of the Rijksmuseum in Amsterdam: A completely illustrated catalogue; First supplement: 1976-91.* Amsterdam: Rijksmuseum. [Twee delen.]

Tillema, Brigitte
2002 'Zwarte slaaf in grachtenpand', *Nieuw Israelitisch Weekblad*, 18-10-2002:3-4.

Trouillot, Michel-Rolph
1995 *Silencing the past; Power and the production of history.* Boston: Beacon Press.

Trommelen, Jeroen
1999 'Slavenmonument leeg en zinloos initiatief', *De Volkskrant*, 13-7-1999.

Unger, W.S.
1961 'Bijdrage tot de geschiedenis van de Nederlandse slavenhandel; II: De slavenhandel der Middelburgsche Commercie Compagnie 1732-1808', *Economisch-Historisch Jaarboek* 28:3-148.

Visscher, R.
1932 *Catalogus der Stedelijke Bibliotheek van Leeuwarden.* Den Haag: Martinus Nijhoff.

Veeris, Dinah
1999 *Van amandel tot zjozjolí; De geneeskrachtige werking en historische achtergronden van kruiden van de Nederlandse Antillen en Aruba.* [Vertaald uit het Papiaments.] Den Haag: Triangel Publicaties. [Oorspronkelijk uitgegeven als: *Remedi i kustumber di nos bieunan*, 1987.]

Verheij, Elise
2006 *Opgroeien in slavernij; Een onderzoek naar de opvoeding van Surinaamse slavenkinderen in de achttiende en negentiende eeuw.* [Doctoraalscriptie Erasmus Universiteit Rotterdam.]

Verseput, J.
2002 'Een Surinaamse Nederlander uit vroeger tijd', *Wi Rutu, tijdschrift van de Stichting voor Surinaamse genealogie* 1-7-2002.

Vries, Leonard de
1973 *Humoristisch album van den 19den eeuw; Een selectie uit de jaargangen 1860-1870 van het in Rotterdam verschenen tijdschrift 'Humoristisch Album'.* Laren: Skarabee.

Vrij, Jean Jacques
1998 'Jan Elias van Onna en het "politiek systhema"', *Oso; Tijdschrift voor Surinaamse Taalkunde, Letterkunde, Cultuur en Geschiedenis* 17-2:130-47.
Washington, Booker T.
1902 *Up from slavery; An autobiography*. London: Richards.
Williams, Ramon
1976 *Sranan kondre singi; Een bundel Surinaamse melodieën*. Paramaribo: Kersten.
Winter, Johanna Maria van
1953a 'De openbare mening in Nederland over de afschaffing van de slavernij', *De West-Indische Gids*:61-89.
1953b 'Lijst van bronnen betreffende de afschaffing van de slavernij in Nederlands West-Indië', *De West-Indische Gids* 34:91-102.
Wilson, Thomas W. and Clarence E. Grim
1992 'The possible relationship between the Transatlantic slave trade and hypertension in blacks today', in: Joseph E. Inikori en Stanley L. Engerman (red.), *The Atlantic slave trade; Effects on economies, societies and peoples in Africa, the Americas and Europe*, pp. 339-59. Durham: Duke University Press.
Woodward, Kath
2002 *Understanding identity*. London: Edward Arnold.
Wright, Richard
1947 *Negerjongen*. [V]ertaling door J.N.C. van Dietsch. Den Haag: Sijthoff. [Oorspronkelijk uitgegeven als: *Native son*, 1940.]
Zwagerman, Joost
1994 *De buitenvrouw*. Amsterdam: De Arbeiderspers.

Bronnenlijst afbeeldingen

Figuur 1
Benin op de West Afrikaanse slavenkust. Niet zichtbaar wordt dat van hieruit vele Afrikanen zijn verscheept.
Uit: Olfert Dapper, 1676 [2^e druk]
Fotografie: Elsbeth Tijssen (2005).

Figuur 2 a en b
WIC-pakhuis, 's Gravenhekje/Prins Hendrikkade, Amsterdam. Op de gevel het 'logo' van de Geoctroyeerde West-Indische Compagnie.
Fotografie: Elsbeth Tijssen (2005).

Figuur 3
'Graf van de goede slaaf Elieser'. Beth Haim, Ouderkerk aan de Amstel.
Fotografie: Brechtje van Asperen (2003).

Figuur 4
Gecensureerd erfgoed!

Figuur 5
West-Indische collectie van het Koloniaal Museum in Haarlem, voorloper van het Tropenmuseum, circa 1900.
Collectie: Tropenmuseum (invnr 0004-0403).

Figuur 6
Achterhaalde rassenindeling aan de kaak gesteld in het Antropologisch-Sociologisch Centrum.
Collectie: Vakgroep Culturele Antrolopologie, Universiteit van Amsterdam.
Fotografie: Elsbeth Tijssen (2005).

Figuur 7
Afro-Surinaamse man geportretteerd door een Nederlandse officier in Suriname vlak voor de Emancipatie.
Uit: Dirk Tang, *November 1862. De laatste slavenjacht in Suriname*. Doctoraalscriptie Rijks Universiteit Leiden, 1998.

Figuur 8 a en b
Spotprenten uit een 19e-eeuws 'Humoristisch Album'.
Uit: Leonard de Vries (1972).

Figuur 9 a en b
In beide krantenadvertenties trekt de zwarte man aandacht: positief als voorbeeld van intellect en betrouwbaarheid, negatief als primitief contrast met moderniteit.
Collecties: Firma WE Nederland en Fidelity International.

Figuur 10
Hollandse jongen met zijn idool.
Fotografie: Alex van Stipriaan (2005).

Figuur 11
Baby W.H. de gaay Fortman met de 'huismeiden' Mimi en Bimbi, Curaçao, 1912.
Collectie: Tropenmuseum, nr. 0005 0739

Figuur 12
Surinamers tentoongesteld op de wereldtentoonstelling van 1883, Amsterdam.
Uit: Prince Roland Bonaparte (1884)

Figuur 13
'De West' in het Tropenmuseum rond 1960. Vooraan een maquette van een slavenplantage.
Collectie: Tropenmuseum, nr. 1000 0079.

Figuur 14
Slavenverblijven en plantershuis op St. Eustatius anno 1792.
Collectie: Van der Spiegel

Figuur 15
Johanna J. Borski-van de Velde (1764-1846), financier van slavenplantages, siert thans de directievergaderzaal van De Nederlandse Bank.
Collectie: De Nederlandsche Bank.

Figuur 16
Titelblad Teenstra (1842) met Codjo, Mentor en Present die in 1833 Paramaribo in brand staken.

Figuur 17
De Nederlandse familie Verseput stamt af van de vrije zwarte vrouw Elisabeth Samson over wie Cynthia McLeod een biografie schreef (1993).

Figuur 18
Idyllische voorplaat van Herleins beschrijving van Suriname uit 1718.
Uit: J.D. Herlein (1718).
Fotografie: Elsbeth Tijssen (2005).

Figuur 19
Slavenlijst uit de inventaris van de Surinaamse plantage Somerszorg 1850.
Collectie: Gemeente Archief Rotterdam, Hudig, nr. 301.

Figuur 20
H.J. Koenen (1809 - 1874)
Uit: R. Richard, *Mr. Hendrik Jacob Koenen (1809 – 1874)*. Doctoraalscriptie Universiteit van Amsterdam, 1989.

Figuur 21
Titelpagina van Olfert Dappers reisbeschrijving van West-Afrika, 1676.
Fotografie: Elsbeth Tijssen (2005).

Figuur 22
'Patriotse visie op de slavernij', in 1794 geborduurd door Louise van Ommeren-Hengevelt (zie ook Legêne 2000).
Collectie: Rijksmuseum Amsterdam nr. NG-1991-22.

Figuur 23
Marronkinderen in het KIT Tropenmuseum op zoek naar hun *roots*, 2005.
Fotografie: Alex van Stipriaan (2005).

Figuur 24
Deze klok riep de slaven op de Curaçaose plantage Santa Catharina 's dagelijks aan de arbeid. Nu is hij onderdeel van Marcel Pinas' kunstwerk 'Reconnecting Africa' in het Tropenmuseum.
Collectie: Tropenmuseum, inv. nr. 5872-1 A/B.

Figuur 25
Theateraffiche uit Amsterdam, 1847: zwarte musici als curiositeit.
Collectie: Theater Instituut Nederland, R-001 1874.

Figuur 26
Deze levensgrote stenen 'moor' sierde van 1758 tot 1924 de gevel van Over de Kelders 18 in Leeuwarden, waarna het in bezit kwam van het fries Museum.
Collectie: Fries Museum te Leeuwarden.
Fotografie: Johan van der Veer.

Figuur 27
Niet alleen slavenhalers kochten slaven. Onderaan deze WIC verkooplijst blijkt bijvoorbeeld dat 'Anthony den vrijen neger' een vrouw en een jongen koopt en "Jantje de bomba van 't slaaf schip Amsterdam koopt 'sijn eijgen wijf'. Meestal ging het daarbij om het vrijkopen van geliefden of verwanten (zie ten Hove en Dragtenstein 1997).
Collectie: Nationaal Archief, West Indische Compagnie, inv.nr 1.05.01.02., 578.

Figuur 28 a en b
Kalebas met watergodin *Watra Mama* gemaakt door anonieme slaaf, circa 1835.
Collectie: Völkerkunde Museum Herrnhut, inv. nr. 66395.

Figuur 29
Arbeid in de Antilliaanse zoutpannen veranderde na de slavernij nauwelijks. Foto circa 1910.
Collectie: Koninklijk Instituut voor Taal-, Land- en Volkenkunde, inv.nr. 5314.

Figuur 30
Om en nabij Curaçaose plantages ontstonden dorpen zoals Santa Rosa, hier afgebeeld, circa 1900.
Collectie: Koninklijk Instituut voor Taal-, Land- en Volkenkunde, inv.nr. 7614.

Figuur 31 a en b
De naam van dit Middelburgse pand herinnert aan de slavenhandelspraktijken van de toenmalige eigenaren.
Fotografie: Leo Hollestelle (2002).

Figuur 32 a en b
In pakhuis Demerary werden de producten voor de driehoekshandel opgeslagen.
Fotografie: Leo Hollestelle (2002).

Figuur 33
Curaçaose was(?)vrouw in traditionele kleding, circa 1955.
Collectie: Koninklijk Instituut voor Taal-, Land- en Volkenkunde inv. nr. 42045.
Fotografie: vermoedelijk J.C. van Essen.

Figuur 34
Abolitionist M.D. Teenstra (1795-1864) publiceerde over de koloniën. Hier zijn observaties over *Sranan* en *Papiamentu*.
Uit: M.D. Teenstra (1835 II: 179).
Fotografie: Elsbeth Tijssen (2005).

Figuur 35
Terug naar Afrika. Mondelinge overlevering verbeeld door Elis Juliana.
Uit: de tentoonstelling Doorbreek de Stilte! in het Nationaal Instituut voor het Nederlands Slavernijverleden en Erfenis.
Pentekening Elis Juliana 2001. Privécollectie Ieteke Witteveen.
Met dank aan Elis Juliana en Ieteke Witteveen van het Nationaal Archeologisch Antropologisch Museum te Curaçao.

Figuur 36
Uitdeling van aalmoezen door het jubileumcomité bij het zilveren Emancipatiefeest, Curaçao 1888.
Collectie: Tropenmuseum nr. 0005 0755.

Figuur 37
Zilveren Emancipatiefeest op Curaçao. Op de erepoort voor het stadhuis: '1863 Heil den Koning 1888'.
Collectie: Tropenmuseum nr. 0005 0746.

Figuur 38
Afro-Surinaamse vrouwen in klederdracht, circa 1900
Collectie: Koninklijk Instituut voor Taal-, Land- en Volkenkunde, inv. nr. 4691.

Figuur 39
Begrafenis op een plantage, getekend door opzichter Theodore Bray, circa 1850.
Collectie: Koninklijk Instituut voor Taal-, Land- en Volkenkunde, inv. nr. 36C-339

Figuur 40
Illustratie uit een Anansivertelling, opgetekend begin 20e eeuw.
Uit: Mythen en sagen uit West-Indie. Dr. H. Van Capelle. Zutphen: Thieme, 1926
Fotografie: Elsbeth Tijssen (2005).

Figuur 41
Marrons in Suriname circa 1920
Collectie: Koninklijk Instituut voor Taal Land en Volkenkunde, inv. nr. 8836.

Figuur 42
De publieke discussie over het slavernijverleden zet aan tot veranderingen.
Fotografie: Elsbeth Tijssen (2005).

Figuur 43
Sommige ouderen herinneren zich nog goed hun oma die in slavernij heeft geleefd.
Poster uit 2004.
Uitgave Stichting Kroesje.

Figuur 44
Emoties bij de onthulling van het slavernijmonument in het Amsterdamse Oosterpark, 1 juli 2002.

Figuur 45
Politicus, arts en schrijver van o.a. 'Mijn zuster de negerin', Cola Debrot (midden), hier op bezoek in het Tropenmuseum, circa 1955.
Collectie Tropenmuseum, bedrijfs-fotoarchief.

Figuur 46
Hindostaans- en Afro-Surinaamse toeschouwers bij Koninginnedagparade in Paramaribo, circa 1900.
Collectie: Tropenmuseum nr. 0004 8016

Figuur 47
Jan Wicherides (1775-1802). De in Nederland gevestigde zoon van gouverneur J.G. Wichers en de zwarte Adjuba van Hesterslust.
Collectie: Iconografisch Bureau/Stichting Rijksbureau voor Kunsthistorische Documentatie, Den Haag.

Figuur 48
Het Nationaal instituut Nederlands slavernijverleden en erfenis, NiNsee, een van de weinige in zijn soort in Europa.
Fotografie: Elsbeth Tijssen (2005).

Middenkatern

Figuur A
Job Basters achttiende-eeuwse schelpenkabinet met kauri's. Kauri's waren een gebruikelijk betaalmiddel in de slavenhandel, zie pagina 57.
Collectie: Zeeuws Museum (invnr G2132).

Figuur B en C
B: Kelkglas uit 1764 'Het Welvaaren Van De Plantagie Kleinslust' uit Suriname. Slavenarbeid als idyllisch tafereel.

C: Kelkglas uit circa 1745. Curaçaos Vaarder, met op de voorgrond een welvarende koopman; de scheepslading blijft onbekend...
Collectie: Historisch Museum Arnhem, inv. nrs. VS 155 en VS 7.

Figuur D en E
D: Slavenopzichter Theodore Bray (1818-1887) tekende een offerritueel bij een graf.
Collectie: Tropenmuseum (invnr 3626-7).

E: Gedetailleerde weergave van Marronkamp in 1772
Collectie: Nationaal Archief 4 (vel 2128)

Figuur F en G
F: Een voorbeeld van verhullende romantiek, zie pagina XX (circa 26).
Uit: M.H. Helmig (1827).
Collectie: Bibliotheek Universiteit van Amsterdam, Zeldzame en Kostbare Werken, nr. 1045

G: Klassieke presentatie van zwarte bediendes: verkleind postuur, kinderlijke uitstraling, onderdanig opkijkend, zie pagina 61.
Schilderij van Adriaen Hanneman gemaakt in de periode 1645-1650.
Collectie: Fries Museum te Leeuwarden.
Fotografie: Johan van der Veer (invnr S7480).

Figuur H en I
H: Ondanks toenemende kritiek is de stereotype Zwarte Piet nog niet weg te denken uit het traditionele Sinterklaasfeest.
Uit: Schenkman (1907).

I: Ras Elijah: Muzik di zumbi, zie pagina XX (circa 69)
Privécollectie.

Figuur J en K
J: In Amsterdam Zuidoost waakt Moeder Aarde oftewel Mama Aisa, over alle bewoners.
Fotografie: Elsbeth Tijssen (2005).

K: Omstreden monument van Anton de Kom op het naar hem genoemde plein in Amsterdam Zuidoost. Zijn naaktheid riep bij sommigen woede op, zie p. XX
Kunstenares: Jikke van Loon (2004).

Figuur L en M
L: Cultureel erfgoed gemaakt door slavenhanden, te zien in de vaste opstelling van het Tropenmuseum in Amsterdam.
Collectie: Tropenmuseum, inv. nr. A-6195 At/m D.

M: De oudst bekende banjo in de Amerika's in de 18e eeuw door Afro-Surinaamse handen gemaakt, meegenomen door Stedman, nu in het Rijksmuseum voor Volkenkunde te Leiden (inv.nr. 360-5696)

N: Acteur Gustav Borreman verbeeldt de emotionele verwarring van de Afrikaanse, gekoloniseerde dominee Johannes J. Captein.
Uit de voorstelling De Kleur van Droes van Theater Cosmic (2004).
Fotografie: Lemke Bakker, Stichting Art United, Amsterdam.

Figuur O
De stilte wordt doorbroke ...

Adressenlijst

Archieven, bibliotheken, musea en andere organisaties

Afdeling Zeldzame en Kostbare Werken
Universiteitsbibliotheek van Amsterdam (UBA)
Singel 425, Amsterdam
020 52 52 473
www.uba.uva.nl/bijzondere_collecties

Amsterdams Historisch Museum
Nieuwezijds Voorburgwal 359, Amsterdam
020 52 31 822
www.ahm.nl

Archiv der Brüder Unität (deel EBG-archief)
Zittauerstrasse 24, Herrnhut, Deutschland
0049 35873 48731
www.archiv.ebu.de

AWAD-project
http://awad.kitlv.nl/awad/

Centrum voor Studie en Documentatie van Latijns-Amerika (CEDLA)
Keizersgracht 395-397, Amsterdam
020 52 53 248
www.cedla.uva.nl

De Nederlandsche Bank (DNB)
Westeinde 1, Amsterdam
020 52 43 700
www.dnb.nl

Erfgoedcentrum Nederlands Kloosterleven
Klooster Sint Aegten, Kloosterlaan 24, St. Agatha (Cuijk)
0485 31 10 07
www.kloostersintaegten.nl

Fries Museum en Keramiekmuseum Princessehof
Turfmarkt 11, Leeuwarden
058 255 55 01
www.friesmuseum.nl

Gemeentearchief Amsterdam (GAA)
Amsteldijk 67, Amsterdam
020 57 20 202
www.gemeentearchief.amsterdam.nl

Gemeentearchief Leeuwarden
zie: Historisch Centrum Leeuwarden

Genootschap der Vrienden (Quakerbibliotheek)
Vossiusstraat 20, Amsterdam
020 67 94 238
www.vriendenkring.info

Historisch Centrum Leeuwarden
Grote Kerkstraat 29, Leeuwarden
058 23 38 399
www.gemeentearchief.nl

Internationaal Instituut voor Sociale Geschiedenis (IISG)
Cruquisweg 31, Amsterdam
020 66 85 866
www.iisg.nl

Internationaal Informatiecentrum Archief voor de Vrouwenbeweging (IIAV)
Obiplein 4, Amsterdam
020 66 50 820
www.iiav.nl

Joods Historisch Museum
Jonas Daniël Meijerplein 24, Amsterdam
020 62 69 945
www.jhm.nl

Koninklijke Bibliotheek (KB)
Prins Willem-Alexanderhof 5, Den Haag
070 31 40 911
www.kb.nl

Koninklijk Instituut voor de Tropen (KIT)
Bibliotheek: Mauritskade 63, Amsterdam
020 56 88 462
Tropenmuseum: Linnaeusstraat 2, Amsterdam
020 56 88 215
www.kit.nl

Koninklijk Instituut voor Taal-, Land-en Volkenkunde (KITLV)
Reuvensplaats 2, Leiden
071 52 72 452
www.kitlv.nl

Museum Van Loon
Keizersgracht 672, Amsterdam
020 62 45 255
www.museumvanloon.nl

Nationaal Archief
Prins Willem Alexanderhof 20, Den Haag
070 38 14 381
www.nationaalarchief.nl

Nationaal instituut Nederlands slavernijverleden en erfenis (NiNsee)
Linnaeusstraat 35-F, Amsterdam
020 56 88 568
www.ninsee.nl

Nederlands Economisch-Historisch Archief (NEHA)
Cruquiusweg 31, Amsterdam
020 66 85 866
www.neha.nl

Nederlands Scheepvaart Museum Amsterdam (NSMA)
Kattenburgerplein 1, Amsterdam
020 52 32 222
www.generali.nl/scheepvaartmuseum

Openbare Bibliotheek Den Haag
Spui 68, Den Haag
070 -3534455
www.dobdenhaag.nl

Réveil-Archief
Singel 425, Amsterdam
020-5252476
www.uba.uva.nl/bijzondere_collecties

Rijksmuseum
Stadhouderskade 42, Amsterdam
020 67 47 000
www.rijksmuseum.nl

Stedelijke Bibliotheek Leeuwarden
zie: Historisch Centrum Leeuwarden

Theatermuseum/Theater Instituut Nederland (TIN)
Herengracht 168, Amsterdam
020 55 13 300
www.tin.nl

Universiteitsbibliotheek van Amsterdam (UBA)
Singel 425, Amsterdam
020 52 52 301
www.uba.uva.nl

Universiteitsbibliotheek Vrije Universiteit (UBVU)
De Boelelaan 1103, Amsterdam
020 59 85 200
www.vu.nl

Utrechts Archief
Alexander Numankade 199-201, Utrecht
030 28 66 611
www.hetutrechtsarchief.nl

Zeeuws Archief
Hofplein 16, Middelburg
0118 67 88 00
www.zeeuwsarchief.nl

Zeeuws Museum
Abdij 3, Middelburg
0118 62 66 55
www.zeeuwsmuseum.nl

www.ingramcontent.com/pod-product-compliance
Lightning Source LLC
Chambersburg PA
CBHW081419230426
43668CB00016B/2285